富水地层地铁深基坑围护结构选型与回灌方案优化研究

徐世祥　刘凤洲　王永军　刘浩　吴波⊙著

FUSHUI DICENG DITIE SHEN JIKENG WEIHU JIEGOU
XUANXING YU HUIGUAN FANG'AN YOUHUA YANJIU

中南大学出版社
www.csupress.com.cn
·长沙·

图书在版编目(CIP)数据

富水地层地铁深基坑围护结构选型与回灌方案优化研究 / 徐世祥等著. --长沙：中南大学出版社，2024.11.
ISBN 978-7-5487-5707-8

Ⅰ．①富… Ⅱ．①徐… Ⅲ．①地铁隧道－深基坑－基坑施工－研究 Ⅳ．①U231.3

中国国家版本馆 CIP 数据核字(2024)第 035573 号

富水地层地铁深基坑围护结构选型与回灌方案优化研究

徐世祥　刘凤洲　王永军　刘浩　吴波　著

□出 版 人　林绵优
□责任编辑　刘颖维
□责任印制　唐　曦
□出版发行　中南大学出版社

　　　　　　社址：长沙市麓山南路　　　　邮编：410083
　　　　　　发行科电话：0731-88876770　　传真：0731-88710482
□印　　装　广东虎彩云印刷有限公司

□开　　本　710 mm×1000 mm　1/16　□印张 13.5　□字数 271 千字
□版　　次　2024 年 11 月第 1 版　　□印次 2024 年 11 月第 1 次印刷
□书　　号　ISBN 978-7-5487-5707-8
□定　　价　78.00 元

编 委 会

Editorial Committee

主 编

徐世祥　刘凤洲　王永军　刘　浩　吴　波

副主编

苏逢彬　刘　毅　刘贵香　农忠建　索　潇

编委

张　锟　蒙国往　丘洪彬　杨　侠　尹长凤　宋　洋
杜乐乐　张　辉　秦世朋　孙庆文　王　丹　张　睿
刘胜海　冯新绪　任　旺　赵晨旭　刘　聪　张加兵
卢福聪　方金刚　窦仲四　何　如　朱若男　郑卫强

编制单位

东华理工大学
广西大学
济南轨道交通集团有限公司
济南轨道交通集团建设投资有限公司
中铁北京工程局集团有限公司
广州城建职业学院

前言 / Foreword

随着我国城镇化率的不断提高，地下空间开发利用得到空前发展，同时，城市轨道交通工程也迅猛发展。

地铁工程施工常受地下水影响，地铁深基坑易发生变形，地表易发生沉降，安全风险极高，鉴于此，本文研究了地铁深基坑围护结构类型及围护结构的选型优化关键技术，并利用正交实验分析法，结合模糊层次分析法和价值工程法等优化理论方法，对承压富水地区地铁深基坑回灌施工参数进行优化设计。另外，考虑土体参数的空间变异性，针对济南地铁车站基坑变形及控制进行研究，形成了富水地层地铁深基坑围护结构选型优化及回灌方案优化技术，力求富水地区地铁深基坑施工更安全、高效、经济、合理。

全书共分8章，第1章概述富水地层深基坑工程，第2章介绍富水地层地铁车站深基坑围护结构研究，第3章介绍富水地层地铁车站深基坑围护结构选型及优化，第4章介绍富水地层地铁车站深基坑施工效应监测数据分析，第5章介绍富水地层地铁车站深基坑回灌参数优化，第6章介绍富水地层地铁车站土体参数空间变异性分析，第7章介绍考虑土体变异性的地铁车站基坑变形及控制，第8章为研究结论与展望。

本书编写过程中，得到了许多单位和朋友的支持，本书参阅了部分相关研究文献和成果；本书出版得到国家自然科学基金项目（52278397、52168055）、江西省"双千计划"创新领军人才项目（jxsq2020101001）、江西省自然科学基金（20212ACB204001）、江西省地下工程风险数字化管控研究中心开放基金项目（JXDFJJ2024-006）、东华理工大学、广州城建职业学院等的资助支持，在此一并表示感谢！

　　本书形成的创新成果有必要在实践中进一步探索和深化研究，鉴于时间和水平有限，疏漏与不足之处在所难免，恳请大家批评指正。

作　者

2024 年 7 月

目录 / Contents

第1章　富水地层深基坑工程概述 ································ 1

1.1　工程简介 ·· 1

　　1.1.1　工程背景 ·· 1

　　1.1.2　济南地铁R2线车站基坑工程概况 ······················ 2

　　1.1.3　济南地铁开源路车站基坑工程概况 ···················· 5

1.2　国内外研究现状 ·· 7

　　1.2.1　地下水对围护结构的影响研究现状 ···················· 7

　　1.2.2　基坑围护结构选型及优化研究现状 ···················· 10

　　1.2.3　基坑降水回灌施工效应研究现状 ······················ 12

　　1.2.4　回灌施工参数优化研究现状 ·························· 13

　　1.2.5　土体参数变异性研究现状 ···························· 14

　　1.2.6　基坑变形控制研究现状 ······························ 16

1.3　研究内容 ·· 17

第2章　富水地层地铁车站深基坑围护结构研究 ················ 19

2.1　地下水对基坑工程的影响 ······································ 19

　　2.1.1　地下水分类 ·· 19

　　2.1.2　地下水对基坑的危害形式 ···························· 20

2.2　富水地层深基坑围护结构的适用性 ······························ 21

　　2.2.1　基坑围护结构设计 ···································· 21

　　2.2.2　基坑围护结构特点 ···································· 22

　　2.2.3　富水地层基坑常用围护结构分析 ······················ 26

2.3　基坑变形机理分析 ·· 27

　　2.3.1　基坑围护结构变形形态 ······························ 28

　　2.3.2　地表沉降 ·· 29

2.3.3　基坑变形机理及影响因素分析 ·············· 29

2.4　地铁车站深基坑变形特性分析 ················· 30

2.4.1　围护结构水平位移 ······················· 33

2.4.2　地表沉降及影响分区 ····················· 34

2.4.3　最大位置变形关系 ······················· 36

2.5　深基坑变形有限元模拟 ······················· 37

2.5.1　车站工程概况 ··························· 37

2.5.2　渗流-应力耦合基本理论 ··················· 40

2.5.3　本构模型及计算参数 ····················· 41

2.5.4　施工工况模拟 ··························· 43

2.6　深基坑变形影响因素分析 ····················· 43

2.6.1　地下水因素 ····························· 44

2.6.2　设计因素 ······························· 50

2.6.3　施工因素 ······························· 54

第3章　富水地层地铁车站深基坑围护结构选型及优化 ······ 59

3.1　深基坑围护结构基本要求 ····················· 59

3.1.1　工程分析 ······························· 59

3.1.2　基坑安全等级与变形控制确定 ·············· 59

3.1.3　围护结构须满足的基本要求 ··············· 62

3.2　深基坑围护结构选型 ························· 62

3.2.1　选型理论研究 ··························· 62

3.2.2　地铁车站深基坑围护结构选型 ·············· 65

3.2.3　富水地层灌注桩基坑施工流程 ·············· 68

3.3　深基坑围护结构优化 ························· 70

3.3.1　围护结构优化设计 ······················· 70

3.3.2　围护结构参数优化分析 ··················· 71

3.4　工程优化分析 ······························· 73

第4章　富水地层地铁车站深基坑施工效应监测数据分析 ····· 80

4.1　现场施工工序与监测点布置 ··················· 80

4.1.1　现场施工工序与进度 ····················· 80

4.1.2　现场监测点布置 ························· 81

4.2　深基坑开挖降水回灌监测数据结果及分析 ········· 83

4.2.1　周边地表变形特征 ······················· 83

　　　4.2.2　围护结构水平位移 ……………………………………… 86

　　　4.2.3　基坑支撑轴力分析 …………………………………………… 88

　　　4.2.4　地下水位变化规律 …………………………………………… 91

　　4.3　基坑施工效应有限元分析与验证 ………………………………… 93

　　　4.3.1　有限元建模 …………………………………………………… 94

　　　4.3.2　基坑周边地表沉降变化 ……………………………………… 96

　　　4.3.3　基坑围护结构变形 …………………………………………… 98

　　　4.3.4　地下水渗流变化 …………………………………………… 101

　　4.4　不同回灌参数的施工效应分析 ………………………………… 105

第5章　富水地层地铁车站深基坑回灌参数优化 ……………………… 109

　　5.1　基于正交实验分析法的回灌方案优化 ………………………… 109

　　　5.1.1　正交实验分析法 …………………………………………… 110

　　　5.1.2　正交实验分析表设计方案 ………………………………… 113

　　　5.1.3　回灌参数敏感性分析 ……………………………………… 114

　　　5.1.4　功能最优回灌方案的确定 ………………………………… 121

　　　5.1.5　功能最优回灌方案的验证 ………………………………… 128

　　5.2　基于模糊层次分析法与价值工程法的回灌方案优化 ………… 129

　　　5.2.1　回灌施工参数优化原理 …………………………………… 130

　　　5.2.2　功能重要系数的计算 ……………………………………… 134

　　　5.2.3　功能值的计算 ……………………………………………… 140

　　　5.2.4　价值最优回灌方案的确定 ………………………………… 144

　　　5.2.5　价值最优回灌方案的验证 ………………………………… 146

第6章　富水地层地铁车站土体参数空间变异性分析 ………………… 148

　　6.1　随机场理论 ……………………………………………………… 148

　　　6.1.1　随机场的数字特征 ………………………………………… 148

　　　6.1.2　随机场的平稳性 …………………………………………… 149

　　6.2　土体参数的随机场模型 ………………………………………… 150

　　　6.2.1　波动分量 …………………………………………………… 151

　　　6.2.2　变异系数 …………………………………………………… 152

　　　6.2.3　波动范围 …………………………………………………… 153

　　　6.2.4　空间折减特性 ……………………………………………… 154

　　6.3　土体空间变异性特征分析 ……………………………………… 155

　　　6.3.1　竖向空间变异性特征分析 ………………………………… 155

6.3.2 横向空间变异性特征分析 ···················· 158

第7章 考虑土体变异性的地铁车站基坑变形及控制 ············· 161

7.1 基坑变形估算 ···································· 161

7.1.1 地层竖向变形估算 ························ 161

7.1.2 地层水平变形估算 ························ 163

7.1.3 地层总变形估算 ·························· 164

7.2 基坑开挖的变形模拟 ······························ 164

7.2.1 随机有限元理论 ·························· 164

7.2.2 随机场的模拟实现 ························ 165

7.2.3 竖向变形分析 ···························· 169

7.2.4 水平变形分析 ···························· 172

7.2.5 总变形分析 ······························ 176

7.3 模拟与监测数据对比分析 ·························· 181

7.3.1 竖向变形对比分析 ························ 181

7.3.2 水平变形对比分析 ························ 181

7.3.3 估算剖面任意位置总变形 ·················· 183

7.4 基坑变形特性分析 ································ 183

7.4.1 地表变形及规律 ·························· 184

7.4.2 围护墙变形及规律 ························ 185

7.5 动态施工变形控制方法 ···························· 187

7.5.1 动态控制原理 ···························· 187

7.5.2 多元信息融合的信息化施工 ················ 188

7.5.3 变形控制措施 ···························· 191

7.6 地铁车站基坑变形控制分析 ························ 195

第8章 结论与展望 ···································· 197

8.1 结论 ·· 197

8.2 展望 ·· 199

参考文献 ·· 201

第 1 章　富水地层深基坑工程概述

1.1　工程简介

1.1.1　工程背景

随着现代化城市建设的发展，地铁在人们生活中的重要性越发凸显。为便于市民的出行，减轻城市地面交通的压力，越来越多的城市开始规划和完善地铁网络。城市地铁的大幅度建设发展，推动着基坑工程的建设。

基坑工程是城市地下地铁车站建设的重要环节，由于基坑工程内支撑临时性、围护结构设计综合性、周边环境敏感性等特点，使其成为地下地铁车站建设中较为敏感的环节。在目前城市地铁车站基坑建设的快速发展下，基坑规模越来越大，施工工期紧张和施工风险大，且邻近大量的房屋和生命线工程，周边房屋、道路、管线等建筑物和构筑物复杂，使得基坑围护结构选型设计和施工难度增大，建设风险增加。在过去几年的地铁车站基坑施工中出现的基坑失稳事故，大部分原因都与如何处理地下水、围护结构变形以及渗漏水等问题有关。事实上，在地铁工程建设过程中不可避免地会遇到地下水的问题，尤其是承压水较丰富的地区，地铁工程中地下承压水的影响非常突出。据统计，大多数地铁工程事故均与地下水有关。在地铁工程设计和施工过程中，对地下水的认识不足，导致对地下水的控制不够充分，出现了由地下水导致的工程事故。在周边环境复杂、地层富含地下水的地区，随着基坑工程在变形控制、风险控制以及设计难度上的提高，如何处理基坑地下水正面临新的挑战。

济南市是富含地下水的地区，在解决地铁建设的承压水问题时，不仅要分析地下水对基坑变形、周边环境的影响，科学选择围护结构，同时，为了保障地下水资源的可持续性发展，防止基坑降水施工对地下水资源的破坏，还要对地下水采取一定的措施予以保护。

因此，要通过现场基坑施工实测数据、理论分析和数值模拟等方式，研究复杂地下水环境条件下的基坑变形特性和地下水流动特征，对实际基坑工程围护结构进行有限元数值模拟，分析富水基坑工程的变形影响因素，并结合降水、回灌基本理论，应用优化后的回灌技术对地下水资源进行保护，这样既能够有效地阻挡坑外地下水进入基坑内又可以控制基坑变形和地表沉降，保障基坑安全稳定性，减少扰动地下水，对富水地区防止由基坑施工与降水导致的地下水破坏有实际工程意义，为地下水资源保护与合理开发利用提供科学依据。

1.1.2　济南地铁 R2 线车站基坑工程概况

1. 工程地质

济南地铁 R2 线车站基坑工程场地主要分布有第四系全新统人工堆积层（Q_4^{ml}）、第四系全新统冲洪积层（Q_4^{al+pl}）、第四系更新统冲洪积层（Q_{2+3}^{al+pl}）、燕山期闪长岩(δ)等。

（1）第四系全新统人工堆积层（Q_4^{ml}）

素填土：该层广泛分布，揭露厚度 1.20~3.90 m；层底标高 33.56~36.03 m。灰黑色-黄褐色，松散~稍密，稍湿，其中 0~0.5 m 为原路面，主要由沥青及砖块组成，0.5~1.0 m 主要由黏性土及碎石组成。

（2）第四系全新统冲洪积层（Q_4^{al+pl}）

碎石：仅部分钻孔揭露该层，揭露厚度 1.1~7.6 m；层底标高 26.56~33.74 m。颜色为杂色，母岩成分主要为灰岩，矿物成分以长石、方解石为主，风化主要为中风化状态，风化量为 50%~70%，粒径在 2~4 cm 范围内，土层中充填黏性土。

粉质黏土：该层广泛分布，揭露厚度 4.4~9.7 m，平均 6.79 m；层底标高 23.96~29.17 m。黄褐色，可塑，含少量铁锰氧化物，土体干强度处于中等。

（3）第四系更新统冲洪积层（Q_{2+3}^{al+pl}）

黏土：该层普遍分布，揭露厚度 1.4~9.7 m，平均 5.93 m；层底标高 14.52~25.11 m。微棕黄色，可塑~硬塑，含较多铁锰氧化物，含少量姜石，含量 5%~15%，粒径 0.5~2.0 cm，其土质韧性一般，可塑，土体干强度中等，切面处具有光泽，土体具中压缩性。

14-2 黏土：该层仅部分钻孔揭露，揭露厚度 4.30~8.60 m，平均 6.75 m，层底标高 17.32~22.19 m；层底埋深 14.20~18.00 m，平均 15.95 m。微棕红色，可塑~硬塑，含较多铁锰氧化物，局部含少量姜石，含量 5%~15%，粒径 0.5~2.0 cm，韧性一般，塑性较好，干强度中等，切面稍有光泽，土体具中压缩性。

碎石：该层局部分布，揭露厚度 1.5~18.7 m，平均 6.74 m，层底标高 2.24~17.26 m，平均 13.33 m；层底埋深 18.70~34.20 m，平均 22.43。杂色，饱和，密实，其母岩成分，形状为次棱角状及亚圆状，风化为中风化程度，风化含量 50%~80%，粒径范围为 2~4 cm，土层充填黏性土，土体压缩性为低等。

积土：该层普遍分布，揭露厚度 1.8~8.7 m，平均 5.60 m；层底标高 4.34~15.42 m，平均 8.89 m；层底埋深 20.50~31.0 m，平均 26.86 m。灰黄色，硬塑，

土质不均匀，含较多铁锰氧化物，局部含碎石、原岩碎屑，具有中压缩性。

（4）燕山期闪长石（δ）

全风化闪长岩：该层较普遍分布，揭露厚度 1.1~13.1 m，平均 6.38 m；层底标高 1.17~10.79 m，平均 4.12 m；层底埋深 25.6~35.0 m，平均 32.07 m。岩石颜色灰绿色，风化程度剧烈，原岩构状结构、基本构造已完全破坏。岩芯为砂土形状，岩芯采取率 70%~90%。

中风化闪长岩：该层较普遍分布，揭露厚度 1.50~14.00 m；层底标高 −3.73~12.55 m；层底埋深 23.0~39.20 m。岩石颜色为灰绿色，风化程度剧烈，原岩构状结构、基本构造已完全破坏。岩芯为砂砾形状，岩芯采取率 75%~82%。

强风化闪长岩：该层较普遍分布，揭露厚度 0.70~9.80 m，平均 3.20 m；层底标高 −5.70~8.47 m，平均 1.30 m；层底埋深 27.80~41.10 m，平均 37.64 m。岩石颜色为灰绿色，风化程度为不均匀状态，原岩构状结构、基本构造已完全破坏。岩芯为砂砾形状，岩芯采取率 75%~88%。

2. 水文地质

（1）含水岩组划分

依据地下水含水介质的特点和地下水在含水层中的储存特性，济南地区主要含水层可以分为四大类型，即松散岩类孔隙水，碳酸盐岩裂隙岩溶水，碎屑岩夹碳酸盐岩溶水，变质岩及岩浆岩裂隙水，如表 1-1 所示。

表 1-1　济南地区主要地下水类型

地下水类型	含水岩组代号	主要岩性	单井出水量/($m^3 \cdot d^{-1}$)
松散岩类孔隙水	Q_4、Q_3、Q_2	粉砂及粉细砂；中粗砂、砂砾石夹黏土	<200，山前 50~300，冲积扇 1000~5000
碳酸盐岩裂隙岩溶水	$\in_2 z$、$\in_3 f$、O_1、O_2	鲕状灰岩、灰岩、豹斑灰岩、白云岩	低山丘陵 100~500，山前 1000~5000，局部 >10000
碎屑岩夹碳酸盐岩溶水	$\in_1$、$\in_2 x$、$\in_3 g$（中、下部）	以页岩为主夹少数薄层灰岩	一般 <100，局部 100~1000
变质岩及岩浆岩裂隙水	Ar、δ	辉长岩、闪长岩裂隙	一般 <100

（2）水文地质特征

①松散岩类孔隙水补给、径流与排泄。

松散岩类孔隙水主要集中在平原地层中，主要受大气降水、山前裂隙岩溶水的顶托补给以及黄河侧向补给等多方面补给。由于地层水力坡度较小，地下水径流速度迟缓，地下水主要沿河道运移，约以 0.3‰ 的水力坡度自西南向东北缓慢径流。其排泄方式主要为蒸发和径流排泄，以及枯水期的垂直蒸发排泄，少量也以泉和补给河流的方式排泄。

②碳酸盐岩裂隙岩溶水补给、径流与排泄。

主要为地下孔隙水、侧向径流和地下岩溶水垂直补给，以及大气降水一部分补给地下水。主要为地表径流，浅部循环，以短途排泄的裂隙下降泉形式顺山坡向沟谷汇集，流入石灰岩分布区。以侧向径流和局部泉水形式排泄。

③碎屑岩夹碳酸盐岩溶水补给、径流与排泄。

大气降水是地下水的主要补给来源，以及孔隙水补给岩溶水。泉水排泄是济南地区岩溶水最重要的排泄方式之一。人工排泄放水在裂隙岩溶水未大量排泄前，地下水排泄方式以泉水排泄为主。

④变质岩及岩浆岩裂隙水补给、径流与排泄。

主要靠河水渗流补给，地下水径流受地形地貌、岩性和地层构造等影响，径流方向与地形及岩层的倾斜方向一致。地下水的运动方向与地形坡度一致，主要流向大致为由南向北，故地下水在此区向北运动排泄。

3. 基坑特点及分类

济南城市地下水丰富，埋藏较深处的地下水具有承压性。在地铁基坑开挖过程中，由于地下水的承压性质和渗流作用，在建设土层穿越承压水土层时，坑底有部分地下水冒出来且穿越承压水层、坑底冒水点多，基坑侧壁常出现渗漏水等现象，给基坑施工带来一定的困扰。

本研究在总结该地区的水文地质勘查资料、地下水分类及影响、工程现场资料的情况下，统计了地铁车站深基坑建设涉及的地下水类型，如表 1-2 所示。

表 1-2　地下水分类

名称	地下水类型
潜水	松散层孔隙水
基岩风化裂隙水	侵入岩裂隙水，主要赋存于岩浆岩风化裂隙和构造裂隙中，多为潜水
碳酸盐岩裂隙岩溶水	含水介质为石灰岩，多为承压水，即奥陶系碳酸盐岩岩溶裂隙含水岩组
承压水	埋藏在地表以下两个隔水层之间具有压力的地下水

根据地下水的类型以及工程水文地质勘查资料,本研究根据地下水类型将基坑主要分为潜水类型深基坑、潜水-承压水类型深基坑、承压水类型深基坑三类。

(1)潜水类型深基坑

地铁车站基坑建设场地地层中,只含有潜水。在基坑施工开挖过程中,只涉及到地下水潜水,基坑底部处于潜水地层中,只考虑潜水存在对基坑变形的影响。

(2)潜水-承压水类型深基坑

地层含有潜水及承压水,潜水埋藏深度较浅,潜水下的土层中含有承压水。基坑在降水开挖时涉及承压水,且基坑底部处于承压水土层中,需考虑降水开挖过程中承压水对基坑变形的影响以及渗流作用下土体沉降影响。为此,在基坑围护结构选型过程中,需要考虑外界水-土-岩压力作用,保证围护结构有足够的强度。

(3)承压水类型深基坑

地层中含有丰富的承压水,在进行基坑降压降水时,需考虑土层中承压水带来的水压力以及渗流作用的影响。在基坑围护结构选型时,围护结构除能够抵抗外界水-土压力以外,还需防渗流作用带来的渗流影响。基坑降水开挖时,做好预降水方案,合理降压降水。

1.1.3　济南地铁开源路车站基坑工程概况

1. 工程地质

车站为两层双跨岛式车站,车站有效站台长设置为 120 m,车站标准段总宽设置为 18.3 m。车站底板设置于地面标高以下 16.31 m,采用明挖顺作法施工。该基坑围护结构采用钻孔灌注围护桩+内支撑体系;采用袖阀管注浆+旋喷桩止水帷幕+坑内降水的方案。

为减少基坑开挖、降水过程中带来的地表沉降与地下水资源的破坏,需要进行回灌施工。但由于施工环境复杂、工程控制因素过多,降水与回灌施工不便同时进行,因此选择在基坑主体施工完毕后进行回灌施工,以保护地下水。依据《建筑深基坑工程施工安全技术规范》(JGJ 311—2013)与《工程建设地下水控制技术规范》(DB37/T 5059—2016),本工程采用承压非完整井降水,采用群井回灌施工。开源路站平面示意图如图 1-1 所示,基坑开挖剖面图如图 1-2 所示。

2. 水文地质

车站附近无地表水分布,济南市为温带季风气候,大气降水较少,无大规模降水情况,可不考虑地表水渗流影响。

该车站主要地下水类型为第四系松散层孔隙承压水和岩浆岩裂隙水混合水。其地下水具有承压性,在残积土布置区、地下岩土裂隙带及中微风化岩土层处施

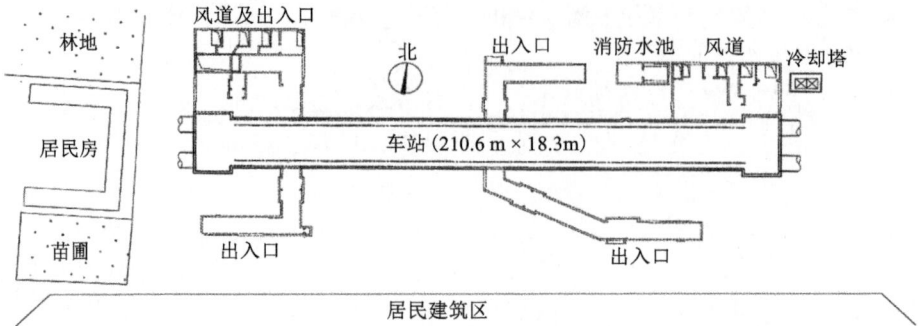

图 1-1　车站平面示意图

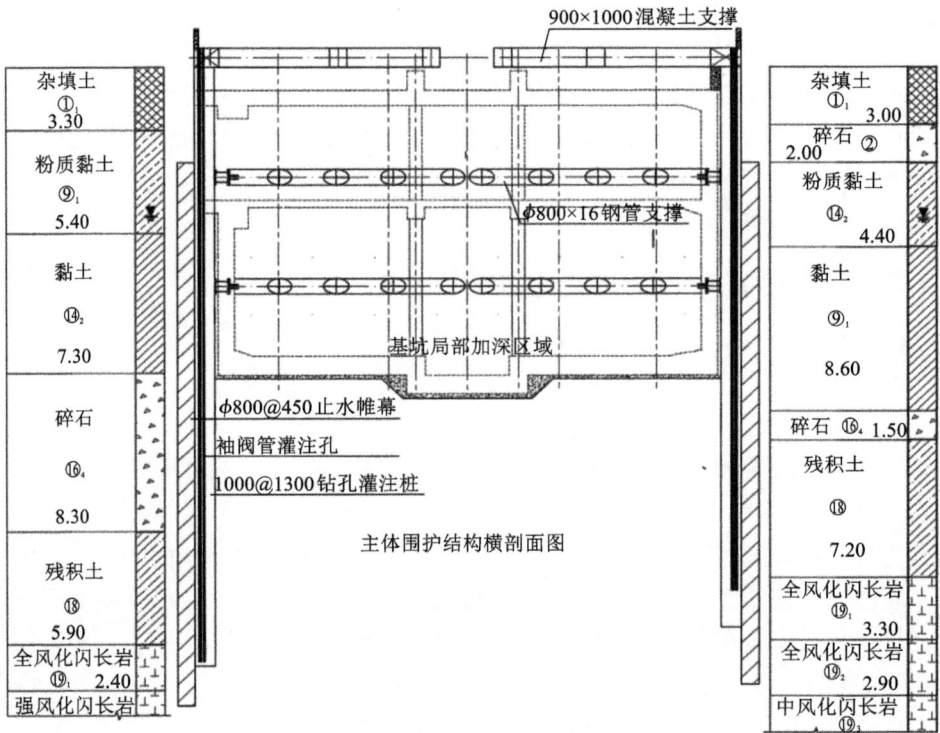

图 1-2　车站基坑剖面图

工时可能会发生地下水突涌情况。

车站场下地质区内零散分布较多碎石岩土层，与周边地层水力联系密切，地下水可由西南部山区大气降水与地下渗流补给。各岩土层水文地质特征如表 1-3 所示。

表 1-3　各岩土层水文地质特征一览表

岩土层号及名称	分布范围及简要水文地质特征	渗透系数 /(cm·s⁻¹)	含水岩组划分
①₁ 素填土 ①₂ 杂填土	广泛分布，位于地下水位以上，松散，总体属中等透水、不富水层	—	—
⑩₁ 粉质黏土	广泛分布，厚度 1.00~5.40 m；位于地下水位以上，可塑，富水性差，属微透水层，可视为相对隔水层	$5×10^{-6}$	相对隔水层
⑮₁ 碎石	局部分布，厚度 0.80~7.90 m；多位于地下水位以下，中密~密实，富水性好，属强透水层	$6×10^{-2}$	含水层
⑱ 残积土	局部分布，主要分布于烈士陵园站附近，厚度 1.50~13.40 m；多位于地下水位以下，可塑，富水性较好，属中等透水层	$4×10^{-4}$	含水层
⑲ 全风化闪长岩	场地北侧广泛分布，全风化闪长岩岩芯呈砂状，局部碎块状，富水性较好，透水性较强	$3×10^{-3}$	含水层
⑲₂ 强风化闪长岩	强风化闪长岩裂隙发育，岩芯呈碎块状，富水性较好，透水性较强	$3.5×10^{-3}$	含水层
⑲₃ 中风化闪长岩	中风化闪长岩裂隙发育较少，岩芯呈柱状，富水性差，透水性弱	$4×10^{-3}$	含水层

1.2　国内外研究现状

21 世纪是地下空间发展的时期，深基坑工程作为地下空间发展的一个课题，发展迅速。为保证基坑工程安全实施，越来越多的国内外学者对基坑工程中地下水渗流影响、围护结构选型及优化、基坑变形控制等问题展开研究，取得了丰富的研究成果。

1.2.1　地下水对围护结构的影响研究现状

地下水（尤其是承压水）是基坑施工过程中引起基坑变形失稳和渗漏的重要因素，目前预降水是解决地下水问题常用的方法，而降水过程会造成基坑周围土体渗流场的变化及土体固结，引起渗流力和土体应力重新分布，进而影响到围护结构上水土压力的分布，甚至可能对基坑围护结构造成渗流破坏，对基坑的稳定性带来危害[1-2]；并且地下水的渗流作用还会导致基坑周围土体产生固结，使得土体进一步发生沉降，对坑边土层和周边建筑物、市政管线产生危害。

Terzaghi[3]在饱和土固结理论的基础上，将渗流场与应力场进行耦合分析，建立三维固结方程，假设土体处于饱和状态，土体孔隙中的水和土颗粒为不可压缩状态，土体变形是由土体孔隙水排出导致应力变化而产生的。孔隙水的渗流服从达西定律，土体渗透系数不随时间而发生变化，该降水导致土体发生沉降的经典理论被广泛使用。

Biot[4]基于一维固结理论，提出三维固结理论，考虑土颗粒与孔隙水相互作用的三个方向的变形，建立与线弹性相关的三维土体固结方程，其对土体提出的渗流固结理论更符合实际。

杨晓军等[5]研究地下水压力与土压力之间的相互关系，两者作用对围护结构的影响，从而得出在地下水影响情况下基坑围护结构受水-土压力的计算方法。

龚晓南等[6]在《深基坑工程设计施工手册》中提出富含承压水地层基坑不发生突涌的条件判别式和承压水的处理方法，其中处理地下水的方法包括降水降压以及设置止水帷幕等。

骆冠勇等[7]通过研究承压水降压降水引起的坑边土体沉降和潜水降水引起的坑边土体沉降的不同，考虑不同透水层的复杂地质条件，推导建立下卧承压水层降压降水引起的基坑周边土体应力变化和沉降的计算方法。

陈永才等[8]以实际深基坑工程降水为研究对象，分析基坑降压降水施工过程中引起周围地层变形的主要影响因素，设计降-隔水处理方案进行降水分析，为类似深基坑降水降压施工提供科学指导。

张忠苗等[9]以粉性土深基坑为研究案例，研究基坑采用井点降水和止水帷幕隔水的降水隔水措施来解决高承压水带来的问题。

杨清源等[10]以深圳地铁为研究对象建立基坑不完整井降水模型试验。通过试验数据分析，得到坑外降水曲线计算方程；以实际基坑工程为例，结合数值模拟、实测数据进行分析，与理论计算公式的计算结果进行对比，验证理论计算的合理性和正确性。

欧雪峰等[11]在针对基坑开挖对下卧隧道的影响的计算方法之外，提出一种新的计算方法，考虑基坑降水的因素，并分析基坑降水在整个影响过程中的作用；以实际深基坑工程为案例进行计算，将计算结果和实测数据进行对比分析，验证计算方法的有效性。

邵羽等[12]基于修正剑桥模型，推导孔隙比 e 随土体当前应力变化的方程；在此基础上，研究深基坑降水开挖所导致的坑内外土体变形、围护结构变形以及弯矩，得出当考虑孔隙比随土体当前应力变化时，基坑变形和地层变形随孔隙比变化的情况。

武俊东等[13]分析了在降水开挖的过程中地下水渗流作用对软土地区多层支撑围护结构嵌固深度的影响，同时结合现场施工监测数据，揭示在基坑开挖变形及内力分析中考虑渗流作用的重要性。

纪政[14]以实际深基坑为研究对象，结合理论计算分析、有限元数值模拟计算、实测数据分析等研究手段，分析基坑降压降水过程中承压水对基坑围护结构的影响。

郑刚等[15]研究发现在场地存在多层层间有一定水力联系的承压水层时，基坑内降水可引发基坑止水帷幕墙以下承压水含水层的水头下降；通过在天津地铁车站所在场地开展的抽水试验、单井回灌试验、先抽后灌试验，对基坑内外的水力联系、不同含水层间的水力联系和隔层回灌的效果进行研究。

刘婧[16]以上海一深基坑为研究案例，结合 Biot 土体渗流固结理论，根据土层的水文地质参数，建立流固耦合效应的有限元模型，进行瞬态分析降水数值模拟，分析基坑降水对围护结构和周围环境的影响。将数值计算结果与实测数据进行对比分析可得，流固耦合分析在基坑降水中的合理性和可行性。

李伟[17]以苏州地铁车站深基坑降水施工为研究背景，通过 Midas/GTS 数值模拟和现场抽水试验，分析基坑降水施工过程中地下水水位的变化和周边地表沉降，得出基坑降水处理对基坑变形和地表沉降产生一定的影响。

马晓明[18]以苏州地铁为研究对象，结合理论分析、实测数据统计分析、有限元数值模拟等研究手段，分析富含承压水地层的地铁车站基坑变形特性和影响因素，得到富含承压水地层下基坑的变形规律和特点，提出基坑围护结构选型。

曾超峰等[19]通过最新工程案例研究发现，在基坑开挖前，现场预降水可以引发支护墙位移；依托工程实测资料，建立数值模型，通过参数分析研究软土地基渗透性条件对基坑开挖前支护墙的影响规律和机理，发现基坑预降水深度范围内土层渗透系数越大，渗透性各向异性越明显。

金晓飞等[20]在考虑渗流作用的基础上进行有限元模拟分析，将数值计算结果与实测数据进行对比，分析降水施工过程中渗流作用对基坑变形的影响。研究表明，基坑降水过程中地下水发生渗流作用，使得围护结构水平侧移增加。

王国富等[21]以济南轨道交通 R1 线地铁深基坑降水工程为研究目标，分析基坑降水引起的不均匀沉降对周边建筑物的影响，得出回灌是解决此类问题的有效手段。为此，他们利用 Visual Modflow 软件分析基坑降水和回灌，模拟在止水帷幕和回灌不同工况条件下基坑降水与周围地下水位对沉降的不同影响效果。

岳云鹏等[22]以实际基坑为研究对象，以修正莫尔-库仑为土体本构，考虑渗流作用，建立流固耦合效应的有限元模型，模拟降水施工对基坑围护结构的影响，得到考虑基坑降水的流固耦合分析的数值模拟计算结果接近现场实测数据，富水地层的基坑模拟需考虑降水的影响。

从上述研究成果可看出,对基坑降水施工引起的基坑变形和地表沉降的研究取得了一定的成果。在一些含水丰富的典型地区,在基坑内降水时,常因为经济技术条件限制,墙体无法将基坑内外含水层隔离,在基坑内降水降压时,降水会对基坑产生渗流作用,致使地下水的绕径产生突涌现象,从而进一步对基坑变形和地表沉降产生影响。为此,不仅使用基坑降水来保证基坑开挖的稳定性,更需要从基坑围护结构方面设计选型及优化,从而得到防水隔水围护体系,保证工程安全。

1.2.2 基坑围护结构选型及优化研究现状

目前深基坑围护工程优化设计取得了长足的发展,由于对深基坑工程设计精度要求的提高,基坑支护结构与地基土体开挖工况间相互作用的研究也更加充分,其主要集中在支护结构变形的最大估算、预测及变形规律上。而目前随着基坑工程的建设发展,在基坑围护结构的适用范围内,如何优化围护结构体系,实现控制基坑变形、防水渗流等,并取得经济效益,是一个至关重要的问题。

袁勇等[23]采用惩罚函数法进行支护结构的桩长、内支撑架设支护优化设计,基于数学计算得到优化之后的基坑支护结构。

徐扬青[24]基于实际基坑的桩锚围护结构设计了两种计算方法,进一步深入研究深基坑桩锚围护结构优化设计。

曹双寅等[25]基于有限元数值模拟,针对基坑围护结构入土深度、嵌固深度的不同进行基坑围护结构变形和内力分析,研究基坑围护结构的优化设计问题,为基坑优化提供依据。

吴江滨等[26]针对现有围护结构和混合内支撑在常规支护设计中存在的不足之处,进行基坑支护优化,通过决策变量约束条件、目标函数、优化计算算法来进行计算机的编程计算,实现基坑支护结构的参数优化设计。

杨丽娜等[27]归纳总结深基坑围护结构的变形、受力特性、适用性,将层次分析法与模糊理论结合起来对基坑支护选型进行分析,选出最优的支护结构。

吴恒等[28]基于协同演化思想,开发深基坑桩锚围护机构优化设计系统,来进行围护结构优化设计演算,得到基坑围护结构优化设计的重要手段。

王成华等[29]采用粒子群优化(PSO)算法来进行基坑围护结构设计优化,通过粒子群位置的演变过程来搜索对应最优函数的基坑围护结构设计参数,达到基坑围护结构设计优化效果。

周东[30]从影响基坑支护结构的因素入手,运用系统方法分析基坑支护结构方案构成和优化设计,建立优化分析模型、设计流程和数学模型,进行基坑支护遗传优化研究。

尤晓晖等[31]基于混合粒子群优化(PSO)算法,进行基坑土钉支护优化设计,改进了算法中 PSO 的优化能力，提高了算法的计算精度和收敛性，为围护结构设计提供了更快捷的优化计算。

赵洪波等[32]结合微粒群算法和支持向量机来进行基坑围护结构优化设计，该优化方法用支持向量机表示围护结构计算参数与基坑安全系数之间的的复杂关系，提高了基坑围护结构优化过程中的稳定性。

高升[33]对兰州工程水文地质环境、环境风险因素等进行分析，并对基坑围护结构进行研究，总结各类常用基坑围护结构选型依据，为类似的工程提供科学参考。

朱彦鹏等[34]以湿陷性黄土深基坑为研究对象，采用有限元模拟悬臂式围护桩的优化设计及工程应用，模拟围护结构的桩径、桩距及桩身长度等不同参数改变后的基坑变形计算，从中选取优化参数，满足基坑稳定性要求。

张冬梅等[35]基于正交试验原理，通过围护结构入土深度、桩径、坑底加固等因素进行正交试验，分析其对基坑变形的影响，来进行基坑围护结构的优化设计。

李淑[36]基于变形控制，收集统计分析北京地铁车站基坑的变形规律和特点，分析基坑变形对周边环境的影响，提出变形控制；在变形控制的基础上，设计优化车站深基坑的支护结构。

陈昌富等[37]为研究水泥土墙围护结构的优化设计，建立以围护墙宽度、嵌固深度和置换率为决策变量的优化设计计算模型，进行围护结构的参数优化设计计算，分析计算参数对基坑围护结构变形的影响，以实现基坑围护结构优化设计。

周爱其等[38]以满应力设计为基本思想，建立围护桩加混合内支撑的设计优化计算模型，提出优化解的目标函数和相应的设计优化判断依据，从中计算得到基坑优化参数，进行优化设计。

杨学林等[39]针对支撑式或拉锚式板桩结构进行围护结构优化，分析内支撑不同位置对基坑变形的影响，针对内支撑来进行基坑支护优化设计。

丁敏[40]研究不同基坑支护类型下的土压力以及围护结构的安全稳定性，来进行围护结构优化算法的设置，开发相应的基坑围护结构设计系统。

朱桂春等[41]通过研究桩锚支护体系，分析其受力特性和变形特征，以实际基坑工程为依托，结合数值模拟，同时运用混合遗传算法，研究分析基坑支护相关的参数和约束条件，并对该基坑支护体系进行优化设计。

马海龙等[42]采用数值模拟方法分析基坑被动区加固深度及加固宽度对支护特性的影响。研究结果表明，控制围护结构刚度和强度，可以有效减少墙后地表沉降。

刘光宇等[43]采用 Midas-GTS 数值分析有限元软件进行基坑有限元数值模拟，模拟设计因素对变形的影响，从而进一步优化围护结构设计，得到能够控制变形和具有经济效益的围护结构体系。

由以上研究可知，基坑围护结构优化设计要通过研究基坑工程围护结构在基坑施工过程中的变形特性，获得围护结构体系变形影响因素，来对围护结构进行优化，并通过反分析应用到基坑设计当中，来保障基坑稳定、变形控制，得到合理经济的围护结构体系，降低工程成本。

1.2.3　基坑降水回灌施工效应研究现状

地下水渗流理论包括地下水运动特征，渗流场在水位变化情况下的分布情况，渗流微分方程等内容，是研究有关地下水问题的根本要点，主要研究方法有三种：①通过工程试验进行研究；②通过数学解析模型进行研究；③通过有限元分析进行研究。

Dupuit(1863)[44]以达西定律为基础，提出了稳定渗流理论，建立了稳定流公式来分析地下水运动规律。许多学者进行地下水历史动态研究以求得地下水动态变化规律，相关分析法、趋势线法等数学方法在研究地下水渗流的运动规律时得到了较为广泛的应用[45]。Herweijer 和 Young[46]研究发现在含水介质的水文地质条件下，在空间上，渗透系数、导水系数和贮水系数等均服从对数正态分布。在近代，越来越多的学者也开始应用计算机技术对地下水渗流状态进行分析研究，如 MODFLOW、GTS、FEFLOW 等。在通过数学模型计算地下水的入渗方面，也有广泛的应用：Hodgson 等[47]在对地下水位进行计算时将随机函数通过一定数学模型转化为正态分布，从而计算离散状态下地下水渗流规律。加拿大学者 Wrren[48]发现采用独立离散参数法来研究一维地下水稳定渗流问题，其结果较为符合实际情况。

Scott[49]、Delfranche[50]、Premchitt[51]等在早期的研究中都认为，土体发生固结沉降的原因是土体有效应力的增大，更进一步的原因是水位下降带来的土体孔压减小进而导致土体的压缩固结。Preene[52]分析了施工降水引起基坑周围非加固区土体沉降的原理，提出了一维太沙基固结理论，并指出不仅应考虑在降水过程中由于有效应力变化而引起的土体变形，还应考虑降水时因各方面准备不足使土颗粒流失而导致的基坑土体突泥、涌沙等事故情况，同时首次提出了基坑开挖—降水的风险分析方法。

在研究地下水渗流变化导致地应力变化方面，Hsi[53-54]在研究土体变形时考虑了孔隙水压导致的变化，对地下水渗透过程做出了逆向分析，提出了基于水位变化的非饱和土渗流固结耦合模型。该模型在耦合分析中，可以模拟土体从饱和渗流到非饱和渗流的过程。随着水位的下降，水面以上为非饱和区域，水面以下为饱和区域，区域的差别会导致非饱和区形成负孔隙水压力，致使渗流速度减缓。郑刚等[55]对天津地区不同场地的承压含水层进行抽水试验，发现多层的承压含水层在局部降压时，由于压力的不平衡，土体部分出现拉伸应力，导致土体的拉伸形变，下部土体也由于地下水向上渗透而产生隆起，而如果只考虑分层总和法无法解释该隆起的空间效应问题，因此土体的沉降量常常会被低估，则应结合实际工程和理论、模拟计算综合考虑实际土体变形问题。谢康和等[56]基于一维渗流情况，推导了由降水引起的地表沉降和地应力变化的公式，得出地下水渗流的变化是地表沉降和土体地应力变化的根本诱导因素。

在研究地下水渗流变化导致地表沉降方面，宋建学等[57]考虑具体实际工程，综合监测数据分析降水条件下地面的沉降规律，得出沉降变形的计算方法，在二维渗流尺度下较好地预测了地下水位的分布情况与地表沉降的变化情况，其计算过程具有合理性。吴意谦[58]通过理论计算和有限元分析，结合兰州地铁 1 号线实际工程，求解不同工况下沉降量的计算值，发现在小降深条件下进行单井、群井降水时，不同降深与降距引起的降水效果没有显著差别，只有在大降深时才表现得较为显著，改进了在非饱和土条件下基坑降水引起周围土体沉降的算法。胡钧等[59]对上海深基坑开挖过程中的各项数据进行分析，研究了降水时地下水位的变化情况及测算精度，对数据分析过程进行了优化。张世民等[60]采用修正分层总和法计算由降水引起的土体沉降，将支护结构变形和坑底隆起综合考虑，尽可能研究更多引起沉降的因素以及引起沉降的机理，并结合前人的研究对开挖—降水引起基坑外部土体沉降的理论计算公式做出了推导。陈学根等[61]通过对基坑桩基进行研究计算，分析了在基础物为桩基基础时，在不同土体渗透系数和降水固结时间下，开挖—降水引起坑周地下水变化的情况和伴随的地表沉降规律，并对地下水的均匀下降以及土体的不均匀沉降做出了计算，预测了桩基结构的沉降过程。王中[62]对实际工程运用多种监测并结合有限元分析的方式，发现实际施工中，土体沉降变形到一定程度后，土体形变会开始减少，而且土体的沉降相对于降水的过程具有一定的滞后性，因此需要在降水的过程中不断地修正理论计算参数和测量参数。

1.2.4　回灌施工参数优化研究现状

在基坑的回灌施工中，需要根据设计规范、实际工程需求以及环境影响控制各种回灌参数，如回灌井深度、回灌井设置间距、回灌压力、回灌深度、回灌量等。不同参数对复杂工况的影响性不同，为最大程度上发挥回灌施工的作用，取得最大化经济效益，需要运用优化理论对回灌各项参数进行优化控制。Brain[63]利用人工神经网络对回灌井底水位进行优化。Lei 等[64]运用正交试验分析法对回灌压力进行了一定优化设计。

在利用有限元软件进行优化分析方面，李昊阳[65]依托佛山地铁工程，开展单井回灌试验，利用 ABAQUS 有限元分析软件对基坑回灌井进行建模，研究了在不同的回灌压力、滤管长度、井径大小、基坑距离等条件下回灌对地下水渗流场与基坑的影响，并通过各项参数比选确认回灌的优化方案。卢阳[66]通过对武汉地区地源水回灌井群进行流量测试，分析了回灌的渗流特性与不同泵压下的回灌性质，运用 Flowmaster 仿真软件对回灌管网进行有限元分析，对不同回灌性质下的渗流特征进行计算，确定影响水泵流量的主要参数，并应用优化方案对不同参数下的水泵回灌进行设置，确立了综合能耗与功能值的最优回灌方案。陆建生[67]对承压水层基坑工程的回灌管井进行研究，探讨了基坑抽灌一体化的设计方案与设计流程，在计算出单井回灌量的基础上对基坑工程的回灌井结构与设置做了优化分析，并运用有限元分析计算回灌渗流情况，得出在不同回灌压力与回灌深度下地下水的渗流变化情况，结论显示较深的回灌井可以产生更佳的回灌效果，但会对基坑围护结构产生危害以及不利于经济效益的获得。

在利用理论进行优化分析方面，李涛[68]考虑长期降水导致海水入侵的机理与防治方法，对天津地区基坑工程双回灌井参数进行优化分析，对降水—回灌渗流耦合进行实例研究，结合优化方案得出在固定降水量情况下回灌井的最优位置。徐玉良等[69-74]通过对地下水源热泵回灌进行试验，基于涌水量与回灌率等参数建立了回灌系统的三维模型，运用层次分析法与灰色关联度法对热泵回灌的适宜性进行研究，确立了在避免热贯通情况下回灌井的设置形式与最优回灌井间距。张文静等[75-79]基于熵权模糊模型和模糊层次分析法对基坑降水—回灌方案进行优化方案比选，对人工回灌水的经济效益与功能性进行评判。郝奇琛等[80]基于遗传算法对回灌量与回灌速率进行分析，结合地下水渗流模型，得出其解约束下的最优化解。刘金[81]基于济南地区 R1 线地铁深基坑工程，对潜水层和承压层进行回灌试验，并与实际工程回灌方案进行对比，修正各含水层的回灌渗流稳定计算参数，为后续工程降水—回灌提供一定参考。

1.2.5　土体参数变异性研究现状

岩土体的内在自然变异性、工程测量误差和试验模型转换的不确定性是岩土体设计参数不确定性的主要来源。可靠性方法已成功应用于岩土工程中遇到的两类主要不确定性问题：自然变异性和建模不确定性。近年来，利用随机场理论建立土体参数的空间变异性模型在岩土工程分析中具有重要意义。岩土工程所研究的对象在时空上千变万化，其内在的联系错综复杂，存在着各种不确定性因素，考虑这些不确定性因素对岩土工程进行分析评估能够真实地反映其内在性质。许多学者从不同角度对各种不确定性因素进行了分类探讨，不确定性因素大致可以归纳为随机性、模糊性及未确知性(不完善性)。对于随机性和模糊性的不确定性人们早已有所认识，而未确知性是指由信息数据的获取不全面或不完整而导致的部分区域的信息数据不确定性。传统的现场勘探和岩土工程设计方法在处理这些不确定性方面仍然不是非常有效的。随着岩土体物理力学在施工过程中的不断更新，工程上的设计变更以及施工方案的修正总是不可避免，或者由设计参数变异性的存在造成的工程事故也是屡见不鲜。所以土体参数的空间变异性在工程中是不容忽视的，对工程的安全性、经济性、可靠性具有较大的影响。当前许多科研人员围绕岩土体参数空间变异性的相关研究已经有了不少的成果。

Luo 等[82]提出了一种考虑土体参数空间变异性的支护基坑底鼓可靠度分析的简化方法，采用一阶可靠度法(FORM)和方差缩减技术对空间变异性进行建模，以代替传统的随机场模型(RFM)，所提出的方法产生的结果与使用蒙特卡罗模拟的传统 RFM 方法获得的结果相当。

Elachachi 等[83]开发了一个涉及地质统计学框架的土体空间变异性模型，得出了土体-结构诱导效应的大小取决于以下四个因素：土体变异性的大小、土体-结构刚度比、结构-连接刚度比(相对柔度)和土体-结构长度比。

Gong 等[84]提出了一种新的岩土系统性能概率分析框架，研究了地下连续墙支护开挖的系统性能，并采用随机场理论对数值模拟中土体性质的空间变异性进行建模；最后，进行参数分析，以检查土体特性的统计特征对概率分析结果的影响。

Bong 等[85]提出了考虑固结系数空间变异性的固结概率分析的两种有效方法，所提出的方法能够使用现有的确定性有限元代码执行考虑空间变异性的概率固结分析，而无须任何修改。研究发现，概率固结分析对固结系数的空间变异性非常敏感，平均固结度的变异性随着波动规模的增大而增加，这可以通过所提出的任何一种方法进行有效识别和处理。

Goh 等[86]对具有不同开挖几何特性、墙体和土体特性的软黏土深基坑进行非线性有限元分析。通过考虑软黏土空间变异性的可靠性分析，给出了一些关于空间平均效应以及土体性质变异系数的有用结论。

Gholampour 等[87]通过考虑土-结构相互作用中涉及的不确定性，对完全粗糙和完全光滑的界面进行分析，为空间变化的非饱和土中支撑基坑的可靠性分析提供了一种实用方法。

Li 等[88]将直接法和间接法结合起来进行土体开挖分析，结果表明，当两种方法结合使用时，参数不确定性以及响应中的不确定性可以显著降低。

Ching 等[89]的研究表明，土体空间变异性中的样本路径平滑度会对岩土工程问题的失效概率产生显著影响。

Liu 等[90]考虑了土体性质的空间变异性，提出了一种基于可靠度的岩土工程设计的通用解耦方法，该方法计算效率高，实施灵活，适合涉及复杂模型的岩土工程问题。

Zhang 等[91]综述了近 20 年空间变异性在隧道开挖和深基坑开挖中的应用。

由于在地质和岩土工程中经常遇到具有空间变异性的土石特性，与传统的确定性分析方法相比，考虑空间变异性可以更好地获取深基坑的性能。尽管如此，目前的研究仍然面临许多实际的科学问题。

Luo 等[92]研究了支撑基坑中土体空间变异性的影响，实例研究表明，土体空间变异性对开挖引起的结构响应有很大影响。

Nguyen 等[93]研究了在进行深基坑稳定性分析时，土体不排水抗剪强度的空间变异性对侧壁移动和地表沉降的影响。结果表明，空间变异性极大地影响了侧壁移动和地表沉降的分布。

Zhang 等[94]提出了一种考虑土体空间变异性的水平承载桩可靠性分析方法，通过算例验证了该方法的有效性，研究了土体参数的空间变异性、水平荷载的不确定性对破坏概率的影响。

通过分析归纳总结可知，随着土体参数变异性理论的不断完善，其在可靠度、稳定性、结构性能等方面取得了许多有意义的成果。但是，由于岩土体不仅在局部存在着变异性，在世界范围内也存在着区域性变异性，因此有必要根据区域土体的变异性对结构性能的影响进行探索，区域土体的空间变异性特征对指导设计及施工具有十分重要的意义，这给工程实践的应用带来很多便利。

1.2.6 基坑变形控制研究现状

由于土体参数存在变异性和具有不确定性，因此基坑变形的准确确定仍然具有不确定性。因而，为了确保基坑本身以及被保护对象的安全，通常采用相应的措施进行变形控制。基坑的变形控制主要体现在三个方面：基于基坑支护体系的变形控制，基于切断传递路径的变形控制，基于邻近基坑保护对象的变形控制。近年来，这三个方面的相关研究已经取得了许多成功的工程应用。

贺俊等[95]以深基坑开挖工程为依据，通过现场监测对基坑变形规律进行了分析，发现基坑在开挖过程中的变形随着开挖深度的增加而增加，变形量的变化大小与开挖方式、开挖速度、施工工序、周边荷载及天气等因素有关，且在有需控制变形的紧邻建筑物时建议采用内支撑比较合理。

张学亚等[96]将监测数据与数值模拟结果进行对比分析，提出了基坑变形控制方法和措施，确保围护结构安全和稳定；对围护结构进行小导管预注浆，可对土体起到固化和止水的效果。

朱正国等[97]对基坑深层土体位移、边坡桩顶沉降等进行持续监测分析，结果表明，深层土体水平位移最大值位于开挖深度的 2/3 处，土体变形呈现两头小、中间大的"中凸形"变形特征；围护结构的墙顶沉降在开挖初期会小幅度上升，但随着基坑开挖深度的增加而逐渐下降，最终趋于稳定。

木林隆等[98]提出控制围护墙变形是防止邻近桩基破坏的最主要措施；通过

建立基坑围护墙变形与桩基变形的关系和基于邻近桩基础角变形控制要求，提出了基坑围护墙的变形影响因子、最大水平变形的控制指标与经济指标。

王龙等[99]分析了上覆新填土条件下不同围护桩插入比以及加固条件下坑底回弹变形和地表沉降的分布规律。结果表明，增大围护桩插入比能显著减少坑外地表沉降，但对减少坑底隆起的效果欠佳；对坑底土体被动区搅拌桩加固能够较大幅度减少地表沉降和坑底隆起，当加固 9 m 深度时，坑底隆起和地表沉降可减少 75%以上。

唐寅伟等[100]以苏州地铁某车站基坑的地下连续墙施工为研究背景，研究地连墙施工过程中的地层稳定性和变形规律，结果表明，浅层土体受扰动较大，土体变形明显，最大土体水平位移发生在地表；深层土体受到的扰动较小，土体变形随着深度的增加而减少。

秦会来等[101]依托珠海的一个深基坑工程，运用有限元技术并采用数值模拟分析了该地区深厚淤泥地层条件下基坑的变形特点，全面分析了坑内加固区范围、支护桩刚度、支护桩嵌固深度等因素对基坑变形的影响规律，并对该深基坑的变形控制措施及控制效果进行了总结。

王卫东等[102]结合工程实践，阐述了邻近隧道深基坑变形控制设计方法，如微小变形控制分区设计、坑内土体加固、轴力自动补偿钢支撑、坑外隔断以及承压水控制设计方法等，通过大量的工程实践分析不同设计方法在控制基坑与隧道变形方面的效果。结果表明，综合采取上述设计和分析方法能够达到良好的变形控制效果，能够满足地铁及隧道变形控制和结构安全的要求。

郑刚[103]提出基坑变形控制是软土地区基坑工程的核心内容，提出了直接着眼于保护对象的变形主动控制理论，通过对关键区域土体的应力和变形进行控制，从而实现对保护对象的测控一体化靶向控制。

综上可知，变形控制在工程上已经有许多的应用，综合设计阶段与施工阶段，并通过实时监测，共同达到控制变形的效果。变形与许多因素有关，如开挖方式、开挖速度、周边荷载、施工工序、注浆加固、围护结构刚度和插入比等，但目前在对施工变形的精细化控制方面仍然有所欠缺，尚未有系统的变形控制流程。因此，基于实时监测的动态施工变形控制技术仍然是当下及未来基坑变形控制的研究方向。

1.3　研究内容

本书以济南地铁车站深基坑为研究对象，对富水地层深基坑施工效应进行分析，通过数值模拟对基坑围护结构进行选型及优化设计并分析地表沉降、围护结构水平位移、地下水位变化施工效应，研究不同回灌参数下坑周地表沉降、围护结构水平位移、地下水渗流变化、影响范围、施工难易度等基坑施工主要指标的变化情况，探讨基坑开挖过程中的变形特性，对施工过程中的变形进行有效控制。

（1）以实际地铁深基坑为分析对象，基于济南地区地铁车站基坑变形实测数据，通过经验公式、理论分析、数值模拟等研究手段，研究济南地区地铁车站基坑变形规律特点，模拟基坑在不同地下水、围护结构设计参数、施工参数下的变形情况，总结归纳地铁车站基坑变形特性，为掌握围护结构和周边环境的变形控制，进行基坑围护结构选型及优化，保障基坑施工过程的安全提供科学依据。

（2）以开源路站基坑围护结构为对象，对地铁车站深基坑围护结构进行初步对比选择，通过影响因素层次分析法分析结构、专家评定、权重确定、方案模糊综合评价等来计算比较评判方案综合值，得出最优围护结构；同时，考虑施工效应，用正交试验进行可变因素的正交计算来进行优化，得出深基坑围护结构细部优化参数。通过工程优化评价分析，在基坑安全、变形控制方面，使优化后的深基坑围护结构达到要求，验证优化后的围护结构的有效性和合理性。

（3）通过对开源路站深基坑工程实际开挖过程中的监测数据进行分析，研究富水承压地层下基坑、周边土体以及地下水的变化规律，探究开挖、降水、回灌施工对基坑工程的影响。

（4）结合实际工程数据，采用 Midas GTS NX 有限元软件对开挖、降水、回灌施工进行分析，将计算结果与实际施工监测数据进行对比，验证 Midas GTS NX 有限元模型的正确性，运用正交试验分析法，进一步研究不同回灌参数下坑周地表沉降、围护结构水平位移、地下水渗流变化、影响范围、施工难易度等基坑施工主要指标的变化情况，客观探究在功能性方面的最优回灌方案。

（5）通过随机场理论对建设场地的勘探和试验样本参数的空间变异性进行分析，采用五种自相关模型对自相关系数进行拟合来获得竖直波动范围，采用平均零跨法来获得水平波动范围，最终得到土体参数的空间变异性规律。

（6）考虑土体固有性质空间变异性，采用随机理论对具有变异性的土体参数进行网格单元赋值，利用随机有限元法对基坑的开挖进行模拟，通过考虑土体参数变异性的数值模型，探讨基坑开挖过程中的基坑变形特性，分别对开挖过程中的围护结构及土体的水平变形、地表沉降和坑底隆起等的变形规律进行简单分析，探讨二维的影响区域、地表沉降和土体侧向变形的影响范围以及变异系数对基坑变形的影响；在此基础上，提出在施工中进行动态控制，对监测的多元信息进行处理和对施工区域的特定对象进行关联分析，最后通过情境感知导出变形控制方案，对施工过程中的变形进行有效的控制。

第 2 章　富水地层地铁车站深基坑围护结构研究

在复杂地质条件和富含地下水的环境下,为满足各种不同类型基坑工程在施工稳定性、施工工期与经济性、抗渗漏、对周边环境影响等多个方面的具体要求,需要对基坑工程进行工程地质分析,分析工程水文地质状况、地下水情况。对于富含地下水(尤其是承压水)地层的地铁深基坑工程而言,基坑围护结构选型设计不仅要满足基坑变形要求,也要隔绝抵抗坑外地下水的影响。本章分析地下水(尤其是承压水)对基坑工程的影响,对济南地区工程水文地质进行调研,研究富水地层基坑的常用围护结构形式,为富水地层地铁车站深基坑围护结构选型和设计提供参考依据。

2.1　地下水对基坑工程的影响

随着城市地铁深层次地开发建设,在地层富含地下水(承压水)的情况下,如何处理地下水问题,是基坑设计和施工的一个至关重要的问题。

2.1.1　地下水分类

土层中的地下水指存在于地表以下的水,地下水的渗流与补给受周边环境和季节变化等的影响。地下水按其埋藏于土层中的位置和水压性质,可以分为包气带水、潜水和承压水。包气带水存在于地表中最上部分的包气带中,受季节影响大。潜水指位于地层饱和水带中一个自由表层的水,潜水压力非常小。承压水为充满两个隔水层具有承压性质的地下水。地下水还可以按照其含水介质类型分为孔隙水、裂隙水和岩溶水。地下水的主要类型及关系见表 2-1。

表 2-1　地下水主要类型

地下水分类	孔隙水	裂隙水	岩溶水
包气带水	土壤层内的结合水和毛细水,地表上层滞水	裂隙岩层雨季水,溶岩角砾岩顶板上的水	垂直渗入的季节性水

续表2-1

地下水分类	孔隙水	裂隙水	岩溶水
潜水	土层松散沉积物中的浅部水	地表裸露裂隙岩层中的水	裸露于岩溶岩层中的层状或裂隙岩溶水
承压水	盆地、平原松散沉积物中的水	构造盆地岩层中的层状裂隙承压水或断层带深部承压水	构造盆地和单斜岩溶岩层中的层状或裂隙岩溶承压水

2.1.2　地下水对基坑的危害形式

基坑在土方开挖过程中受到周边土体、外界荷载、地下水压力等各种作用，发生变形和产生位移，当基坑围护结构受到的荷载超出其承受能力之后，基坑的变形和位移会超出一定范围，导致基坑失稳，造成不良工程后果。而在富水地层的深基坑中，往往因为地下水处理不当，未能够进行合理的降水降压，造成基坑围护结构水平侧移过大、基坑侧壁渗漏水以及坑底涌水等基坑事故发生，造成经济损失。

在富水地层，基坑进行土体开挖时，土层中的地下水渗流会影响施工。若施工前期没有进行适当的降水降压，使土体处于浸泡的状态，则土体强度降低，在土体开挖卸载过程中会产生较大的风险。在富水地层基坑施工过程中，地下水造成的危害主要表现为坑底突涌、坑侧壁渗漏水和管涌等。坑底突涌是因为基坑底部存在承压水厚度，当厚度减小到一定临界值时，承压水压力能够顶开或者冲毁基坑底板，造成基坑底部涌水现象。侧壁渗漏指基坑侧壁的水压力过大，基坑围护结构隔水效果不佳，导致基坑侧壁出现渗水漏水现象。管涌指承压水水头压力较大，在水压力和动水作用下，土颗粒不断沿着水流方向流失造成土体变形导致基坑失稳。

因此，为保证地下水丰富地区的基坑施工安全，在富水地层中，根据图2-1采用下式验算抗突涌安全系数。

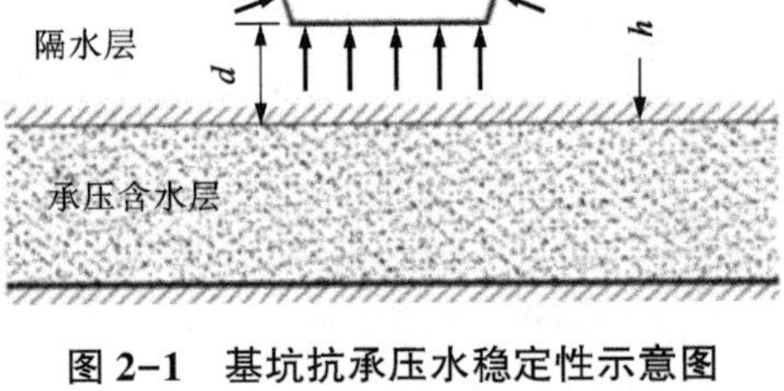

图2-1　基坑抗承压水稳定性示意图

$$F = \frac{\gamma \cdot d}{\gamma_w \cdot h} \geqslant F_s$$

式中：d 为基坑开挖后坑底到承压含水层的厚度，m；γ、γ_w 分别为土和水的重度，kN/m^3；h 为承压水头高于含水层顶板的高度，m；F 为安全系数；F_s 为临界安全系数，通常为 1.1~1.3。

在近几十年的工程实践中，国内广大相关技术人员应用此验算式进行基坑突涌计算，充分证明了该算法的安全性。然而，随着地质环境越来越复杂以及承压水型基坑建设越来越多，工程技术人员在总结工程经验的基础上，质疑这种算法过于保守，其常在上覆层绝对不透水和自然渗流发生时就已发生破坏。然而现实的情况是，在基坑施工开挖过程中，降水井和疏干井等起到渗流保护作用，上覆层不透水的情况几乎不存在。

为了更好地完善基坑设计理论，保障基坑设计施工安全稳定，越来越多的专家、工程师不仅从突涌验算上分析，还从地下水渗流作用角度研究基坑工程的地下水问题，来达到从更多角度处理地下水产生变形影响的问题，弥补规范中地下水处理问题的不足，更好地保障基坑施工稳定，降低施工风险。

2.2　富水地层深基坑围护结构的适用性

基坑围护结构不仅起到抵挡坑外水土岩压力的作用，还为基坑土体稳定开挖和基坑结构施工创造条件，保证基坑施工过程中的安全稳定，以及控制基坑变形，减少对周边环境的影响。

2.2.1　基坑围护结构设计

基坑围护结构的设计是基坑整体支护设计的关键步骤，围护结构的质量直接影响到基坑工程的安全性和经济性。基坑围护结构设计不仅要考虑基坑所处场地周围工程与水文地质条件、周边建筑物、市政管线以及基坑使用要求与基坑规模等设计条件，还要在确保基坑工程安全性与变形控制要求的前提下，尽可能节约成本，以及减少对周围环境的破坏。

基坑围护结构体系方案主要有顺作法和逆作法两类（见图 2-2）。两种方法各自具有鲜明的特征以及不同的适用条件，具体基坑工程通常根据当地水文地质情况、环境影响和施工要求选择其中一种方案或者两种方案相结合来满足围护结构体系施工技术和经济性要求。

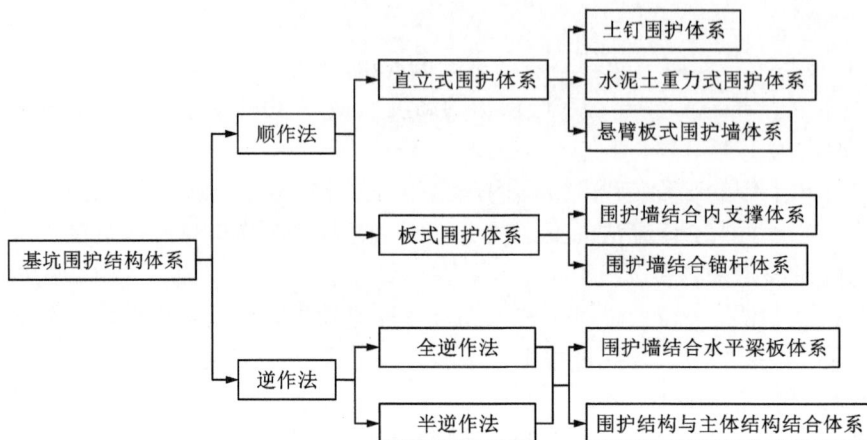

图 2-2　基坑围护总体方案

2.2.2　基坑围护结构特点

地下水影响基坑工程的安全性、周边环境的保护及基坑施工开挖。在地下水水位较高、含承压水土层的地区，基坑降水、降压需满足使基坑工程稳定安全和方便现场施工的要求。地下水的控制以隔水、排水及降水三种方式为主。对于富含地下水地区基坑开挖过程中的地下水，一般采用隔水的围护体系设计方案+降水降压方式进行隔水处理，而隔水的效果与基坑围护结构选型、设计和施工直接相关。在富含地下水地区的基坑工程中，需要采取隔水措施，当周边围护结构不具备自防水作用或防水作用不强时，需要在围护结构外侧另行设置隔水帷幕。

在基坑工程实践中，形成了多种不同类型的围护结构，每种类型在适用条件、经济性、防渗漏等方面各有其侧重和特点，而基坑围护结构的选型直接关系工程的安全稳定性、施工工期和工程造价。每个基坑工程，其工程规模、周边环境、工程地质和水文地质等情况各不相同，因此，在基坑围护结构设计中需要根据每个基坑工程的特性和每种围护结构的特点，综合考虑各个因素，对基坑围护结构进行合理选型。

富水地层常用基坑围护结构介绍如下。

（1）复合土钉墙围护结构

复合土钉墙围护结构是将土钉墙与止水帷幕、微型桩等结合起来形成的复合土钉墙，是能够在土体开挖过程中保障基坑侧壁和周边土体稳定的围护结构，如图 2-3 所示。

土钉墙围护结构由于施工工艺简单，能够满足大部分形状的基坑围护要求。

其可以实现无内支撑开挖,坑内施工作业空间较大,土钉墙柔性大,具有良好的抗震性和延性,破坏前具有变形发展过程。土钉墙围护结构适用于浅基坑和周边环境要求不高的基坑工程;而对于含承压水地区的土层以及周边环境复杂的城市,地铁深基坑对变形控制要求高,在可实施范围内土钉长度无法满足基坑工程要求,很难保证基坑的施工安全。

(2)水泥土重力式挡墙围护结构

水泥土重力式挡墙围护结构(图 2-4)是通过将固化剂和地基土进行混合搅拌,并在墙中放置钢管、钢筋,所形成的具有一定厚度的水泥土挡墙围护结构。

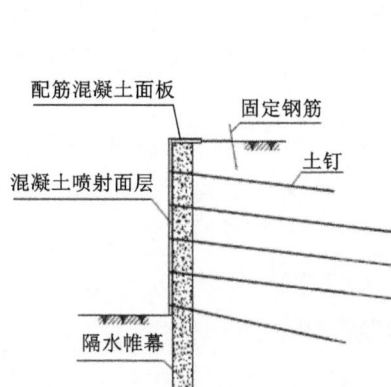

图 2-3 复合土钉墙围护结构

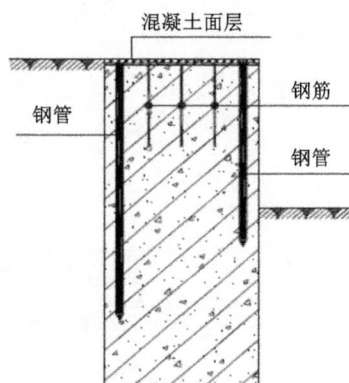

图 2-4 水泥土重力式挡墙围护结构

水泥土重力式挡墙围护结构可结合重力式挡墙的水泥土形成封闭式的止水帷幕,止水性能好,但围护结构占用空间较大,位移控制能力较弱,变形较大,当墙体厚度较大时,对周边环境影响较大。其适用于开挖深度不超过 7 m 的基坑,并且对周边环境要求不高。对于超过 7 m 的深基坑或者对沉降和变形控制要求严格的基坑,此围护结构并不适用。

(3)地下连续墙围护结构

地下连续墙围护结构按施工做法可分为现浇式地连墙(图 2-5)和预制式地连墙(图 2-6),目前深基坑中将壁板式、T 形和 Ⅱ 形等各种形式进行组合,形成地连墙围护结构。

现浇式地下连续墙围护结构是在成槽过程中放置由钢筋浇筑形成的钢筋混凝土板的墙式围护结构形式,具有足够的强度和刚度,能够有效抵挡坑外水土岩压力和起到隔水作用。地连墙的深度可以根据工程要求做到较深,整体刚度大,不会产生过大的变形、位移,可以承受基坑周边复杂的建筑荷载,墙身具有良好的抗渗能力,坑内降水对坑外降水的影响比较小。地连墙围护结构适用于深度较大

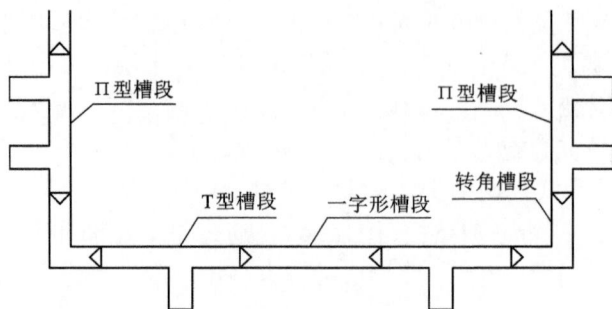

图 2-5　现浇式地连墙围护结构

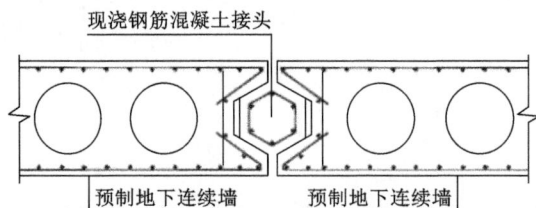

图 2-6　预制式地连墙围护结构

的基坑，对于深基坑周边环境要求高、坑边邻近建筑物以及靠近市政管线等场地情况，以及对于变形控制要求高的基坑工程，地连墙围护结构能够满足其变形控制要求以及保障施工稳定。

（4）灌注桩排桩围护结构

灌注桩排桩围护结构是在场地中设计基坑形状，在土体中掏土钻孔，放置钢筋笼，浇筑混凝土而形成的桩体围护结构。在基坑工程中，灌注桩常用的形式分别为分离式灌注桩、双排式灌注桩及咬合式灌注桩。钻孔灌注桩排桩围护结构见图 2-7。

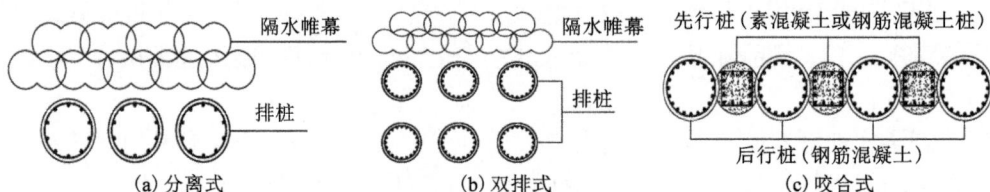

图 2-7　钻孔灌注桩排桩围护结构

　　分离式排桩围护结构是基坑工程中常用的围护结构，其结构形式简单，桩外侧可结合地下水控制要求设置相应的止水帷幕，其施工工艺简单，质量易控制，造价经济。分离式排桩围护结构适用范围广，在承压水地层中，可以根据工程地质和水文地质等情况，对桩体入土深度和桩径进行设计，保障基坑安全稳定性。双排桩围护结构抗弯刚度大，因为在土体中有两排围护桩在抵抗外界水土岩压力，在地质条件允许的情况下，可作为悬臂式围护结构。但双排灌注桩占用空间大，自身隔水性能不佳，在含水地层中需额外设置止水帷幕，适用于场地较大且含水量少的基坑工程。当场地受限制，无法同时设置排桩和隔水帷幕时，咬合式排桩就体现出占用空间小，受力结构和隔水结构二合一的优势特点，其适用于周边建筑物和地表沉降对降水比较敏感的基坑工程。

　　(5)SMW 工法桩围护结构

　　SMW 工法桩围护结构是将型钢插入三轴水泥搅拌桩内形成的复合围护结构（见图 2-8），能够抵挡坑外土体，拦截地下水防止其进入坑内。与之类似的，型钢插入水泥土搅拌桩中的还有 TRD 工法桩围护结构和 CSM 工法桩围护结构等。

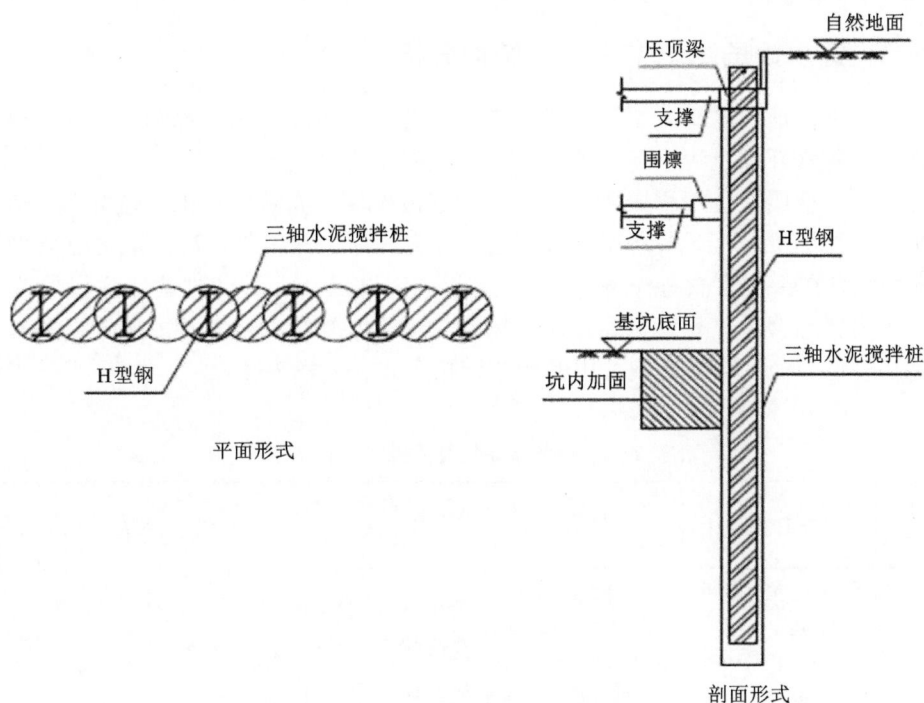

图 2-8　SMW 工法桩围护结构

SMW 工法桩围护结构在桩体之间能够很好地衔接，比传统的围护结构具有更良好的隔水性能，其适用土层较多。

（6）钢板排桩围护结构

钢板排桩围护结构（见图2-9）是将带锁口或者钳口的热轧（或冷弯）型钢打入土体后，依靠锁口或者钳口进行连接咬合，形成连续的钢板排桩，来抵挡坑外土体和地下水。

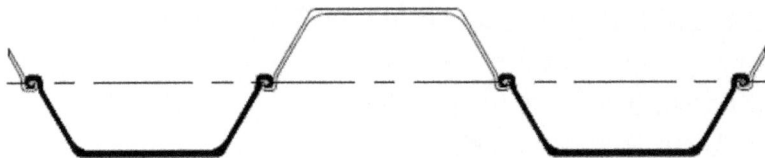

图 2-9　钢板排桩围护结构

钢板排桩具有施工便捷的特点，而且可以在施工完成之后拔出再循环利用，可以降低成本。但钢板桩在刚度方面欠缺，容易发生变形，只适用于开挖深度不超过 7 m、周边地层环境允许的基坑工程，对于富水的地层则不适用。

2.2.3　富水地层基坑常用围护结构分析

对于富水地层的基坑来说，围护结构不仅要起到挡土和隔水两个作用，更要保证基坑降水开挖过程中基坑变形控制以及施工安全稳定。

在富水地层基坑工程中常由地下水的渗流作用、坑内外水压差过大等，造成围护结构渗漏水、地下水绕径进入坑底造成突涌等工程现象。济南地区富含地下水，特别是在一些富含地下泉水的地铁车站建设区，地下水对基坑建设影响突出。本研究综合近些年轨道交通工程中富含地下水地区基坑工程的施工经验和工程特点，列举富水地层基坑常用的围护结构形式，得表2-2。

表 2-2　承压水基坑常用围护结构特点

围护结构	优点	缺点	适用性	经济性	施工难易程度
钻孔灌注桩	刚度较大，能够控制基坑变形，能解决水土岩压力问题，对周边环境和地层影响小	施工的工序繁多，影响因素较多，施工稍有不慎，容易产生桩体倾斜、断开现象	适用范围广，能够配合止水帷幕在富水地层中较好地隔绝地下水	质量易控制，造价较低，经济性好	施工工艺简单、噪声小、无振动、无挤土效应

续表2-2

围护结构	优点	缺点	适用性	经济性	施工难易程度
地下连续墙	整体强度和刚度大，隔绝坑外地下水性能好，变形较小，可以保护邻近建构筑物、管线，使其不变形过大	地连墙将久留于土中，不便移除，易给后续施工带来不便	适用于地下水位以下的软黏土、砂土等多种地层	施工使用大量钢筋混凝土，造价较高	施工低噪声、低震动，由于受到施工机械的限制，墙的厚度具有固定的模数
SMW工法桩	刚度大、隔绝坑外地下水效果好；绿色施工，对周边环境影响小，构造简单	适用范围较小，受力机理相当复杂	适用于黏性土、砂性土、淤泥质土、较硬砂性土，以及处理过的砂卵石地层	工期短，型钢可回收重复使用	工艺简单、成桩速度快，围护体施工工期短
TRD工法墙	成桩质量好，沿桩长方向水泥土搅拌均匀，墙体连续等厚度，截水性能好	辅助设备较多、施工效率低，对复杂环境地层和形状不规则基坑适用性差	适用于软土层，易在卵砾石、泥岩和强风化基岩中施工，适用于多种地层	涉及设备较多，造价较高	施工涉及工艺多，施工复杂
复合土钉墙	对场地要求不高，可以根据现场地质情况调整土钉间距和插入深度进行加固，及时保证基坑施工安全	设计施工中不确定性因素较多，在富含地下水土层中，土钉成孔困难，土钉插入后受地下水影响大	适用于基坑开挖深度小于10 m，对周边建筑物、地层沉降要求低，且地下水没有涉及承压水的土层	成本较低，经济性较好	施工速度快，材料用料少；施工机具轻便灵活，工艺简单

2.3　基坑变形机理分析

在复杂敏感地质条件下，深基坑降水开挖过程中不仅要保证基坑安全稳定，更要有效控制基坑变形和地层沉降来保证周围环境的稳定，减少对周边建筑物的影响。在人口和建构筑物密集、地质复杂的环境下建设基坑，往往会对基坑周边的地层、建构筑物、市政管线等造成影响，因而基坑建设是一项复杂而带风险性的工程。因此，进行富水地层基坑围护结构选型及优化设计研究，须以分析基坑围护结构机理和变形特点为基础，进一步发掘基坑变形特性和周边地层沉降规律。

基坑内土方开挖之后，坑内外产生土压力差，坑外围护结构受到水土岩压力作用，坑内侧的围护结构在开挖面附近受到被动土压力作用，使得基坑围护结构向坑内发生变形。而坑外地层在围护结构变形之后，由于土体发生蠕变以及地下水渗流作用而产生沉降。

2.3.1　基坑围护结构变形形态

在基坑施工过程中，基坑围护结构变形形态与围护结构的形态、强度、刚度及施作方法等有着很大关系。从大量基坑工程统计收集的资料中显示，在基坑施工开挖过程中采用混合内支撑和锚拉的围护结构变形引起的变形形态可分为三类：第一类是发生悬臂式位移的围护结构变形形态，第二类是发生抛物线式位移的围护结构变形形态，第三类是悬臂式和抛物线式混合变形的围护结构变形形态。围护结构变形形态示意图见图 2-10。

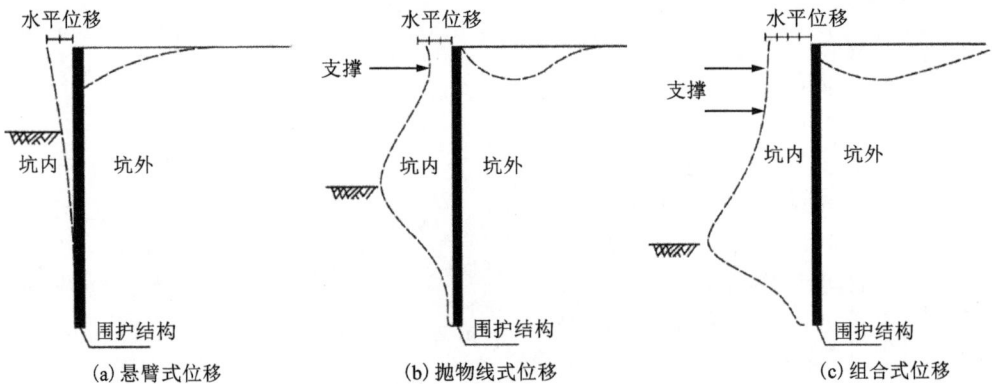

图 2-10　围护结构变形形态

悬臂式位移是由于基坑未及时架设内支撑而产生基坑围护结构变形的典型形式，多发生在刚性的围护结构中。其特点为围护结构的墙顶发生的位移最大，位移倾向基坑内，呈现出悬臂式位移分布，随着基坑土方的开挖，刚性围护结构位移表现为坑内倒三角形的变化。

抛物线式位移是采用柔性的围护结构，按时架设内支撑后，围护结构上部区域侧移受到约束，限制墙顶位移，从而围护结构出现在开挖面附近的形式。随着基坑土体继续开挖，开挖面附近的位移逐渐增大，开挖到底时，基坑围护结构位移呈现出抛物线式的形态。

组合式位移是指在深基坑工程中由于多道内支撑的作用，靠近地表的第一道内支撑限制围护墙顶的位移，使得墙顶位移很小，围护结构水平位移形式接近抛物线形式，最大水平位移点出现在开挖面附近。

2.3.2　地表沉降

基坑围护结构在坑内外土压力差作用下发生侧移，向基坑内移动，同时坑外土体发生蠕变，产生协调移动，加上地下水的渗流作用，使得坑边地表发生土层移动产生沉降。根据基坑工程的统计数据和实际工程经验可知，坑外地表沉降主要分为两种，一种是发生在悬臂开挖或者围护结构变形较大的情况下的三角形地表沉降，另外一种是发生在有较大入土深度情况下或者是墙体入土地层刚性较大时的凹槽地表沉降。两种地表沉降情况如图 2-11 所示。

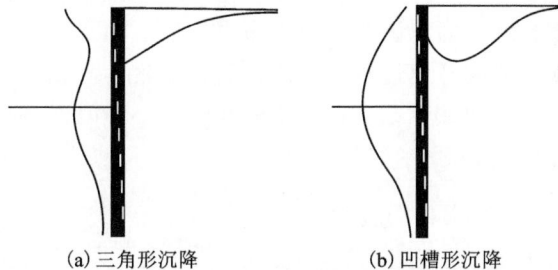

(a) 三角形沉降　　　　(b) 凹槽形沉降

图 2-11　地表沉降形态

2.3.3　基坑变形机理及影响因素分析

基坑施工开挖过程实际是开挖面上土体卸载过程，坑内土体卸载后，引起坑底土体往上移动的趋势，同时坑内外产生土压力差，加上坑外地下水的水压力作用，使得基坑围护结构发生侧移。侧移发生后，由于坑边土体发生蠕变，以及渗流固结，引起土体变形而产生坑边土体沉降。围护结构的水平侧移在水平方向上改变了基坑外土体的原始应力状态，使得土体产生蠕动来达到新的平衡。在坑内土体卸载后，原有的土压力发生改变，围护结构在坑外受到主动土压力，在坑内侧受到被动土压力。基坑按照开挖支护顺序进行，围护结构按开挖-支护-开挖等工序开挖后，基坑围护结构产生变形。

基坑变形受到许多因素影响，这些因素可分为三类，分别为固有影响因素、选型设计因素、现场施工影响因素。

(1) 固有影响因素

①基坑工程建设场地的工程地质、水文地质等；

②基坑工程周边环境影响因素，如周边建筑物、构筑物、综合管线等；

③地下承压水埋置深度和厚度。

（2）选型设计因素

①基坑开挖深度、宽度；

②基坑止水帷幕设计；

③围护结构强度、刚度、插入深度等。

（3）现场施工影响因素

①基坑施工工法以及土体开挖方法；

②现场是否出现超挖现象；

③预降水降水级数。

2.4 地铁车站深基坑变形特性分析

基坑动态开挖施工导致坑边土体发生应力变化，周边建构筑物、管线等也随之被影响。为保证基坑开挖顺利进行，除了优化围护结构选型和合理施工外，还需要在基坑开挖过程中组织严谨的监测。

对于地铁车站基坑，要根据周围环境以及施工方法确定监测内容，具体监测内容见表 2-3。

表 2-3　施工监测内容

序号	监测项目	方法及工具	监测要求	备注
1	地层及支护情况观察	现场观察及地质描述	每次开挖后立即进行	应测
2	底部隆起	精密水准仪、收敛仪	每次开挖后立即进行	选测
3	地表沉降	精密水准仪、铟钢水准尺	每 15~30 m 一个断面，每断面 2~6 个测点	应测
4	地面建筑、地下管线及构筑物沉降和倾斜	水准仪和水平尺	基坑边需监测的位置测点视具体情况定	应测
5	桩体变形	测斜仪	每 15~30 m 设一量测断面	应测
6	地下水位	水位计	根据降水井施工要求布设	应测

监测设备安装：

①钻孔灌注桩水平侧移采用钻孔倾斜仪结合专业测斜管进行监测，测斜管放置在钻孔灌注桩内，竖直放置，并根据监测要求，做好测量记录。

②基坑周围地表沉降观测：在基坑外以约 38 m 的间距，按照测点间距离 2 m、5 m、5 m、5 m、5 m、8 m、8 m 为一组进行布置监测。

③坑底隆起监测点宜布置在基坑的中央，距坑底边缘的 1/4 坑底宽度处以及

其他能反映出变形特征的位置。当基底存在承压水时,应适度增加测点。

④基坑周边地表裂缝,常用目测与观测仪测量两种方法进行量测。记录时注明裂缝宽度、长度,记录时间。

⑤周围建筑物的观测:在房屋周围布置沉降观测点,房屋裂缝观测选取具体位置,采用目测法和观测仪测量两种方法。

⑥管线观测:在管线上方位置安放测点,进行沉降观测。

工程监测等级定为一级,水平位移监测等级为Ⅰ级,垂直沉降监测等级不低于Ⅲ级。变形监测等级及精度指标见表 2-4,一般深基坑监测示意图如图 2-12 所示。

表 2-4　变形监测等级及精度指标　　　　　　　　　　　单位:mm

变形监测等级	垂直沉降监测			水平位移监测	备注
	变形点的高程中误差	变形点的高差中误差	往返差、附合或环线闭合差	变形点的坐标中误差	
Ⅰ	±0.3	±0.1	$0.15\sqrt{n}$	±0.6	坐标中误差为±1 mm
Ⅱ	±0.5	±0.3	$0.30\sqrt{n}$	0.8	按照一等水准要求测量
Ⅲ	±1.0	±0.5	$0.60\sqrt{n}$	1.2	按照一等水准要求测量

注:n 为观测站数;坐标中误差为点位中误差的 $1/\sqrt{2}$。

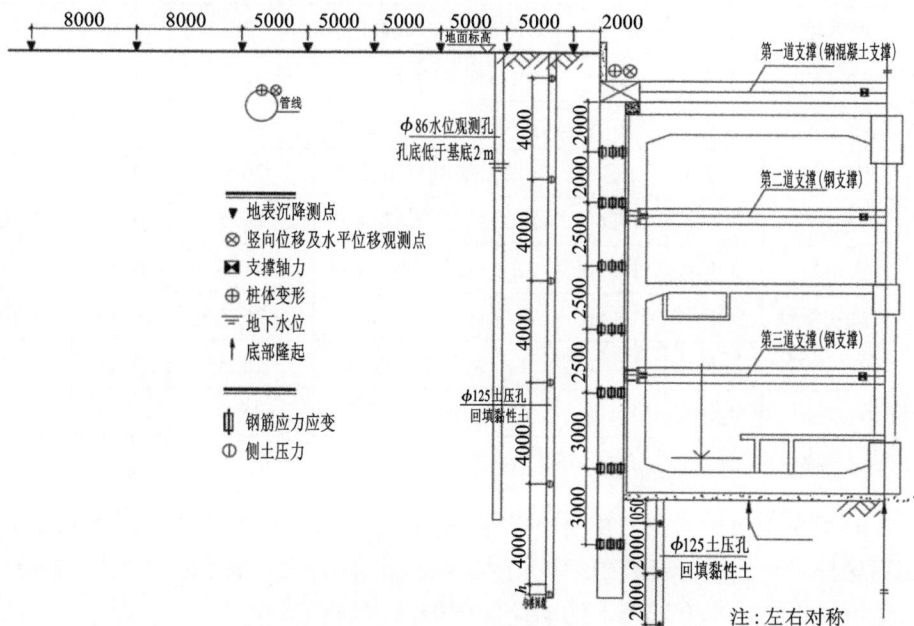

图 2-12　基坑监测示意图(单位:mm)

理论分析和实测数据统计分析是分析基坑变形特性的两种常用方法。由于土层的复杂性以及地区的区域性，目前的基坑理论计算还存在不足之处，计算结果与实际情况的偏差较大，造成计算结果不够严谨。为此，本节在前人研究的基础上，采用实测分析、理论分析、经验曲线对比等方法，对济南多个地铁车站基坑施工变形实测资料进行研究，分析济南地铁深基坑降水开挖下的变形特性。

首先收集济南三条地铁线的地铁车站深基坑实测数据并进行统计，进而分析复杂敏感地下水环境下基坑变形和对周边地表沉降的影响，研究地铁车站深基坑变形特点和规律。各地铁车站情况见表2-5。

表2-5　各车站围护形式一览表

序号	车站名称	止水帷幕	开挖深度 H/m	围护形式	围护结构的深度 H_d/m	δ_{vm}/H /%	δ_{hm}/H /%
1	开源路站	悬挂	16.84	$\phi1000@1400$灌注桩	24	0.23	0.25
2	烈士陵园站	悬挂	20.5	$\phi1000@1200$灌注桩	26.5	0.16	0.11
3	济钢新村站	悬挂	17.8	$\phi1100@1500$灌注桩	25.4	0.20	0.18
4	龙洞庄站	无止水	18.4	$\phi1000@1200$灌注桩	25.8	0.15	0.19
5	演马庄西站	悬挂	18	$\phi1000@1200$灌注桩	26.5	0.14	0.20
6	华阳路站	无止水	15.9	$\phi1000@1500$灌注桩	22.3	0.21	0.13
7	西客站	无止水	18.58	$\phi1000@1500$灌注桩	25	0.19	0.21
8	辛祝路站	悬挂	18.11	$\phi1300@1200$灌注桩	26	0.15	0.14
9	二环东路站	悬挂	16.6	$\phi900@1200$灌注桩	24.6	0.21	0.19
10	王舍人站	悬挂	16.75	$\phi1200@1000$灌注桩	26.4	0.18	0.15
11	孟家庄站	全止水	17.69	$\phi1000@1300$灌注桩	26.5	0.14	0.16
12	新东站	全止水	16.76	0.8 m地下连续墙	24.4	0.13	0.17
13	长途汽车站	全止水	17.56	0.8 m地下连续墙	26.2	0.14	0.16
14	生产路站	全止水	18.16	1.0 m地下连续墙	25.5	0.13	0.15
15	历黄路站	全止水	16.43	0.8 m地下连续墙	25.1	0.15	0.18

注：δ_{vm}为最大地表沉降，δ_{hm}为最大围护结构侧移。

从表2-5中可以看出，开挖深度在15.9~20.5 m，济南地铁车站深基坑大部分采用悬挂式止水帷幕+灌注桩作为围护结构来隔绝坑外地下水进入坑内，部分车站基坑采用全止水方式的地连墙作为围护结构。

由表2-5中各车站变形统计数据可知，采用悬挂式止水帷幕+灌注桩的基坑

围护结构最大 δ_{vm}/H 值在 0.14 ~ 0.23 范围内，最大围护结构 δ_{hm}/H 值在 0.11 ~ 0.25 范围内；采用全止水的地连墙的基坑围护结构 δ_{vm}/H 值在 0.13 ~ 0.15 范围内，δ_{hm}/H 值在 0.15 ~ 0.18 范围内。灌注桩围护结构的地表沉降比采用全地连墙的基坑围护结构大，灌注桩围护结构的最大侧移总体上也比地连墙大。地连墙围护结构在变形上比灌注桩围护结构小，偏向于安全控制方面；而灌注桩围护结构虽然变形较大，但适应性较强，使用较多。

2.4.1　围护结构水平位移

图 2-13 是 15 个基坑围护结构的水平位移实测曲线，δ_h 为桩体水平位移。由图 2-13 可以了解到，悬挂式止水灌注桩围护和全止水地连墙围护的水平位移实

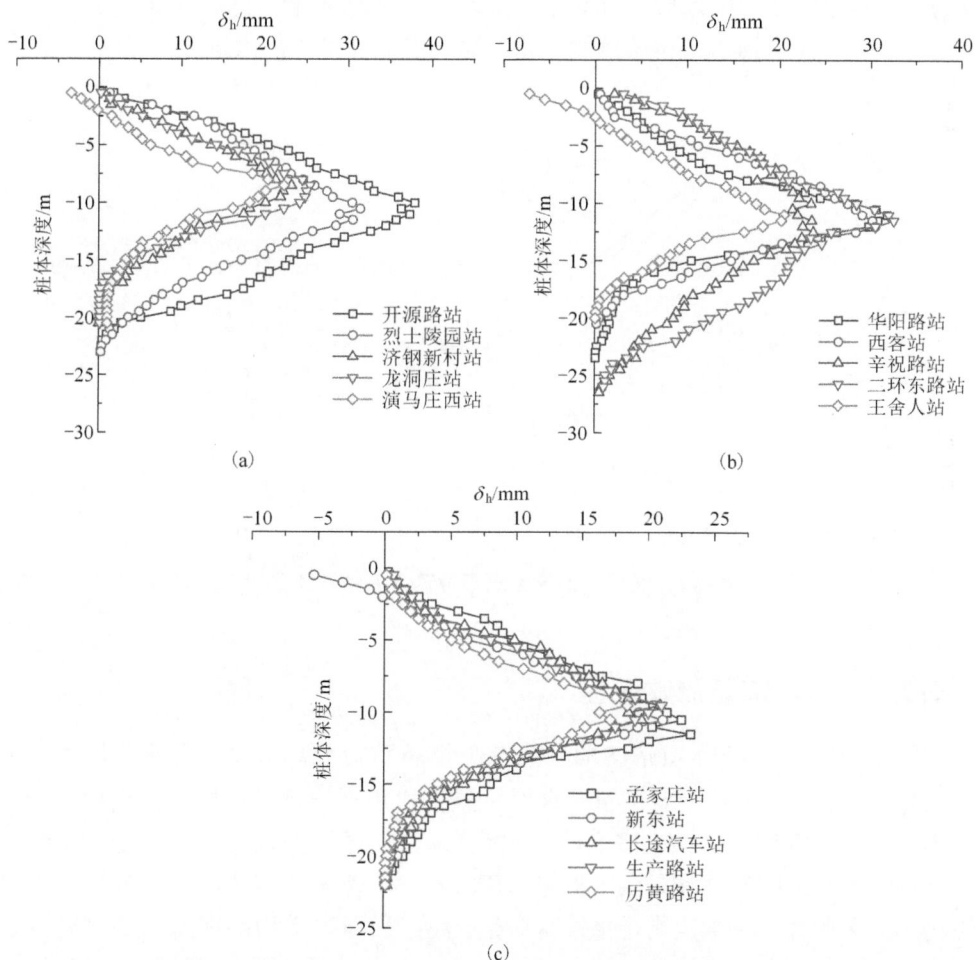

图 2-13　围护结构水平位移实测图

测曲线差别不是很大,均为围护桩水平位移逐渐增大,围护墙体的变形形态呈中间大、两头小的"弓"字形,变形最大位置在桩身 9~13 m,约为基坑开挖深度的 0.5~0.65 倍。墙顶水平位移部分朝坑外移动,原因是基坑降水开挖时,由于邻近基坑土体的蠕变,产生对墙顶往外的拉力。围护墙体呈现"弓"字形的原因是,基坑开挖初期,围护墙和墙后地表沉降都比较小,随着后续施工开挖土体,坑内外土压力差变大,围护墙水平位移逐渐变大,内支撑架设后,支撑的作用使得墙体的变形减小,开挖到底时,围护墙水平位移趋于稳定,桩身变形成中间大、两头小的"弓"字形。

从图 2-14 中可看出,济南地区地铁车站深基坑的围护墙最大水平位移 δ_{hm} 的变化范围为 $0.11\%H \sim 0.25\%H$,平均值为 $0.18\%H$;济南地铁车站围护结构相差较大,其原因是内陆地区岩性较好,受地下水变动影响较大,也表明了在富水地层,影响围护结构水平位移的因素中,地下水变动是主要因素。

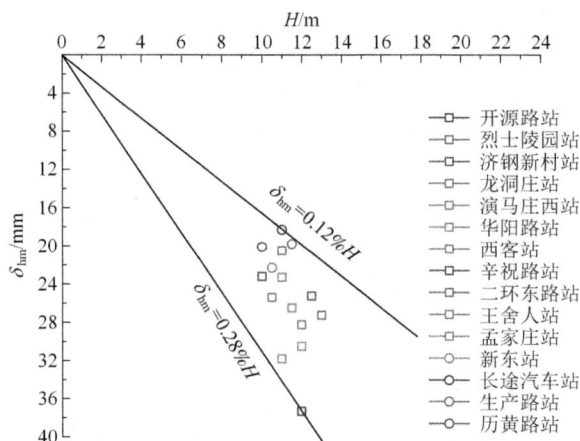

图 2-14 围护结构最大水平位移与开挖深度的关系

2.4.2 地表沉降及影响分区

由图 2-15 可看出,坑边的地表沉降 δ_v 随基坑边距离大小 d 显现先增大后减小的趋势,呈现三角形形状的沉降曲线。悬挂式止水帷幕灌注桩围护结构比全止水帷幕地连墙围护结构地表沉降位移较大,其原因是全止水帷幕地连墙围护结构对坑外渗流水的阻碍作用较大,渗流作用较小,坑外土体沉降相对于灌注桩围护结构小。因此,在将悬挂式止水帷幕+灌注桩作为围护结构的深基坑降水开挖过程中,建议在地表变形较大处进行重点监测,防止土体沉降引起周边环境异常,保障深基坑施工安全和变形控制。

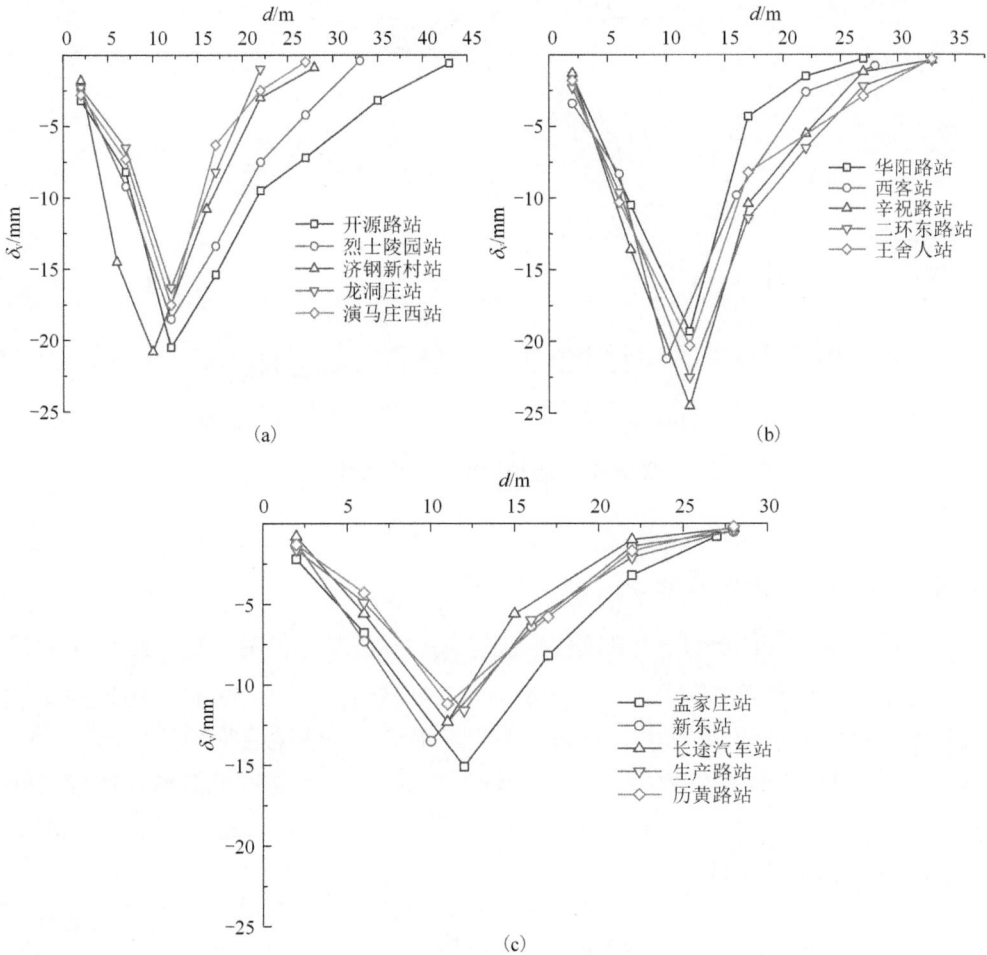

图 2-15　地表沉降

　　由图 2-16 中的曲线对比可知，灌注桩围护结构的地表沉降影响范围大于地连墙围护结构，原因可能在于悬挂式止水帷幕灌注桩围护结构虽然阻止了大部分地下水的渗流，但由于济南地区地下水丰富，渗流作用明显，仍存在部分渗流作用，使得悬挂式止水帷幕灌注桩围护结构比全止水帷幕地连墙围护结构的沉降范围大。两种基坑的沉降主要影响范围均在 Hsieh 经验曲线和 Clough 经验曲线等包络线内，而次要影响区域则部分位于 Hsieh 经验曲线和 Clough 经验曲线等之外，其原因在于 Hsieh 经验曲线和 Clough 经验曲线等未考虑基坑降水造成的沉降影响。

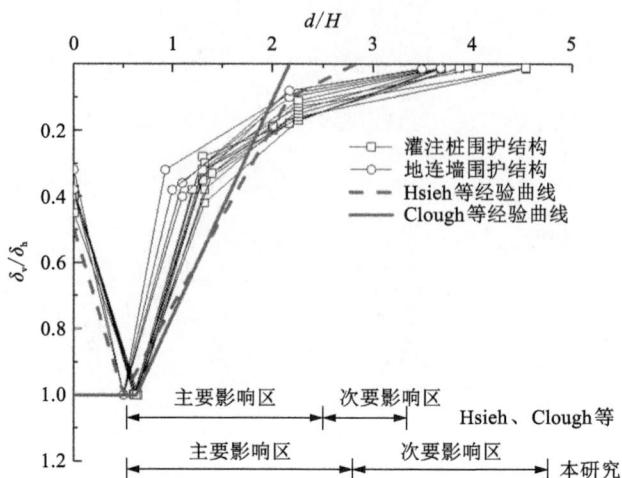

图 2-16　地表沉降归一化曲线

2.4.3　最大位置变形关系

从图 2-17 中可以看出，济南地区地铁深基坑 δ_{vm}/δ_{hm} 值为 $0.99\sim1.8$，上限值小于南京江漫滩地区地铁深基坑 δ_{vm}/δ_{hm} 的变化范围 $0.7\sim2.52$ 和上海地铁车站深基坑 δ_{vm}/δ_{hm} 的变化范围 $0.1\sim2.0$。由此可了解到，灌注桩围护结构的 δ_{vm}/δ_{hm} 偏大，不仅是围护墙发生侧移产生的土体位移引起的，还与坑外渗流场的渗流作用有关。由此可见，济南地铁车站深基坑在考虑围护结构选型时，也应考虑地下水渗流作用带来的影响。

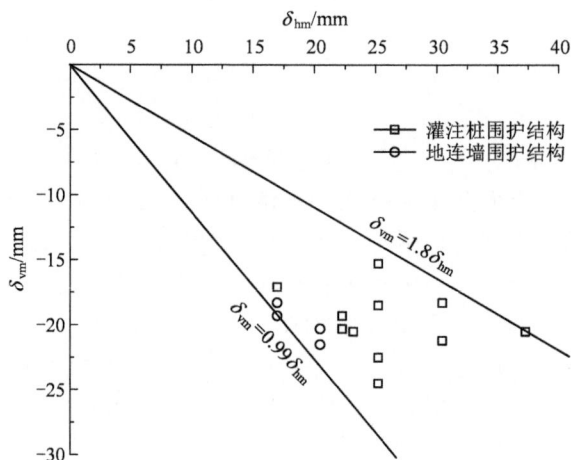

图 2-17　最大地表沉降与最大围护结构侧移的关系

2.5 深基坑变形有限元模拟

对济南地区而言，土层富含地下水，如何准确模拟地下水渗流影响是一个关键问题。为此，采用渗流-应力耦合进行数值模拟，分析基坑变形的影响因素，得到富水地区基坑变形规律，为该地区基坑围护结构选型及优化提供科学依据。为便于模拟分析深基坑变形影响因素，选取表 2-5 中典型潜水-承压水类型的开源路站深基坑作为研究对象，采用 Midas-GTS 有限元软件进行建模计算，分析不同因素对基坑变形的影响。

2.5.1 车站工程概况

车站为地下双层岛式车站，两层双跨形式，车站基坑标准段宽 18.3 m，标准段深 15.6 m。车站深基坑底板埋深约 16.1 m，顶板覆盖土厚度约 3.1 m，采用明挖法施工。济南地下水丰富，现场地质勘探以及附近水文地质资料表明，基坑所处场地地下水主要为潜水和承压水，水位标高 27.66 m。

1. 工程地质概况

根据现场地质勘查资料，得出车站地质剖面图，如图 2-18 所示。根据本次钻探揭露，结合区域地质资料、前期勘探成果可知，工程标段场地勘查深度范围内，主要分布有第四系全新统人工堆积层（Q_4^{ml}）、第四系全新统冲洪积层（Q_4^{al+pl}）、第四系更新统冲洪积层（Q_{2+3}^{al+pl}）、燕山期闪长岩（δ）。

（1）第四系全新统人工堆积层（Q_4^{ml}）

第 1-1 层素填土：该层广泛分布，揭露厚度 1.20~3.90 m，层底标高 33.56~36.03 m；灰黑色-黄褐色，松散~稍密，稍湿，其中 0~0.5 m 为原路面，主要由沥青及砖块组成，0.5~1.0 m 主要由黏性土及碎石组成。

（2）第四系全新统冲洪积层（Q_4^{al+pl}）

第 2 层碎石：仅部分钻孔揭露该层，揭露厚度 1.1~7.6 m，层底标高 26.56~33.74 m；主要由中风化状长石、方解石组成，夹杂黏性土。

第 2-1 层粉质黏土：仅钻孔 R2Q13XZ62 揭露该层，揭露厚度 2.7 m，层底标高 32.58 m；可塑，干强度为中等。

第 9-1 层粉质黏土：该黏土层广泛分布，揭露厚度 3.1~8.9 m，层底标高 24.84~29.80 m；黄褐色，可塑，含少量铁锰氧化物，韧性一般，干强度为中等，切面稍有光泽。

（3）第四系更新统洪冲积层（Q_{2+3}^{al+pl}）

第 10-2 层黏土：该层仅钻孔 R2C18XZ13 揭露，揭露厚度 3.5 mm，层底标高 24.25 m；微棕黄色，可塑~硬塑，含较多铁锰氧化物，含少量姜石，含量 5%~

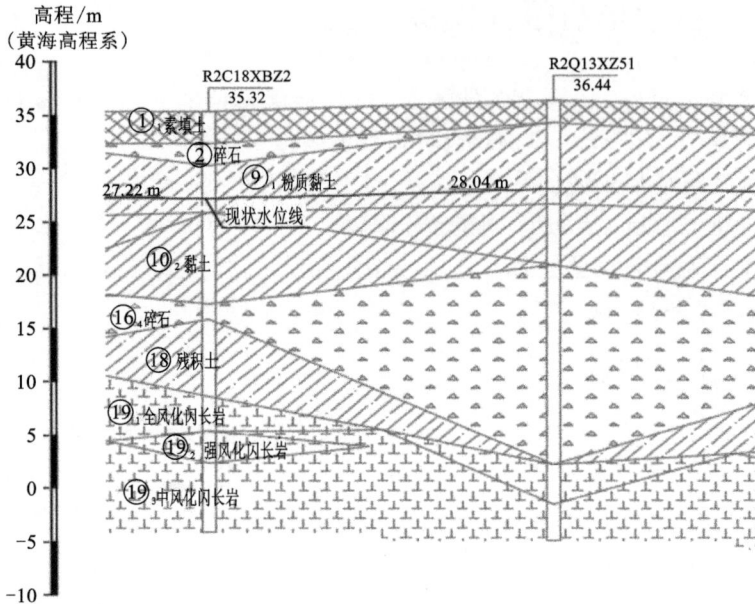

图 2-18 开源路站地质剖面图

15%，粒径 0.5~2.0 cm，干强度为中等。

第 14-2 层黏土：该黏土层广泛分布，揭露厚度 4.1~9.3 m，层底标高 17.75~25.03 m；微棕红色，可塑~硬塑，含较多铁锰氧化物，局部含少量姜石，含量 5%~15%，粒径 0.5~2.0 cm，强度中等。

第 18 层残积土：该层局部分布，揭露厚度 1.0~9.4 m，层底标高 10.29~20.62 m；灰黄色，硬塑，土质不均匀，含较多铁锰氧化物，局部含碎石、原岩碎屑，韧性、干强度为中等。

(4)燕山期闪长岩(δ)

第 19-1 层全风化闪长岩：该层局部分布，揭露厚度 1.0~10.5 m，层底标高 7.51~18.90 m；灰绿色，风化程度剧烈，结构构造基本已破坏。

第 19-2 层强风化闪长岩：该层广泛分布，岩芯呈砂砾状、短柱状，揭露厚度 0.7~10.1 m，层底标高 0.53~16.78；饱和单轴抗压强度 7.2~10.4 MPa，烘干后抗压强度 17.2~20.1 MPa，天然单轴抗压强度 11.5~13.4 MPa，软化系数 0.41~0.61，岩体基本质量等级为 Ⅲ~Ⅳ~Ⅴ 级；灰绿色，粒状结构，块状构造，风化程度剧烈，结构构造基本已破坏，岩芯呈砂砾状，岩芯采取率 75%~88%。

第 19-3 层中风化闪长岩：该层广泛分布，由于受地质条件限制，部分钻孔尚未揭露，揭露厚度 3.1~24.0 m，层顶标高 2.44~16.78 m；灰绿色~浅灰色，粒状结构，块状构造，岩芯呈短柱状、长柱状，柱长 5～25 cm，最大 80 cm，岩芯采取率 85%～92%，RQD 值为 40～90；揭露段岩体完整性指数 K_v 一般为 0.50～0.59，饱和单轴抗压强度 9.7～23.4.0 MPa，软化系数 0.46～0.72，属较破碎～较完整的软岩～较硬岩，岩体基本质量等级为Ⅲ～Ⅳ～Ⅴ级。

　　开源路站为地下双层岛式车站，车站全长 210.6 m，标准段取断面基坑深度为 15.6 m，标准段宽 18.3 m。基坑围护结构设计剖面如图 2-19 所示。

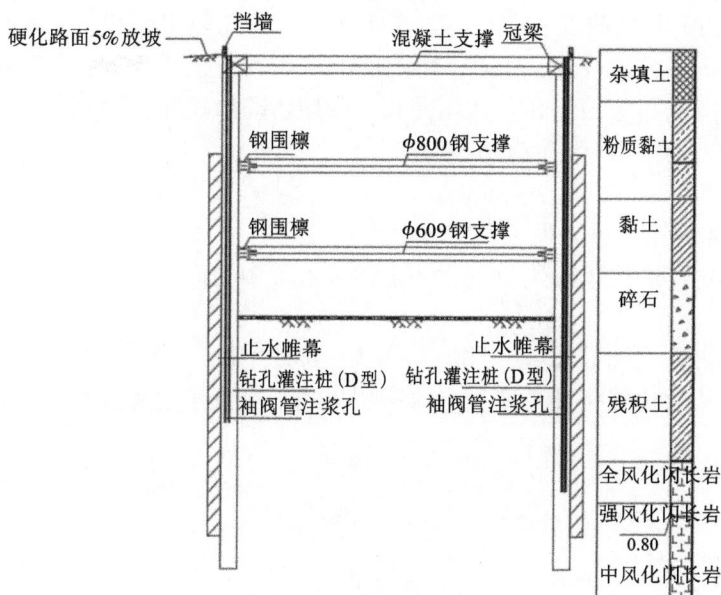

图 2-19　基坑支护结构剖面图

2.水文地质概况

（1）潜水

该层地下水主要由第四系孔隙水构成，主要赋存在 1-1 素填土、9-1 粉质黏土及 9-3 碎石土层。勘查期间，对每个钻孔水位进行了观测，测得该层水位埋深约 8.7 mm，水位标高约 28.94 m，其水位主要受季节及降雨影响，水位变化较大。该含水层厚 7.9～11.8 m，富水性差，含水量有限，主要受雨季降水补给，排泄主要为蒸发排泄。

（2）承压水

该层地下水由第四系孔隙水与岩浆岩裂隙水构成，主要赋存在 16-4 碎石、18 残积土、19-1 全风化闪长岩、19-2 强风化闪长岩层。该层水具有承压性，上覆 10-2 黏土层及 14-2 黏土层构成连续稳定的隔水层，为其含水层顶板；下伏

19-3 中风化闪长岩层，为其含水层底板。根据勘查报告，承压水水位埋深 8.9 m；含水层厚度为 8.6~12.9 m，富水性较好，主要靠侧向渗流补给，径流排泄为其主要排泄方式，地下水水位受降雨的影响较小。

2.5.2 渗流-应力耦合基本理论

在富含地下水区域的深基坑工程降水开挖过程中，坑内降水引起坑内外水头差，造成土层地下水渗流，从而使得孔隙水压力变化。由于土体孔隙水压力变化，土层应力场随之改变，应力场的变化会使土体孔隙率变化，土体孔隙率变化又将造成渗透系数的改变，从而使得土层的渗流场变化。因此，在富水土层深基坑中土体渗流场与应力场相互作用并相互影响，即渗流与应力耦合。为此，将渗流-应力耦合的土力学性质应用在有限元软件 Midas-GTS 中，采用耦合效应进行变形影响分析。

（1）土体稳流微分方程以及定界解

由达西定律的流动法则得到土稳定渗流过程中的微分方程：

$$\frac{\partial}{\partial x}\left(k_x \frac{\partial H}{\partial x}\right) + \frac{\partial}{\partial y}\left(k_x \frac{\partial H}{\partial y}\right) + \frac{\partial}{\partial z}\left(k_x \frac{\partial H}{\partial z}\right) + Q = 0 \tag{2-1}$$

渗流场中的边界条件主要为定水头边界和给定流量边界两类，分别表示为：

$$\begin{cases} \Gamma_1 & h = \widetilde{h} \\ \Gamma_2 & k\dfrac{\partial h}{\partial n} = -\widetilde{q} \end{cases} \tag{2-2}$$

式中：符号"~"表示已知条件；n 为法向尺度。

（2）土体渗流-应力耦合模型

土体中的孔隙水压力影响总应力。根据太沙基土体有效应力原理，总应力由有效应力与孔隙水压力组合。

$$\sigma_{ii} = \sigma'_{ii} + u_w \tag{2-3}$$

式中：σ_{ii} 为总应力；σ'_{ii} 为有效应力；u_w 为孔隙水压力。孔隙水压力可分为稳定状态孔隙水压和超孔隙水压：

$$u_w = p_{steady} + p_{excess} \tag{2-4}$$

由小位移的胡克定律可得土体渗流-应力耦合分析方程为：

$$
\begin{bmatrix} \varepsilon_x^{\mathrm{e}} \\ \varepsilon_y^{\mathrm{e}} \\ \varepsilon_z^{\mathrm{e}} \\ Y_{xy}^{\mathrm{e}} \\ Y_{yz}^{\mathrm{e}} \\ Y_{zx}^{\mathrm{e}} \end{bmatrix} = \frac{1}{E} \begin{bmatrix} 1 & -v & -v & 0 & 0 & 0 \\ -v & 1 & -v & 0 & 0 & 0 \\ -v & -v & 1 & 0 & 0 & 0 \\ 0 & 0 & 0 & 2+2v & 0 & 0 \\ 0 & 0 & 0 & 0 & 2+2v & 0 \\ 0 & 0 & 0 & 0 & 0 & 2+2v \end{bmatrix} \begin{bmatrix} \sigma_x \\ \sigma_y \\ \sigma_z \\ i_{xy} \\ i_{yz} \\ i_{zx} \end{bmatrix} \tag{2-5}
$$

式中：E 为弹性模量；v 为泊松比；ε_i 为正应变；$\varepsilon_i^{\mathrm{e}}$ 为单元正应变；Y_{ij} 为剪切应变；Y_{ij}^{e} 为单元剪切应变。

当土体发生稳定渗流时，式(2-4)中稳定孔隙水压力对时间微分为零，因此得：

$$
\begin{bmatrix} \varepsilon_x^{\mathrm{e}} \\ \varepsilon_y^{\mathrm{e}} \\ \varepsilon_z^{\mathrm{e}} \\ Y_{xy}^{\mathrm{e}} \\ Y_{yz}^{\mathrm{e}} \\ Y_{zx}^{\mathrm{e}} \end{bmatrix} = \frac{1}{E} \begin{bmatrix} 1 & -v & -v & 0 & 0 & 0 \\ -v & 1 & -v & 0 & 0 & 0 \\ -v & -v & 1 & 0 & 0 & 0 \\ 0 & 0 & 0 & 2+2v & 0 & 0 \\ 0 & 0 & 0 & 0 & 2+2v & 0 \\ 0 & 0 & 0 & 0 & 0 & 2+2v \end{bmatrix} \begin{bmatrix} \sigma_x - p_{\mathrm{excess}} \\ \sigma_y - p_{\mathrm{excess}} \\ \sigma_z - p_{\mathrm{excess}} \\ i_{xy} \\ i_{yz} \\ i_{zx} \end{bmatrix} \tag{2-6}
$$

2.5.3　本构模型及计算参数

1. 本构模型

修正莫尔-库仑模型是在莫尔-库仑模型的基础上进行改进得到的模型，模拟遵循幂次法则(power-low)的非线性模型和弹塑性模型的组合，能够很好地模拟土体的塑性变化。修正莫尔-库仑模型的屈服是剪切屈服和受压屈服之间互相没有影响的双重硬化模型，组合的屈服面在 $p\text{-}q$ 空间和偏差平面上的表示如图 2-20。

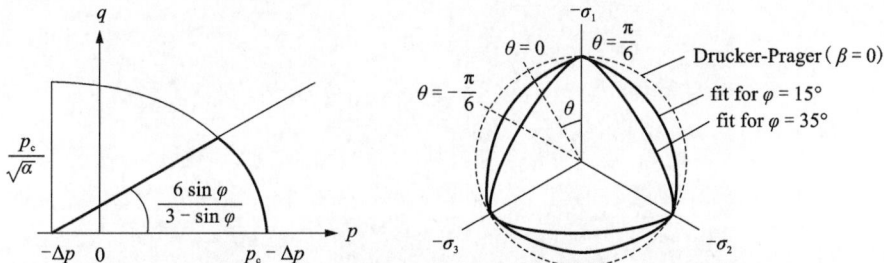

图 2-20　修正莫尔-库仑模型

2. 计算参数

根据图 2-19 的基坑支护结构剖面图土层中土层情况以及车站基坑的地质勘查报告资料得土层物理参数，如表 2-6 所示。

表 2-6　表土层物理参数

土层	重度 γ	黏聚力 c	内摩擦角 φ	弹性模量/MPa	泊松比 v	渗透系数/$(m \cdot d^{-1})$
填土	18	7.8	10	5.6	0.3	0.345
粉质黏土	19.7	27.5	15.7	7.8	0.34	0.005
黏土	19.8	59	16.5	7.97	0.31	0.007
碎石	21	20	40	13.29	0.26	3.5
残积土	17.3	35.5	12.6	7.6	0.33	1.38
全风化闪长岩	17.5	56	31	15.1	0.29	1.89
强风化闪长岩	23	45	35	17	0.24	2.16
中风化闪长岩	25	70	40	19.9	0.18	2.592

Midas-GTS 有限元软件计算模型中土体单元采用混合网格单元，采用渗流-应力耦合进行计算，其中降水方面降水井采用节点水头随时间变化的函数进行模拟，在模型两侧施加初始降水边界。在二维模拟中，围护桩、钢筋混凝土内支撑和钢支撑采用梁单元模拟。其中，围护桩采用 C35 混凝土，其弹性模量为 3.5×10^4 MPa，混凝土内支撑采用 C30 混凝土，其弹性模量为 3×10^4 MPa，混凝土泊松比为 0.2，重度为 25 kg/m^3，钢支撑采用 Q235，其弹性模量为 2×10^5 MPa，泊松比为 0.2，重度为 78.5 kg/m^3，均采用线弹性材料。

运用 Midas-GTS 建立有限元计算模型进行数值模拟运算分析，根据地铁深基坑剖面示意图以及建模参数，二维有限元计算模型如图 2-21 所示。

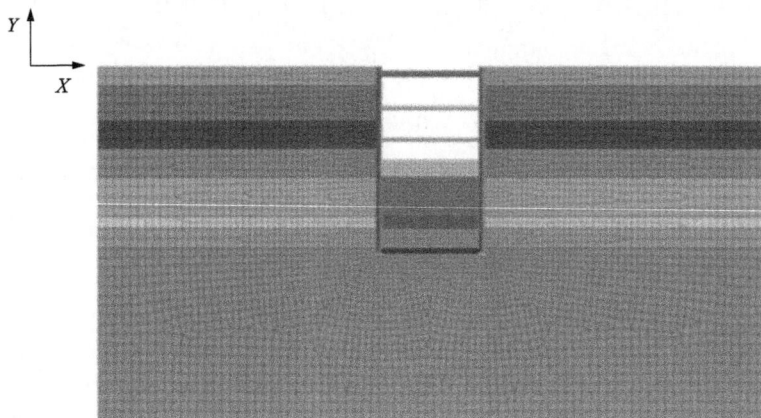

图 2-21　二维基坑有限元计算模型

2.5.4　施工工况模拟

车站基坑主体采用明挖法施工，开挖深度为 15.8 m，采用钻孔灌注桩+止水帷幕+内支撑的支护体系作为围护结构体系，由地质勘查报告知地下水位为−8.7 m，在第一层开挖土体以下，为此，模拟车站基坑降水开挖施工不同工况，如表 2-7 所示。

表 2-7　基坑施工工况模拟

施工工况	施工阶段类型	施工内容
工况 1	稳态	初始渗流场
工况 2	应力	初始应力场，位移清零
工况 3	应力	施工围护桩、止水帷幕
工况 4	应力	表层土体开挖至−1 m
工况 5	应力	架设混凝土支撑，开挖至−6.4 m
工况 6	瞬态	第一次降水
工况 7	应力	架设钢支撑，开挖至−11.8 m
工况 8	瞬态	第二次降水
工况 9	应力	架设钢支撑，开挖至−15.8 m

利用 Midas-GTS 施工模拟步骤中的钝化及激活单元等功能来模拟基坑的支护开挖，具体工况步骤设置如下：①建立基坑模型，划分土层和基坑网格，添加土层位移边界条件；②平衡土层渗流应力场、初始应力场，设置位移清零；③按照基坑施工工况顺序依次激活围护结构施工、内支撑施作，钝化开挖土体，直至开挖到底。

2.6　深基坑变形影响因素分析

在基坑降水开挖过程中，为研究富水地层特别是承压水对基坑施工过程变形的影响，根据济南地区基坑变形特性分析，以及济南的富水承压情况，对以下因素进行有限元数值模拟，分析模拟计算结果。

地下水因素影响：①在潜水-承压水类型基坑基础上，研究承压水不同厚、深度对基坑变形的影响；②承压水厚度不变的情况下，不同埋置深度对基坑变形的影响。

设计因素影响：①模拟不同止水帷幕深度对止水效果和地表沉降的影响；②在止水帷幕一定的下，研究桩体入土深度对基坑变形的影响；③研究基坑围护结构刚度在不同桩径下对基坑变形的影响。

施工因素影响：①在分层分段的开挖下，进行分级降水与一次性降水到底两种情况下对基坑变形的影响分析；②在降水不变的情况下，施工超挖对基坑变形的影响分析。

2.6.1　地下水因素

为保证地铁车站基坑施工的安全、稳定进行，在富水土层地区中，开挖坑内土体前对基坑内进行降水，减少岩土体中水分（涉及土层中承压水需降压处理）。基坑内部降水或者降压时，使得基坑内、外产生水压力差及渗流作用致使围护墙受力状态变化加剧，导致围护结构发生侧移、地表沉降等变形。为此，模拟地下水在基坑降水、降压施工工况下，对基坑周边地表沉降、围护结构侧移变形影响进行分析。

1. 模型计算分析

按潜水层水位埋深 8.7 m、承压水层含水层厚度 8.6～12.9 m 和埋深 8.9 m 等地下水情况对开源路站基坑进行数值模拟，得出潜水-承压水在降水施工下的地表沉降位移云图、基坑围护结构侧移云图。由图 2-22、图 2-23 可知，地表沉降最大值为 $2.24×10^{-2}$ m（22.4 mm），基坑围护结构侧移最大值为 $3.3×10^{-2}$ m（33.3 mm）。

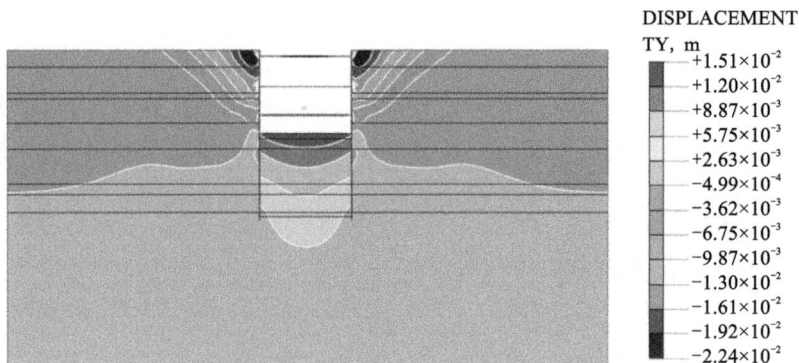

DISPLACEMENT
TY, m
$+1.51×10^{-2}$
$+1.20×10^{-2}$
$+8.87×10^{-3}$
$+5.75×10^{-3}$
$+2.63×10^{-3}$
$-4.99×10^{-4}$
$-3.62×10^{-3}$
$-6.75×10^{-3}$
$-9.87×10^{-3}$
$-1.30×10^{-2}$
$-1.61×10^{-2}$
$-1.92×10^{-2}$
$-2.24×10^{-2}$

图 2-22　地表沉降位移云图

将图 2-22、图 2-23 与实测数据进行对比分析，绘制相应曲线如图 2-24、图 2-25 所示，围护结构侧移计算值与实测值误差为 4.3 mm，地表沉降计算值与实测值误差为 4.9 mm，误差均在 4% 以内。由图可知围护结构侧移和地表沉降计

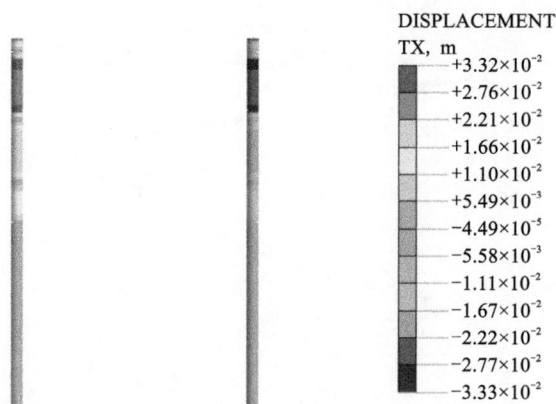

DISPLACEMENT
TX, m

+3.32×10⁻²
+2.76×10⁻²
+2.21×10⁻²
+1.66×10⁻²
+1.10×10⁻²
+5.49×10⁻³
-4.49×10⁻⁵
-5.58×10⁻³
-1.11×10⁻²
-1.67×10⁻²
-2.22×10⁻²
-2.77×10⁻²
-3.33×10⁻²

图 2-23　围护桩侧移云图

算结果比实测值偏大，其原因在于有限元模拟计算过程中没有考虑到现场的回灌措施。从整体上看，图中围护结构变形、地表沉降规律一致，数值分析与实测值基本吻合，说明建立的有限元模型是合理的，可预期通过建立有限元模型计算反映深基坑工程的变形规律，解决渗流-应力耦合问题，并有望取得较好的效果。

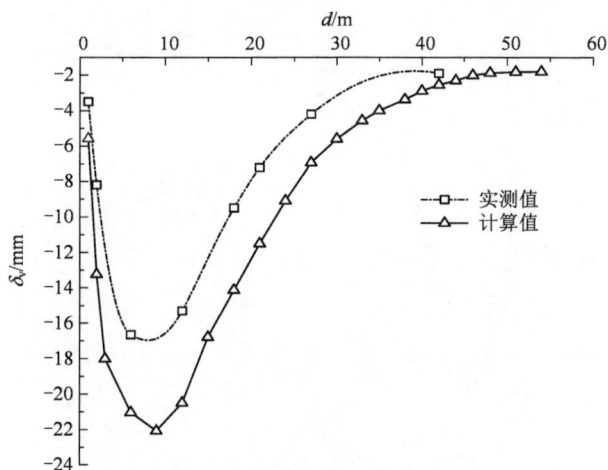

图 2-24　围护结构侧移计算值与实测值对比

由图 2-26 可知，计算所拟合的地表归一化曲线与李方明[104]统计结果曲线、Hsieh[105]经验曲线的沉降趋势大致吻合，在沉降影响区方面计算得出的结果较Hsieh 偏大，与李方明统计分析结果规律基本一致，原因在于地下水丰富的区域，

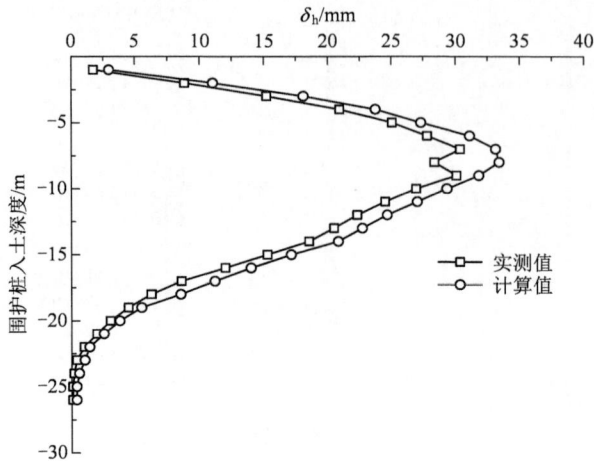

图 2-25 地表沉降计算值与实测值对比

水渗流的路径绕过桩底进入基坑内,导致降水过程中土体固结引起土体沉降变大。

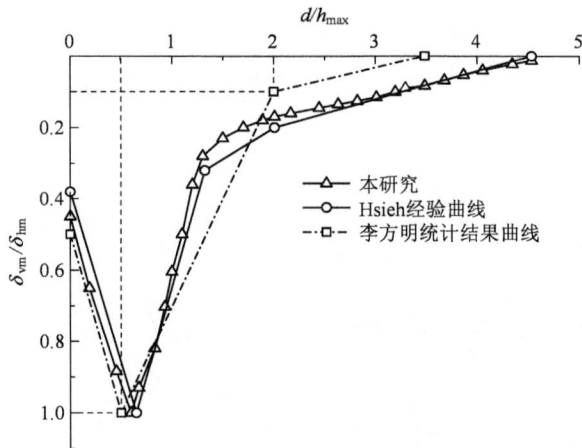

图 2-26 地表归一化曲线

2.不同深度和厚度承压水对基坑变形的影响

车站基坑开挖深度 15.8 m,根据勘查报告,开源路站地下承压水水位埋深 8.9 m,含水层厚度 8.6~12.9 m。在目前的基坑施工中,为了基坑的安全与稳定,通常采用坑内降压、降水的方法进行降水施工。承压水对基坑的影响示意图如

图 2-27 所示。本书将承压水分为两种情况进行模拟，一类为承压水深度不变情况下模拟不同承压水厚度对基坑变形的影响，另一类为承压水厚度不变情况下模拟不同承压水深度对基坑变形的影响。

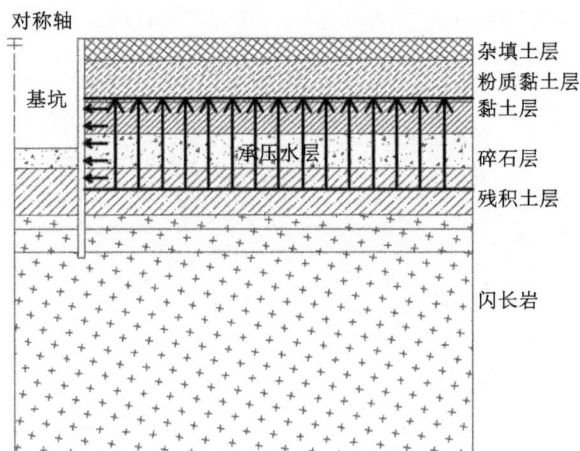

图 2-27　承压水对基坑的影响示意图

（1）不同承压水厚度的影响

承压水深度为 8.9 m，对应不同承压水厚度 6 m、8 m、10 m、12 m、14 m 情况下，其他因素保持不变，进行模拟计算，基坑围护结构侧移、地表沉降曲线如图 2-28、图 2-29 所示。

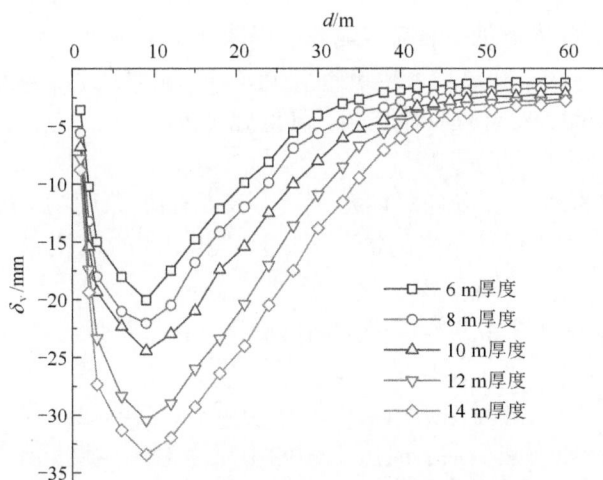

图 2-28　不同承压水厚度对基坑围护结构侧移的影响

图 2-28 为围护结构侧移在不同承压水厚度影响下的变形位移。由图 2-28 可知，随着承压水厚度的增加，围护结构侧移变形量增大，且厚度越大侧移越大。当厚度为 6 m 和 14 m 时，两者的地表沉降最大值差值为 15 mm 左右，由此可见，承压水的厚度增加，致使作用在围护结构侧壁的水压力增加，从而使得基坑在降水开挖时，作用在围护结构侧壁的水压力差变大，侧移量增加。

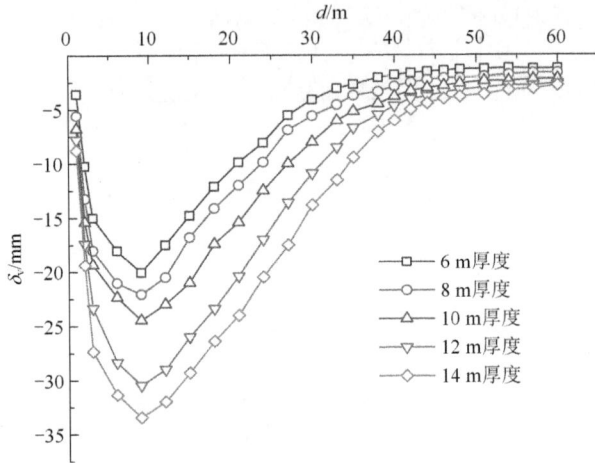

图 2-29 不同承压水厚度对地表沉降的影响

由图 2-29 可知，在承压水深度不变的情况下，随着承压水的厚度增加，基坑侧壁明显水压力增加，在进行坑内降水时，坑内、外水压力差增大，致使围护结构侧壁受力增加及地下水渗流力增加，从而使得土体在降水开挖过程中发生较大沉降。在 6~14 m 厚度增加过程中，地表沉降曲线基本一致，但在 14 m 厚度情况下沉降达到 34.56 mm，超过地表监测控制值 30 mm。因此，在承压水厚度较大地区，在降水、降压时，要合理控制措施，降低施工风险。

（2）不同承压水深度的影响

根据济南地区地下水埋置深度范围内，在承压水深度为 6 m、8 m、10 m、12 m、14 m，其他因素保持不变的情况下进行模拟计算，基坑围护结构侧移和地表沉降曲线如图 2-30 和图 2-31 所示。

图 2-30 为承压水在不同深度围护结构侧移模拟计算值。由图 2-30 可知，随着承压水深度的增加，围护结构侧移变小，但基本变形形式不变，其原因是随着承压水深度的增加，坑外对围护结构的水压力减少，且深度越深，需要降压相应减少，地下水的水压力减少后，周边土体的土压力对围护结构的作用变动不大，此时围护结构受力减小，整体侧移量也随之变小。

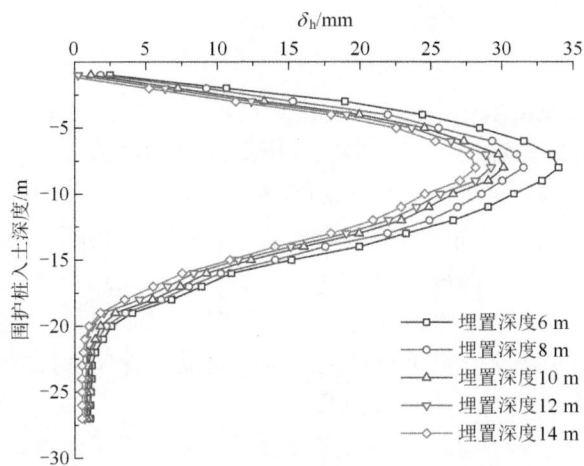

图 2-30　承压水埋置深度对围护结构侧移的影响

图 2-31 为承压水在不同深度地表沉降模拟计算值。由图 2-31 可知, 地表沉降量随着承压水深度的增加, 沉降量变小, 沉降曲线均为凹槽沉降。沉降量变小原因是围护结构侧移变小, 以及随着承压水深度的增加, 坑外地下水扰动变小, 渗流作用影响范围小, 坑内进行降水、降压也减少, 因此, 地表沉降在上述因素的影响下, 沉降量变小。

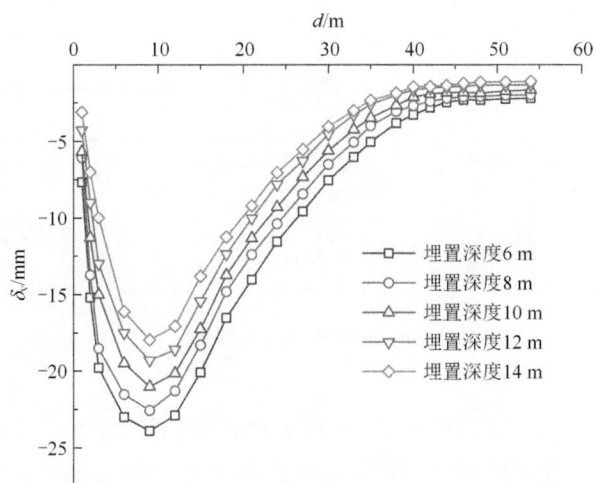

图 2-31　不同承压水埋置深度对地表沉降的影响

2.6.2 设计因素

(1)止水帷幕插入深度的影响

开源路站基坑施工采用灌注桩+悬挂式止水帷幕作为主要围护结构。在以往的研究中,对基坑围护结构大部分都是分析灌注桩的嵌入深度、桩径及桩间的改变对基坑变形的影响;而在地下水丰富敏感的地区,少有人分析不同深度的悬挂式止水帷幕对基坑变形和周边地表沉降的影响。在富水地区,基坑外地下水渗流造成地表变形过大,对控制周边环境沉降不利,而悬挂式止水帷幕越深,使得坑外水位渗流路径变大,坑外水位变动较小,对控制变形有利。然而随着深度的增加,止水帷幕的施工难度和造价也随之增加。为此,研究悬挂式止水帷幕不同插入深度对基坑变形控制的具有重要意义。

在有限元建模过程中保证桩体长度及其他因素不变的情况下,选取止水帷幕插入深度分别为 11 m、14 m、17 m、20 m、23 m、26 m、29 m、32 m 及无止水帷幕的情况,依次进行计算,对坑外地表沉降进行分析,如图 2-32 所示。

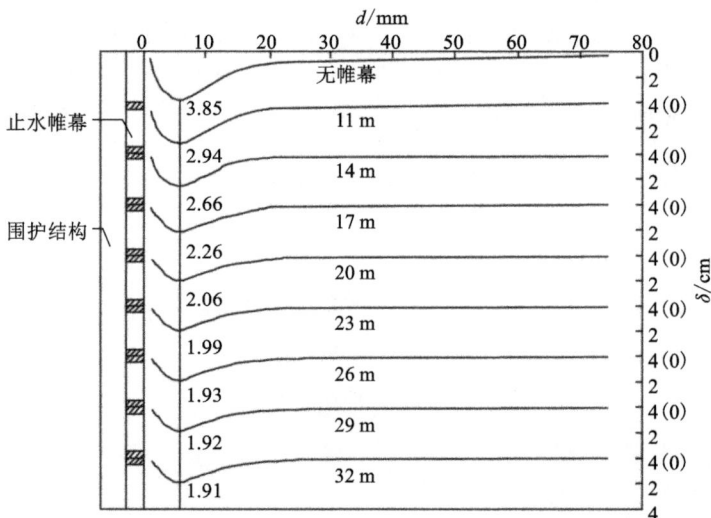

图 2-32 止水帷幕不同插入深度下地表沉降

图 2-32 所示为止水帷幕不同插入深度的地表沉降曲线。由图 2-32 可看出,随着止水帷幕插入深度的增加,坑外地表沉降减小,但达到一定深度后,地表沉降减少效果不明显。

图 2-33 为坑外最大地表沉降与止水帷幕深度关系的变化规律曲线。由图 2-33 可知,当止水帷幕插入一定深度时,地表变形控制符合监测技术规范;当

止水帷幕超过一定深度之后，沉降与止水帷幕插入深度的差值不超过 0.2%，坑外地表沉降变化相差不大。这表明止水帷幕插入深度存在最优插入深度，当插入深度为 26 m 时，对坑外地表沉降起到一定控制变形作用，当再增加止水帷幕插入深度时，对控制坑外地表沉降的效果影响不大。

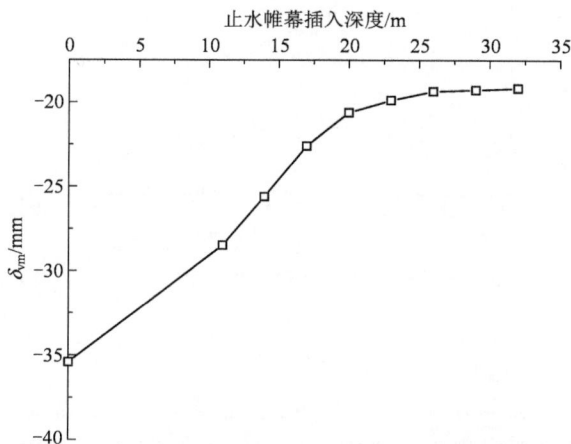

图 2-33　最大地表沉降与止水帷幕插入深度的关系

（2）围护桩入土深度的影响

上述（1）情况是在围护桩入土深度不变的情况下进行分析，而在实际工程中，随着围护桩入土深度的增加，考虑地层承压水的深度及厚度情况，对止水帷幕也进行相应的插入深度改变。在济南敏感复杂的地下水环境中，地下水丰富，渗流作用比较明显，在止水帷幕发挥作用的基础上，还要靠围护结构来抵挡基坑外的水压力及土压力，来保障基坑的安全、稳定施工。

地铁车站深基坑中，围护桩的入土深度设计关系到整个基坑工程施工的安全稳定，也是基坑工程中工程成本的一个重要因素。在济南地区，因其地下水丰富，围护桩入土深度太浅导致不能隔断坑内、外地下水的联系，造成基坑开挖施工的不稳定性及可能突涌。而围护桩入土太深，则会造成浪费，使工程成本增加。为此，研究分析围护桩的入土深度对基坑的设计意义重大。

保持开源路站地下承压水水位埋深 8.9 m，含水层厚度取平均值 10.75 m，考虑地下水埋深和厚度、基坑开挖深度 15.86 m 等，取围护桩入土深度 24 m、26 m、28 m、30 m、32 m、34 m 来进行模拟计算。

由图 2-34 可知，随着围护桩入土深度的增加，围护桩最大侧移逐渐减小，当围护桩达到一定入土深度后，围护桩侧移值保持在 27 mm 范围内，不再波动变化，说明当合理增加围护桩深度可有效控制基坑变形，当超过一定深度后，并没

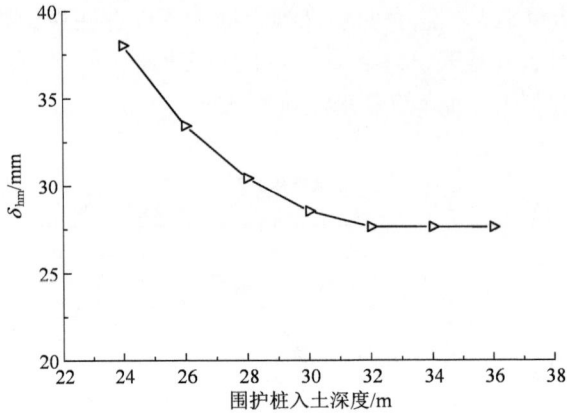

图 2-34 围护结构最大侧移与围护桩入土深度的关系

有达到很好的控制效果，却会增加工程成本。由图 2-35 可知，坑外地表沉降随围护桩入土深度的增加逐渐减小，减小到一定程度后趋于收敛，保持在 19 mm 左右，原因在于：围护结构侧移的变化随入土深度的增加收敛到一定值范围，且坑外土体中地下水的渗流路径在围护桩达到一定深度后，渗流路径变化小，渗流作用不明显，从而使地表沉降减小。

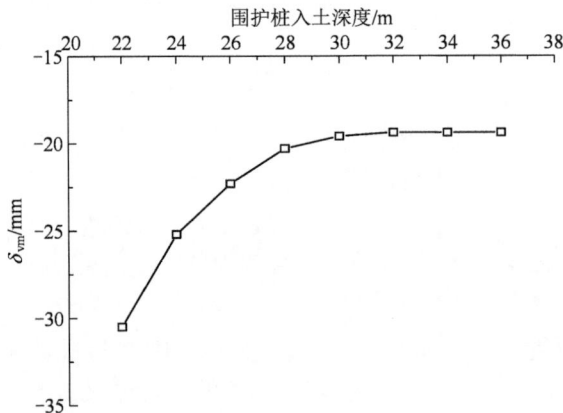

图 2-35 最大地表沉降与围护桩入土深度的关系

由此可知，在考虑悬挂式止水帷幕插入深度的同时，更要根据基坑的稳定性及地层环境来考虑围护桩的入土深度，合理设计、制定两者的深度，才能减少降水对周边环境带来的影响，并且根据地下水的变化及周边建筑物的重要性来确定基坑周边是否采取回灌或者土体加固措施。

(3)围护桩桩径的影响

在基坑围护桩设计过程中,增大或者减小围护桩的桩径可使围护结构的刚度变化。然而,在增大桩径的过程中,虽然保证了基坑的安全稳定,但是在工程成本上造价增高,经济效益降低,造成施工成本的浪费。为此,通过分析不同围护桩桩径对基坑变形的影响,来为该地区的围护桩设计提供参考依据。

取围护桩桩径分别为 0.8 m、1.0 m、1.2 m、1.4 m 等进行数值模拟分析(图 2-36、图 2-37)。

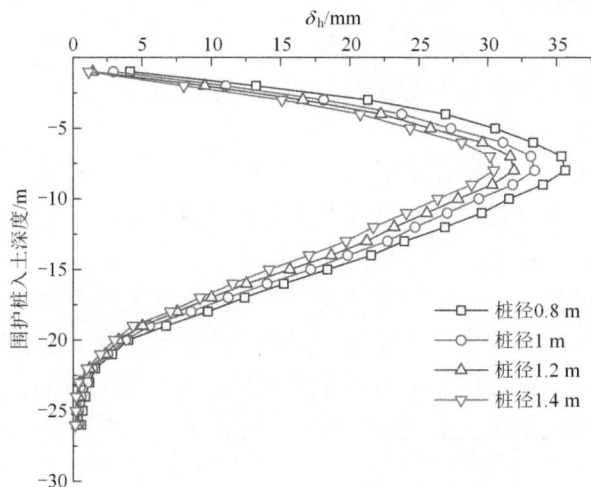

图 2-36　不同桩径对围护结构侧移的影响

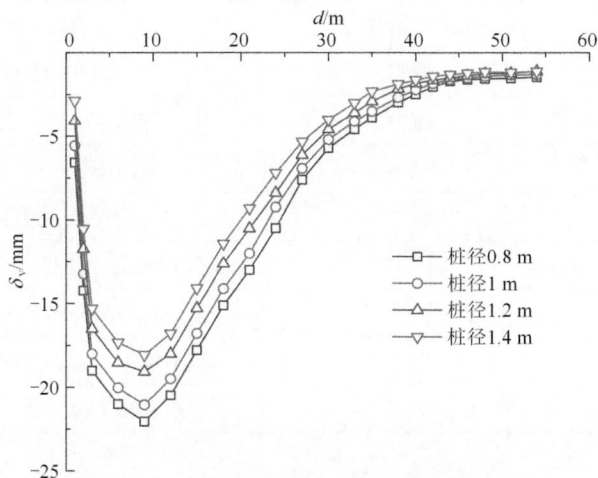

图 2-37　不同桩径对地表沉降的影响

由 2-36 图可知，随着围护桩的桩径增加，围护结构侧移量减小。其原因在于，增加围护桩桩径可以增加围护结构的刚度，刚度的增大有利于减小变形。由图 2-37 可知，围护结构的刚度增大，围护桩在受水土压力时，变形减小。同样的，随着围护结构侧移量减小和围护桩桩径的增加，地表沉降量逐渐变小，但是减小量不大。综上可知，增加围护桩桩径可以增加围护结构的刚度，减小基坑变形和地表沉降，但是增加超过一定范围之后，变形变化不明显。

2.6.3　施工因素

1. 不同降水情况影响

基坑降水目的主要有以下几个方面：

①将基坑内水位控制在坑底以下 -1.0 m 位置，降低坑内土体含水量，保持坑底干燥，方便坑内施工作业。

②减少岩土体中含水量，有效提高土体物理力学性能指标。

③坑内降水前期以疏干潜水含水层中的水及降低基坑下部承压含水层的水头为目的，后期以疏干承压含水层中的水为目的。

在基坑降水过程中，会造成坑内、外的水压差及坑外土体的渗流变化，使得作用在围护结构上的水压力产生变化。为此，在富水地区，基坑降水是保障基坑开挖顺利进行的一个重要环节。为研究降水对基坑变形的影响，本书采取一次性降水、分级降水进行分析。其中分级降水基坑施工如表 2-7 所示，一次性降水基坑施工见表 2-8。

表 2-8　一次性降水基坑施工模拟工况

施工工况	施工阶段类型	施工内容
工况 1	稳态	初始渗流场
工况 2	应力	初始应力场，位移清零
工况 3	应力	施工围护桩、止水帷幕
工况 4	应力	表层土开挖至 -1 m
工况 5	应力	架设混凝土支撑，开挖至 -6.4 m
工况 6	瞬态	一次降水至 -16.8 m
工况 7	应力	架设钢支撑，开挖至 -11.8 m
工况 8	应力	架设钢支撑，开挖至 -15.8 m

利用有限元软件 Midas-GTS 设置降水边界条件、施工步骤，依次进行激活、

钝化等设置，按工况表 2-8 计算得如下结果。

由图 2-38 可知一次性降水的最大地表沉降为 2.79×10^{-2} m（27.9 mm），由图 2-39 可知一次性降水的最大围护结构侧移值为 3.71×10^{-2} m（37.1 mm）。将一次性降水、分级降水及实测值进行对比分析，绘制曲线图（图 2-40、图 2-41）。

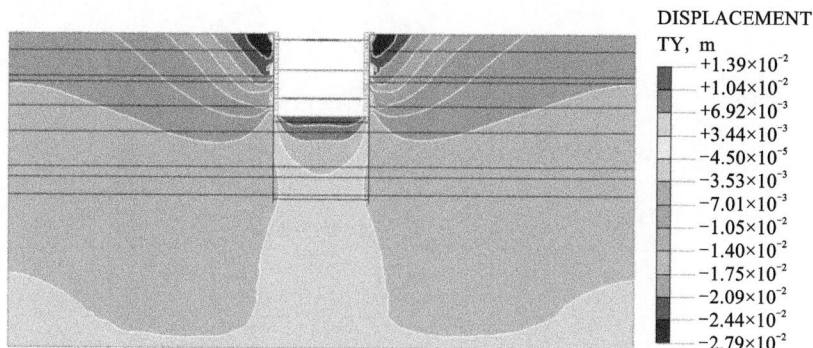

DISPLACEMENT
TY, m
+1.39×10⁻²
+1.04×10⁻²
+6.92×10⁻³
+3.44×10⁻³
−4.50×10⁻⁵
−3.53×10⁻³
−7.01×10⁻³
−1.05×10⁻²
−1.40×10⁻²
−1.75×10⁻²
−2.09×10⁻²
−2.44×10⁻²
−2.79×10⁻²

图 2-38　地表沉降位移云图

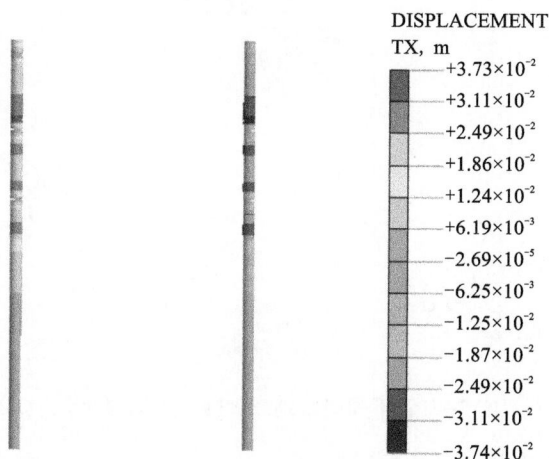

DISPLACEMENT
TX, m
+3.73×10⁻²
+3.11×10⁻²
+2.49×10⁻²
+1.86×10⁻²
+1.24×10⁻²
+6.19×10⁻³
−2.69×10⁻⁵
−6.25×10⁻³
−1.25×10⁻²
−1.87×10⁻²
−2.49×10⁻²
−3.11×10⁻²
−3.74×10⁻²

图 2-39　围护结构侧移云图

由图 2-40、图 2-41 可知，一次性降水的围护结构侧移大于分级降水，一次性降水到坑底-1 m 的地表沉降曲线相比于分级降水和实测值凹陷，其地表沉降明显增大，说明随着降水深度的增加，土层内渗流变化明显增强，不利于基坑的稳定性。而分级降水中，地表沉降虽然比实测值偏大，但其在分级降水过程中，更有利于控制坑内、外的地下水渗流，使得作用在围护桩上的水压力差没有那么

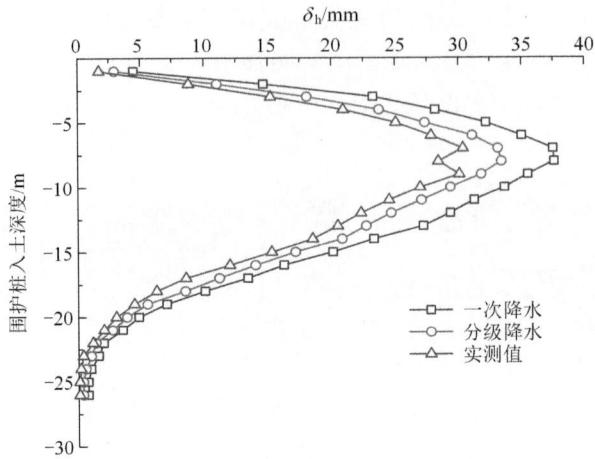

图 2-40 不同降水围护结构侧移与实测值对比

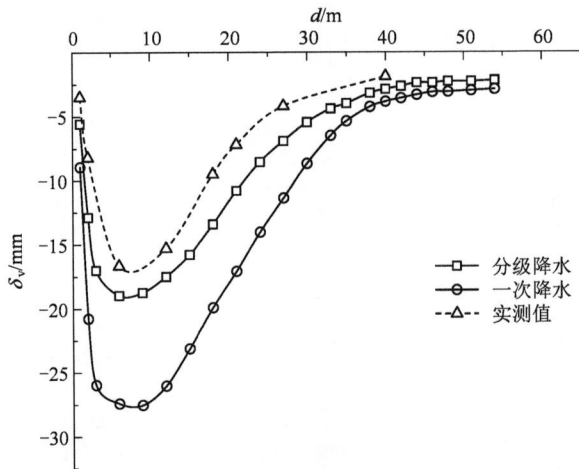

图 2-41 不同降水地表沉降与实测值对比

明显。因此在实际深基坑降水中,应合理设计降水方案,严格做好按需抽水的分级降水,控制基坑变形和对环境的影响。

2. 不同开挖情况影响

基坑开挖施工是地铁车站施工中最重要的一个工序,施工时应按照施工规范及设计要求操作,在开挖过程中掌握好"分层、分步、对称、平衡、限时"五个要点,遵循"竖向分层、纵向分区段、先支后挖"的施工原则。然而在实际施工中,往往出于工期的原因,施工单位会进行超挖,会影响原来正常的施工工序,使得基坑变形发生较大变化。

因此，在按原有设计开挖的基础上，在表 2-7 中设置工况 5、工况 7，每次开挖分别增加 0.5 m、1 m、1.5 m 等进行分析。

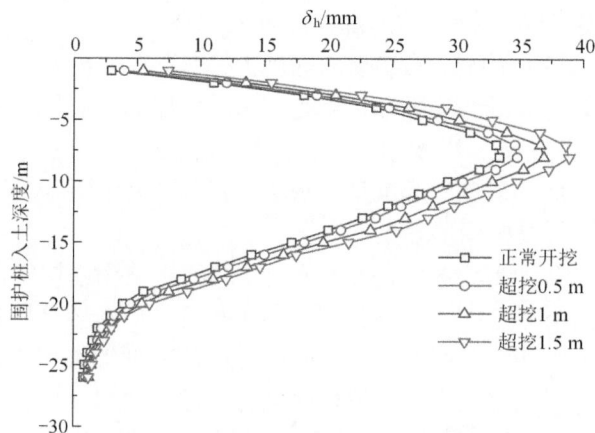

图 2-42 不同超挖深度的围护结构侧移

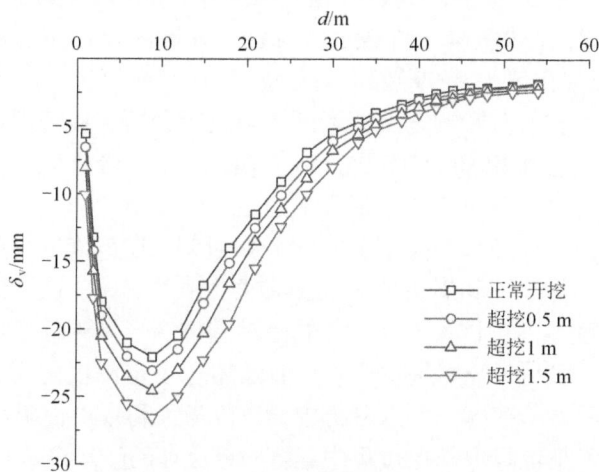

图 2-43 不同超挖深度的地表沉降

由图 2-42、图 2-43 可知，在基坑开挖过程中，随着土体开挖深度的增加，围护结构侧移增大，地表沉降增加。当超挖 1.5 m 时，基坑围护结构侧移的最大值为 37.65 mm，相对于预警控制值 30 mm 大了 7.65 mm，出现橙色预警；地表最大沉降为 26.34 mm，也超过预警值 20 mm。由此可知，在基坑开挖过程中，当出现超挖时，坑内、外的土压力变大，土体蠕变增加，造成围护结构侧移变大，地表沉降增加。为此，在基坑开挖过程中，应合理地进行开挖，避免基坑变形过大。

本章小结：

①本章分析了地下水对基坑工程的影响、地下水对基坑工程的危害模式；根据济南地区地下水埋藏类型对济南地区富水地层基坑进行分类，主要分为潜水类型基坑、承压水类基坑、潜水-承压水类基坑三大类。

②在全面分析基坑围护结构特点的基础上，本章还分析了几种常用围护结构体系在富水地层下的适用性方案，结合富水承压地层的影响因素，得到了承压水土层基坑围护形式的特点，以及围护结构适用性规律。

③本章分析总结了基坑变形机理、基坑围护结构变形形式及周边沉降模式，为后续变形特性分析提供变形理论。

④分析监测内容，收集济南地区 3 条地铁线的车站深基坑实测数据进行基坑变形特性分析。其中深基坑大部分为灌注桩+悬挂式止水帷幕围护结构基坑，基坑围护结构变形为水平位移逐渐增大，围护墙体的变形形态呈中间大、两头小的弓字形形式。坑边的地表沉降沿基坑边缘的方向显现先增大后减小的趋势，距离基坑越远，沉降越不明显，呈现三角形形状的沉降曲线。

⑤济南地区的地铁车站深基坑的围护结构最大水平位移 δ_{hm} 变化范围为 $0.11\% \sim 0.25\%H$，平均值为 $0.18\%H$，地表沉降 δ_{vm} 变化范围为 $0.11\% \sim 0.23\%H$，平均值为 $0.17\%H$；地表沉降影响较大，为富水地层渗流作用影响导致；济南地区地铁基坑 δ_{vm}/δ_{hm} 比值为 $0.99 \sim 1.1$。

⑥结合有限元软件对影响基坑变形的因素进行分析。以济南地区典型地铁车站开源路站为例，运用 Midas-GTS 进行数值模拟计算，分析地下水因素、围护结构设计因素及施工因素等对基坑变形和周边地层的影响。

⑦由数值模拟计算结果与实测值对比分析可知：在济南富水地层中，承压水的深度和厚度对基坑变形和周边地表沉降有很明显的影响；在设计因素中考虑悬挂式止水帷幕深度和围护桩入土深度、桩径对基坑变形和地表沉降的影响，在合理的一定范围内，有利于控制基坑变形，但是超过一定深度之后，基坑变形变化不显著，效果不明显。在施工因素分析中，分级降水和一次性降水对基坑变形的影响不同，在实际基坑降水开挖过程中，需指定合理的降水级数，保证施工安全；基坑超挖会对坑内、外的土压力差产生变化，超挖越深，基坑变形越大，从而使施工风险过大，因此应分层、分段合理控制开挖。

第 3 章　富水地层地铁车站深基坑
围护结构选型及优化

深基坑围护结构和周边地层变形过大是直接导致基坑失稳、周边环境破坏的直接原因，若能选择合理有效的围护结构控制基坑变形和减少地表沉降，可以有效降低工程施工风险。为此，在前面研究济南地铁变形特点及机理分析、影响因素分析的基础上，对济南典型地铁车站开源路站深基坑进行层次分析、权重确定、模糊综合评判等，并据此进行深基坑围护结构选型，在选型的基础上基于时空效应的控制变形对围护结构进行正交试验分析，得出优化设计参数，结合实测数据对比、验证优化后的围护结构，对类似基坑工程选型及优化具有一定参考意义。

3.1　深基坑围护结构基本要求

3.1.1　工程分析

本书以典型地铁车站开源路站深基坑为深基坑围护结构选型及优化研究对象，根据现场水文地质资料，开源路站地层水文地质单元水位埋深一般为 8 m，涉及地下水为潜水和承压水，地下水埋藏丰富，其中该层水主要赋存在碎石层、残积土层、全风化闪长岩层、强风化闪长岩层，碎石含水层具有含水层厚度大、富水性较强的特点，地下水渗透性较强，降水难度大。

站址周边现多为农田，场地空旷，建设条件良好。开源路站西侧为苗圃围墙，距离主体基坑约 20 m，北侧为胶济铁路，距离主体基坑约 81 m。基坑西南侧有：一层(局部三层)砖混结构建(构)筑物一座，浅基础，基础埋深不超过 1 m；义铁 1 线 35 kV 高压电线，施工期间宜迁改处理，基坑西北角有姜家庄树林西基站一座，基础采用砂石垫层，地面以下埋深 0.5 m，距离主体基坑约 18.93 m。

3.1.2　基坑安全等级与变形控制确定

基坑的安全等级直接影响基坑的围护结构选型设计、施工设计及监测计划等各个工作环节。从目前国家和地方颁布的标准来看，基坑安全等级一般分为三个等级，如表 3-1 所示。

表 3-1　基坑安全等级

安全等级	基坑和环境条件	破坏后果
一	开挖深度 H 大于 10 m； 在 3 倍开挖深度范围内有重要建(构)筑物、生命管线和道路等市政设施； 在 1 倍开挖深度范围内有基础埋深小于坑深的邻近建(构)筑物； 基坑位于隧道等大型地下设施安全保护区范围内； 地下水埋深小于 2 m，围护结构深度范围内软土厚度大于 5 m	基坑围护结构、内支撑破坏或土体失稳或围护结构变形过大、地表沉降过大对影响周边环境很大，对基坑施工影响很严重
二	除一级、三级安全等级以外的基坑工程	基坑围护结构破坏、土体失稳或基坑变形过大对基坑周边环境影响一般，但对基坑施工影响严重
三	开挖深度 H 小于 6 m； 在距离基坑边缘 3 倍开挖深度长度上无特殊要求保护的建(构)筑物、生命管线和道路等市政设施； 地下水埋深大于 5 m	基坑围护结构破坏、土体失稳或基坑变形过大对基坑周边环境和基坑施工影响不严重

随着城市地铁的兴建，越来越多的基坑设计、建设在建(构)筑物密集的地区，深基坑在建设过程中除了要保证施工安全稳定之外，还要保护周边环境。若是可以有效控制基坑围护结构和周边地层的变形，既保证基坑施工安全，又可以使得周边地层变形不至于过大，则以上问题就可以有效解决。

基坑施工安全稳定与变形控制是目前基坑设计的两个重要内容，基坑的安全等级直接影响安全稳定的设计，而变形控制不仅是保证基坑变形不至于过大，更是要求基坑在施工开挖过程中控制基坑变形来减少对周边环境的影响。基坑的变形标准内涵广泛，主要包括四个基本点，即变形预测分析、动态设计、确定控制目标、时域性问题。基坑变形主要控制指标有以下几点：①基坑围护结构的水平侧移大小及水平位移速率；②坑边地表沉降量及沉降速率；③邻近建(构)筑物的沉降、倾斜等；④内支撑系统变形及变形速率；⑤坑底隆起量及隆起速率。在现行的基坑规范中，《建筑基坑支护技术规程》(JGJ 120—2012)将①②作为重点控制指标。

随着基坑工程的建设发展，虽然人们在实际工程经验积累和工程理论发展方面得到很大进步，但因地质条件的复杂性及地下水的影响，建立完整的基坑围护结构设计理论，设置相应的基坑变形指标来统一基坑工程建设标准是极其复杂的，并且随着基坑建设的重要性、地区工程理念及周边生态环境要求的提高变得愈加困难。因此，在每个地区建设地铁车站基坑，对基坑围护结构进行选型设计时，需要确定相应的基坑等级标准及根据所处地区的基坑工程经验来制定相应的变形标准，以进行相应的变形控制，为基坑围护结构选型提供依据。

在总结国内外专家学者们对控制基坑变形研究的基础上，得出基坑变形控制的几个特征：

①基坑变形控制指标主要为基坑围护结构最大水平侧移大小、侧移变形速率，坑边地层沉降量、沉降速率及坑底隆起量、隆起速率，且目前采用前两个标准的最为普遍。

②基坑变形控制与基坑安全等级密切相关，基坑安全等级越高，变形控制标准要求愈严格。

③基坑变形控制指标值设定考虑基坑围护结构选型、基坑开挖的深度、宽度等，以及所处地区基坑开挖深度对基坑变形的影响。

④变形控制标准的设定考虑所处地区基坑变形统计的变形分析结果，针对所处地区的变形统计分析，进行经验分析对比，得出控制指标。

根据第 2 章中的地铁深基坑变形特性分析，得到济南地区的地铁车站深基坑的围护结构最大水平位移 δ_{hm} 变化范围为 $0.11\% \sim 0.25\%H$，平均值为 $0.18\%H$，济南地区的地铁深基坑地表沉降变化范围为 $0.11\% \sim 0.23\%H$，平均值为 $0.17\%H$，济南地区地铁深基坑 δ_{vm}/δ_{hm} 比值为 $0.99 \sim 1.1$。结合现场监测方案分析、基坑安全等级、基坑支护技术规范上对基坑变形控制的建议及数值计算分析变形等，开源路站为一级安全等级基坑，此处提出车站深基坑变形控制标准值建议值，如表 3-2 所示。

表 3-2　开源路站基坑变形控制标准建议值

监测项目	变化速率/$(mm \cdot d^{-1})$	控制值
支护(墙)顶竖向位移	≤3	15
支护(墙)顶水平位移	≤3	30 或 0.18%H
支护(墙)体水平位移	≤3	30
地表沉降	≤3	20 或 0.17%H
地下管线、沉降位移	≤2	20
地下水位	—	1000
承压水水头	—	1000
建(构)筑物倾斜	—	倾斜率 0.15%

3.1.3 围护结构须满足的基本要求

为保证深基坑围护结构选型后应用施工的顺利进行，在基坑围护结构的选择及优化设计时需满足以下几点要求：

①变形控制要求：为保证基坑降水开挖过程中基坑围护结构变形、周边地层沉降、周边管线等不受影响，要求基坑围护结构的选择、优化设计和施工过程能够控制基坑变形及坑边土体沉降，使得基坑变形和土体沉降变化在变形控制指标范围内，确保基坑施工安全稳定。基坑变形指标建议值见表3-2。

②隔水要求：济南是一个富水地区，地层富含地下水，在基坑降水、降压开挖过程中，围护结构须具备良好的隔水性能，能够隔绝坑外地下水进入坑内。此外，在水、土、岩压力作用下，围护结构须具有足够的强度和刚度，抵抗外界压力。在数值模拟分析中，地下水中的承压水深度和厚度对基坑变形的影响很大，为有效抵挡坑外水压力作用，围护结构须有很好的强度和刚度使得变形在控制范围内。

③施工要求：通过分级降水、施工超挖，保证在降水施工开挖过程中，基坑围护结构能够起到挡土挡水作用，保证施工条件稳定，能够在复杂、敏感的地下水环境下安全稳定施工。

3.2 深基坑围护结构选型

3.2.1 选型理论研究

1. 选用依据

在进行基坑围护结构选型时，需要考虑诸多因素，如基坑安全条件、周围环境要求、施工技术可行性等。本书依托济南典型地铁车站基坑开源路站，总结与基坑围护结构选型相关的因素如图3-1所示。

基坑围护结构的选型依据是安全、经济及施工方便。基坑安全指的是基坑支护有足够的强度保证，保障施工稳定，也起到基坑变形控制效果。在基坑降水开挖过程中，既要保证施工安全，也需要保障周边地层和管线变形不超出变形指标范围，保证其正常使用。经济方面要考虑围护结构的施工成本、工期及造价等。施工方面则考虑围护结构的可靠性、隔水效果、施工便捷等。基坑围护结构的选型，不仅要保障围护结构的安全和变形得以控制，也要使经济成本合理，同时施工方便。

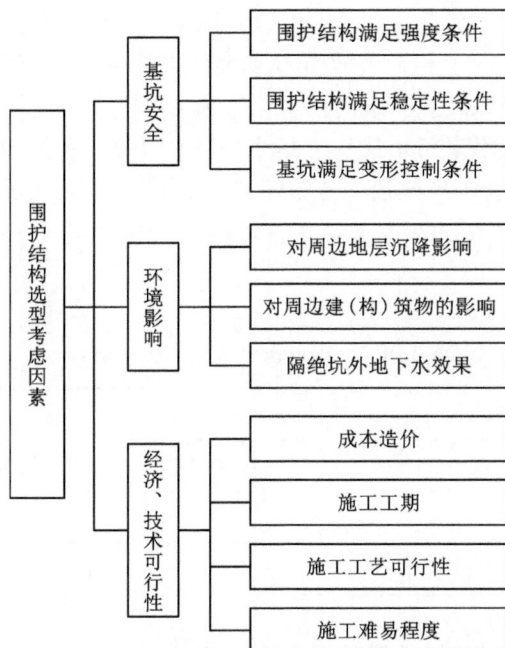

图 3-1 基坑围护结构选型考虑因素

2. 选型优选方法

（1）建立层次分析结构

深基坑围护结构选型中，考虑图 3-1 中的因素。在深入研究基坑围护结构方案确定影响基础上，基于基坑支护方案确定的评价模型，将上述影响因素归结为五点：基坑安全、经济效益、环境影响、施工影响及隔水效果。综合这五个因素，利用层次分析法建立层次分析结构，如图 3-2 所示。基坑围护结构方案优选目标为：基坑安全、经济效益好、控制变形，对周边环境影响小，便于施工。

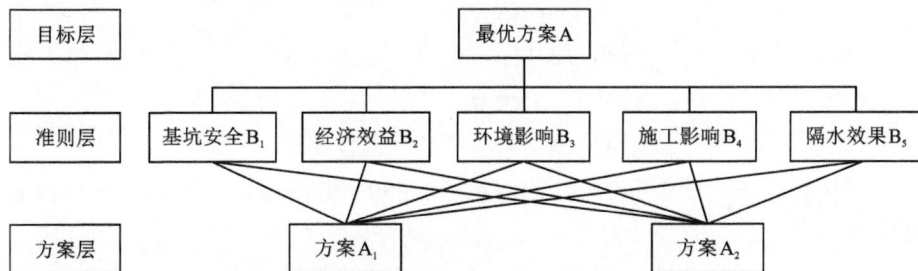

图 3-2 层次分析结构

（2）确定权重

根据标度法和专家咨询等，对准则层各因素重要性比值进行两两比较分析和排序（表3-3）。基坑安全和经济效益对于最优方案来说比值为1，基坑安全和环境影响比值为3，基坑安全与施工影响比值为4，基坑安全与隔水效果比值为5。经济效益与环境影响因素对于最优方案来说比值为3，经济效益与施工影响比值为4，经济效益与隔水效果比值为5。环境影响和施工影响对于最优方案来说比值为1/2，环境影响对隔水效果影响比值为3。施工影响与隔水效果对于最优方案比值为2。

表 3-3 准则层各因素重要性比值表

	B_1	B_2	B_3	B_4	B_5
B_1	1	1	3	4	5
B_2	1	1	3	4	5
B_3	1/3	1/3	1	1/2	3
B_4	1/4	1/4	2	1	2
B_5	1/5	1/5	1/3	1/2	1

得出判断矩阵为：

$$\boldsymbol{B} = \begin{bmatrix} 1 & 1 & 3 & 4 & 5 \\ 1 & 1 & 3 & 4 & 5 \\ 1/3 & 1/3 & 1 & 1/2 & 3 \\ 1/4 & 1/4 & 2 & 1 & 2 \\ 1/5 & 1/5 & 1/3 & 1/2 & 1 \end{bmatrix}$$

利用根法，将判断矩阵中每一行的元素值相乘，然后开 n 次方后得出判断矩阵的最大特征值相应的特征向量 w_i。

$$w_i = \sqrt[n]{\prod_{j=1}^{n} b_{ij}}, \ i = 1, 2, \cdots, n \tag{3-1}$$

则按式（3-1）计算得，$w_1 = \sqrt[5]{\prod_{j=1}^{5} b_{1j}} = \sqrt[5]{1 \times 1 \times 3 \times 4 \times 5} = 2.268$，同理计算可得到 $w_2 = 2.268$，$w_3 = 0.922$，$w_4 = 0.660$，$w_5 = 0.350$，将各因素进行归一化后得到权重向量为：

$$\boldsymbol{W} = (0.352, 0.352, 0.143, 0.098, 0.055)$$

（3）方案模糊综合评价

按照上述方法，定出每一个因素对评判等级的隶属度，建立模糊评判矩阵：

$$R = (R_1, R_2, R_3, R_4, R_5) = \begin{bmatrix} r_{11} & r_{12} & r_{13} & r_{14} & r_{15} \\ r_{21} & r_{22} & r_{23} & r_{24} & r_{25} \\ r_{31} & r_{32} & r_{33} & r_{34} & r_{35} \\ r_{41} & r_{42} & r_{43} & r_{44} & r_{45} \\ r_{51} & r_{52} & r_{53} & r_{54} & r_{55} \end{bmatrix}$$

将 W 与模糊评判矩阵利用公式 $D = W \times R$，进行综合模糊评判。各因素在评判集上 C 的值别等于{很差，差，中等，好，很好}={1, 2, 3, 4, 5}，最后根据方案的综合评判值式：

$$E = DC^{\mathrm{T}} \tag{3-2}$$

计算出综合评判值，评判值最大的方案即为最优方案。

3.2.2　地铁车站深基坑围护结构选型

1. 初步对比选型

开源路站采用明挖法施工，开挖深度在 15 m 以上，其地下水中包含潜水和承压水，为潜水–承压水类型基坑。为满足基坑安全稳定、环境影响、经济和技术可行性等设计要求，该地铁车站基坑围护结构选型在第 2 章中表 2-2 的富水地层基坑常用围护结构特点基础上，根据基坑安全等级、基坑的开挖深度和宽度、地下水的影响、周边地表监测控制等情况，以及基坑基本参数（表 3-4），进行深基坑围护结构初步对比选型。

表 3-4　地铁车站基坑基本参数

基坑等级	基坑深度/m	基坑宽度/m	地下水	安全等级
一级	>15	>10	潜水、承压水	一级

（1）放坡开挖，不做围护结构

基坑采用放坡开挖是最原始和基础的方式。基坑放坡开挖主要适用于土质相对较好的土层，场区周围相对开阔，考虑基坑开挖深度和开挖宽度较小的尺寸。而对于含潜水和承压水类型或者地下水丰富的基坑，为了控制地下水对基坑的影响，不宜单独使用放坡开挖对基坑进行开挖施工，需要基坑具备一定的放坡开挖及配合其他围护结构来使用。对于济南地铁而言，基坑放坡开挖只适用于表层开挖深度不超过 1.5 m，开挖未涉及地下水的情况，而在整体基坑开挖时则不适合。

（2）钻孔灌注桩

在施工方面，灌注桩施工工艺简单，质量较容易控制，适用于各种地基，对济南地区富含地下水而言，车站基坑配合止水帷幕可以防止坑外地下水进入基坑内部，对施工安全稳定具有较好的保障。在变形控制方面，可通过调整围护结构的插入深度或者桩径改变基坑变形，减少对周边环境的影响。有限元模拟分析中，建模采用灌注桩+止水帷幕等围护结构的形式进行数值计算，在各因素分析中，基坑的变形和地层移动在一定程度可采取改变围护结构或者设计止水帷幕深度等来控制，且围护结构可以有效隔绝坑内、外的地下水联系，适用性较好。但其施工序种类繁多，容易产生桩体倾斜现象。

（3）地下连续墙

地下连续墙整体强度高、刚度大，现浇式的整体板墙隔水性好，而且能抵抗水土压力墙，其变形较小，对周边环境影响小，可在邻近建（构）筑物使用，保证周边环境正常运行。对济南地区富含地下水而言，采用地下连续墙可以满足基坑变形控制和减少对周边建（构）筑物的扰动，适合有特殊要求的深基坑或者邻近建（构）筑物对变形控制要求高的深基坑使用。但其在造价方面成本较高，施工复杂，在经济和现场施工方面优势不明显。

（4）SMW 工法桩

SMW 工法桩刚度高、整体隔水性能较好，施工过程中对周边环境影响较小，构造简单。然而 SMW 工法桩受力机理相当复杂，在复杂敏感的地下水环境中，由于水压力和土压力的复杂性，以及基坑的开挖深度较深、地层环境复杂等影响，在济南地区地铁车站基坑中，SMW 工法桩难以在降压、降水施工条件下达到控制变形标准，施工过程风险大，相比于灌注桩、地下连续墙适用性范围较窄。

（5）TRD 工法墙

TRD 工法墙在成桩质量方面较好，沿桩长方向混凝土搅拌均匀，墙体连续，等厚度，截水性能好，但在设备方面辅助设备较多、复杂环境地层适用性差、形状不规则、基坑适用性差，施工涉及工艺较多，施工速度慢。根据济南地铁车站的水文和工程地质环境，TRD 工法墙在济南地区地铁车站适用性低。

（6）复合土钉墙

复合土钉墙围护结构所需场地较小、对相邻建（构）筑物影响小、安全性高、成本较低、经济性较好，可根据现场开挖土体过程中围护结构变形、地层沉降监测数据等来改变土钉插入土层的深度及间距，进行加固。然而济南地区地层富含地下水，由于设计因素众多，且开挖深度超过 12 m，锚杆在插入地层时候受到下水干扰较多，使得复合土钉墙围护结构受到限制。鉴于地铁车站基坑的开挖深度和地下水尤其是承压水的影响，复合土钉墙不适用于开挖较深且富含地下水的地铁车站基坑。

通过对比分析上述各种围护结构的适用性，并结合当地水文工程地质环境、基坑周边环境、基坑变形控制特点、隔绝坑外地下水，以及以往的类似基坑工程建设经验，济南地区地铁车站深基坑围护结构采用钻孔灌注桩围护结构外侧施加止水帷幕进行防水、地下连续墙围护结构可达到基坑施工安全稳定、变形控制效果。

2. 方案优选

在初步选型结果上，对灌注桩和地下连续墙进行围护结构方案优选。利用优选方法计算两者的综合评判值，选出最优围护结构。基于专家评定法对围护结构对基坑安全、经济效益、环境影响、施工因素及隔水效果等进行评定，确定各因素的隶属度。

其中，灌注桩围护结构中经专家评定：基坑安全因素，一名专家评定为好，隶属度为 0.25，三名专家评定为很好，隶属度为 0.75；经济效益因素，一名专家评定为中等，隶属度为 0.25，三名专家评定为好，隶属度为 0.75；环境影响中两名专家评定为中等，隶属度为 0.5，两名专家评定为好，隶属度为 0.5；施工影响因素中，一名专家评定为中等，隶属度为 0.25，三名专家评定为好，隶属度为 0.75；隔水效果中，两名专家评定为好，隶属度为 0.5，两名专家评定为很好，隶属度为 0.5。

同理，对地下连续墙围护结构进行专家评定，确定各因素隶属度。灌注桩、地下连续墙围护结构各因素模糊评判如表 3-5、表 3-6 所示。

表 3-5　灌注桩各因素模糊评判

评价因素	很差	差	中等	好	很好
基坑安全	0	0	0	0.25	0.75
经济效益	0	0	0.25	0.75	0
环境影响	0	0	0.5	0.5	0
施工影响	0	0	0	0.75	0.25
隔水效果	0	0	0	0.5	0.5

表 3-6　地下连续墙各因素模糊评判

评价因素	很差	差	中等	好	很好
基坑安全	0	0	0	0	1
经济效益	0	0	0.25	0.75	0
环境影响	0	0	0.25	0.75	0

续表3-6

评价因素	很差	差	中等	好	很好
施工影响	0	0	0.5	0.5	0
隔水效果	0	0	0	0.25	0.75

(1)灌注桩围护结构方案综合评判

灌注桩围护结构方案模糊评价矩阵:

$$R_1 = \begin{bmatrix} 0 & 0 & 0 & 0.25 & 0.75 \\ 0 & 0 & 0.25 & 0.75 & 0 \\ 0 & 0 & 0.25 & 0.75 & 0 \\ 0 & 0 & 0.5 & 0.5 & 0 \\ 0 & 0 & 0 & 0.5 & 0.5 \end{bmatrix}$$

$W = (0.352, 0.352, 0.143, 0.098, 0.055)$；$C^T = \{1, 2, 3, 4, 5\}^T$

灌注桩围护结构方案模糊集合为 $D_1 = W \times R_1 = (0, 0, 0.173, 0.536, 0.292)$；
灌注桩围护结构方案综合评判值 $E_1 = D_1 C^T = 4.123$。

(2)地下连续墙围护结构方案综合评判

地下连续墙围护结构方案模糊评价矩阵:

$$R_2 = \begin{bmatrix} 0 & 0 & 0 & 0 & 1 \\ 0 & 0 & 0.25 & 0.75 & 0 \\ 0 & 0 & 0.5 & 0.5 & 0 \\ 0 & 0 & 0.25 & 0.75 & 0 \\ 0 & 0 & 0 & 0.25 & 0.75 \end{bmatrix}$$

$W = (0.352, 0.352, 0.143, 0.098, 0.055)$；$C^T = \{1, 2, 3, 4, 5\}^T$

地下连续墙围护结构方案模糊集合为 $D_2 = W \times R_2 = (0, 0.088, 0.36, 0.159, 0.393)$；地下连续墙围护结构方案综合评判值 $E_2 = D_2 C^T = 3.857$。

对上述两种围护结构方案进行综合评判值比较得 $E_1 > E_2$，因此优选围护结构方案为灌注桩围护结构。对开源路站而言采用钻孔灌注桩作为围护结构，外加止水帷幕设计插入深度能够很好隔绝坑内、外地下水的联系，而且在变形控制方面能够通过桩体入土深度、桩径或者止水帷幕插入深度等改变来控制基坑变形。

3.2.3 富水地层灌注桩基坑施工流程

确定基坑围护结构之后，按照围护结构+混合内支撑的支护形式进行基坑支护。根据数值模拟分析，在控制地下水方面，尤其是涉及承压水的降压、降水过程，为保证止水的效果，止水帷幕和围护桩(墙)等需插入隔水层土层内，使得坑内、外地下水隔绝联系，减小作用在围护结构上的水压力。按照分级降水进行分层分段土体开挖，先撑后挖，严禁超挖等施工，富水地层基坑一般施工如图 3-3 所示。

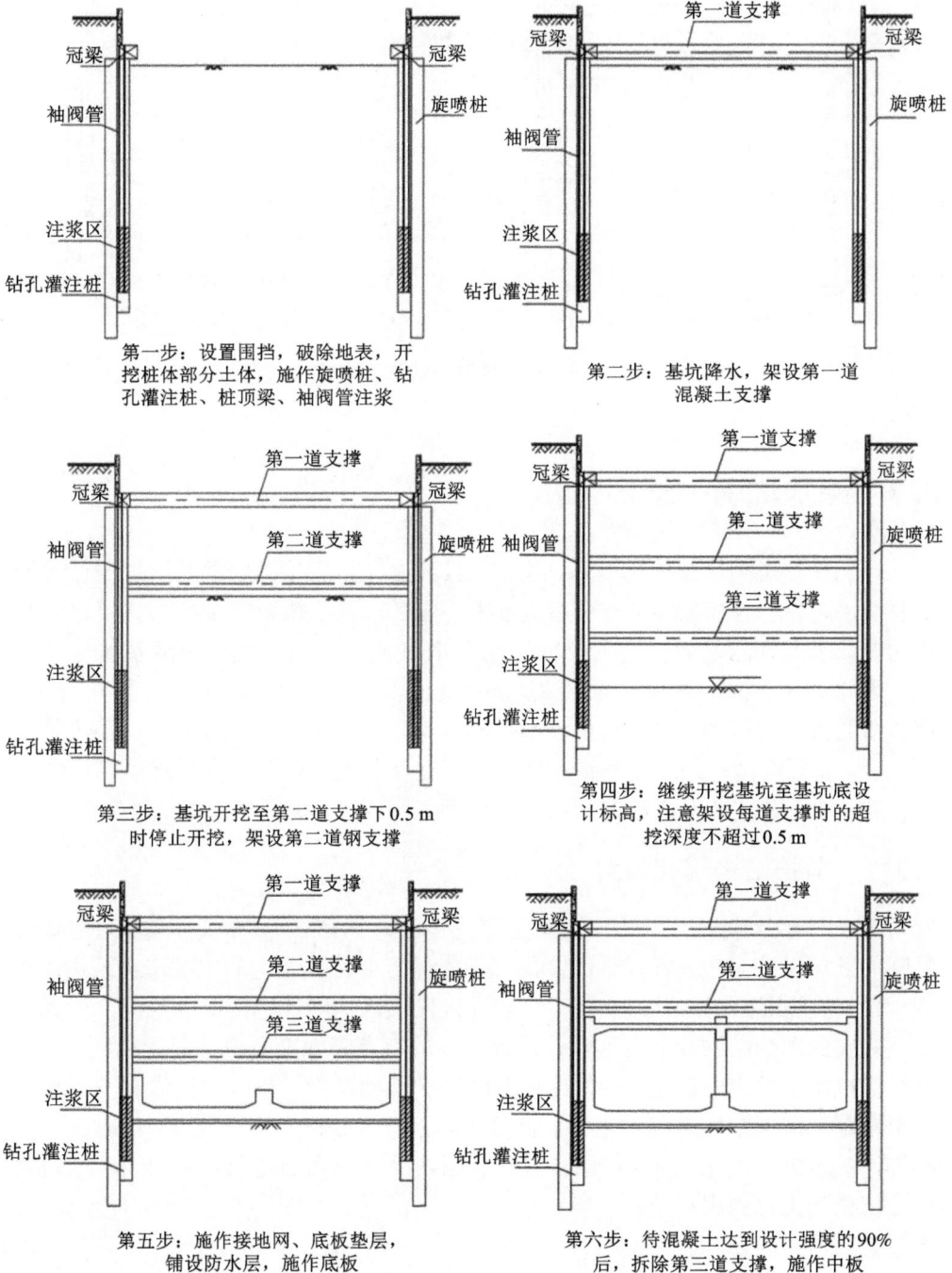

第一步：设置围挡，破除地表，开挖桩体部分土体，施作旋喷桩、钻孔灌注桩、桩顶梁、袖阀管注浆

第二步：基坑降水，架设第一道混凝土支撑

第三步：基坑开挖至第二道支撑下 0.5 m 时停止开挖，架设第二道钢支撑

第四步：继续开挖基坑至基坑底设计标高，注意架设每道支撑时的超挖深度不超过 0.5 m

第五步：施作接地网、底板垫层，铺设防水层，施作底板

第六步：待混凝土达到设计强度的 90% 后，拆除第三道支撑，施作中板

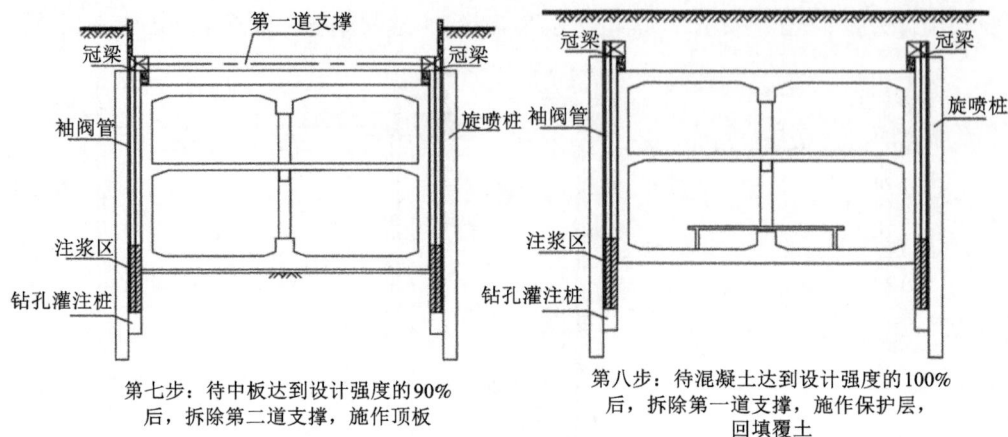

第七步：待中板达到设计强度的90%
后，拆除第二道支撑，施作顶板

第八步：待混凝土达到设计强度的100%
后，拆除第一道支撑，施作保护层，
回填覆土

图 3-3 富水地层基坑施工流程

3.3 深基坑围护结构优化

在上述基坑围护结构选型基础上，在具体施工过程中，出现基坑侧壁渗水及坑底涌水现象，给基坑施工安全稳定带来一定的风险，也说明围护结构可进一步优化参数来实现隔水效果，减少坑外地下水渗流进入基坑内，保障基坑施工安全。因此，在选型确定后，需要对围护结构具体方案的细部进行优化计算。第2章的模拟分析中，在不同止水帷幕插入深度、围护桩入土深度、桩径等情况下，基坑变形产生差距变化并在一定变化下趋于稳定，表明存在最优基坑围护结构参数，使得基坑变形能够控制在变形指标范围内，并保证施工安全稳定。

3.3.1 围护结构优化设计

考虑时空效应的围护结构控制变形优化设计如图 3-4 所示。考虑时空效应的围护结构设计方法是在设计时考虑周围土体流变特性及空间上的围护结构的刚度，对深基坑围护结构设计及施工参数进行优化以达到控制变形的目的。考虑受时空效应的围护结构控制变形优化设计最大的特点是施工与设计紧密结合，充分利用基坑时空效应原理，灵活地优化设计围护结构参数，在可变因素和不可变因素上对基坑围护结构进行优化。根据可变因素模拟分析围护结构设计，对围护结构设计参数进行优化，对围护结构位移、地表沉降及内力进行数值计算，通过对比分析得到优化的围护结构。

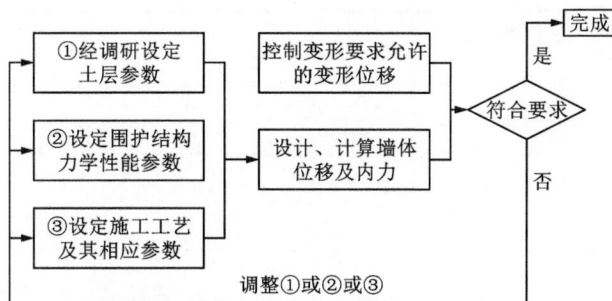

图 3-4 考虑时空效应的围护结构控制变形优化设计

3.3.2 围护结构参数优化分析

由第 2 章基坑变形影响因素分析可知:

在地下水因素中,由于济南是富水地区,承压水的深度对基坑变形和周边地表沉降有很明显的影响。

在设计因素中,考虑悬挂式止水帷幕插入深度和围护桩入土深度、桩径对基坑变形和坑边土体沉降的影响,在合理的范围内,有利于控制基坑变形,但是超过一定的深度之后,基坑变形不明显,效果不明显。

在施工因素中,合理的降水级数、分层、分段合理控制开挖,有利于保证施工安全,降低施工风险。

上述影响因素可分为不可变因素(地下水深度)、可变因素(围护结构设计参数)及施工参数。在富水地层中,围护结构承受水、土、岩等外界压力,并承担隔水作用,是保障基坑稳定的重要环节。本书研究主要针对基坑的围护结构选型及优化研究。为此选取围护结构设计参数来进行优化研究,结合分级降水、分层、分段开挖来进行基坑设计,并与施工现场相结合,以达到隔水保泉、控制变形目的。

在可变因素围护结构设计参数中,基于时空效应对基坑施工过程中的影响,通过设定围护结构力学参数围护桩的桩径和入土深度等来进行数值计算,达到基坑安全稳定和控制变形在允许范围内。根据围护结构设计因素分析可知,可根据围护桩入土深度和桩径来制定可变因素量,来控制基坑变形和保证基坑施工安全稳定。为此,设定围护桩的入土深度和桩径进行正交模拟,运用正交试验组合因素制定表 3-7。

表 3-7　正交试验表

围护桩入土深度/m	桩径/m
26	0.8
28	1.0
30	1.2
32	1.4

根据正交试验表的围护桩入土深度和桩径进行正交模拟，按施工模拟工况进行考虑时空效应影响的有限元数值模拟计算，分别列举以上正交因素数值计算结果，进行变形及成本对比分析，计算结果如表 3-8 所示。

表 3-8　正交试验结果

编号	围护桩入土深度/m	桩径/m	δ_{vm}/mm	δ_{hm}/mm
1	26	0.8	25.3	39.4
2	26	1.0	20.1	35.5
3	26	1.2	19.5	30.6
4	26	1.4	18.8	28.4
5	28	0.8	21.3	35.6
6	28	1.0	20.2	29.5
7	28	1.2	19.4	27.8
8	28	1.4	18.2	27.6
9	30	0.8	21.9	32.8
10	30	1.0	20.5	28.5
11	30	1.2	18.6	27.5
12	30	1.4	18.1	27.3
13	32	0.8	20.2	30.1
14	32	1.0	19.3	28.3
15	32	1.2	17.4	26.4
16	32	1.4	16.9	26.2

进行围护结构参数优化时考虑时空效应对基坑设计的影响，在围护结构参数

选取中既要满足基坑变形控制、隔绝坑外地下水渗流入坑内来保障基坑施工安全稳定，也要满足成本合理、造价经济。济南地区富含地下水，在设计止水帷幕、围护桩入土深度时，需要考虑到坑外地下水的渗流路径，防止地下水绕径涌进坑底。由表 3-8 分析可知，在编号 16 的组合中，围护结构侧移值最小，地表沉降值最小，但在成本方面，止水帷幕插入深度、桩体入土深度等过大，造成成本造价过大。在综合考虑上述因素的情况下，编号 7 的组合中选围护桩入土深度 28 m，桩径 1.2 m 的灌注桩作为围护结构时，δ_{vm} 为 19.4 mm，小于变形控制值 20 mm，δ_{hm} 为 27.8 mm，小于变形控制值 30 mm，符合变形控制要求；在施工造价方面，相比较于其他组合的造价成本，编号 7 的围护桩入土深度及桩径造价成本相对其之后的编号组合偏低，经济性相对合理，为围护结构优化参数。

3.4　工程优化分析

在围护结构选型优化的组合上，进行工程应用分析，验证围护桩入土深度 28 m、桩径 1.2 m 围护结构优化设计参数下的安全性及基坑变形。根据开源路站深基坑的水文工程地质等情况，考虑时空效应的影响进行三维有限元建模数值分析。

根据《基坑工程手册》中等效刚度理论计算方法，按下列公式将围护桩转换成板单元进行数值模拟计算，折算板厚为 h（图 3-5）。

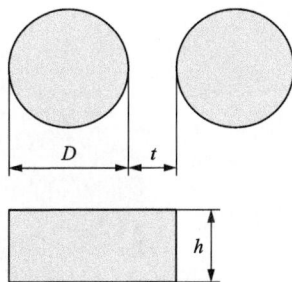

图 3-5　桩体刚度折算

$$\frac{1}{12}(D+t)h^3 = \frac{1}{64}\pi D^4 \tag{3-3}$$

$$h = 0.8383D\sqrt[3]{\frac{1}{1+\dfrac{t}{D}}} \tag{3-4}$$

式中：D 为围护桩直径；t 为桩间距离；h 为折算板厚；π 为圆周率。

由设计图纸可知，围护桩呈一字排列，D 为 1200 mm，t 为 300 mm，由式（3-3）、式（3-4）计算得 h 约为 1005.6 mm。

土层物理参数见表 2-6，利用有限元分析软件建立模型如图 3-6、图 3-7 所示。根据第 2 章中的基坑施工模拟工况表 2-7 开展数值模拟分析。

1. 地下水分析

围护结构选型优化后的基坑在降水施工后，土层地下水变化如图 3-8、图 3-9 所示。

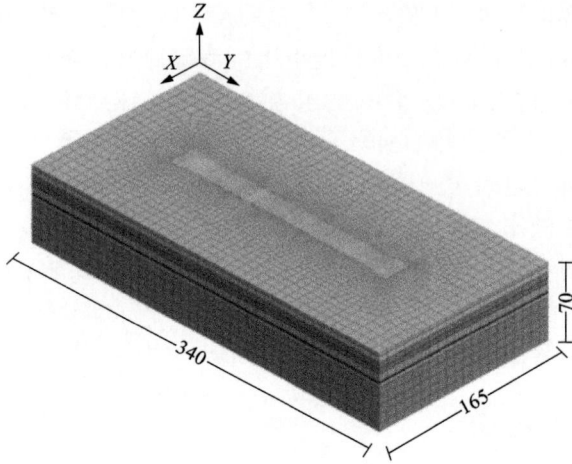

图 3-6 有限元计算模型(单位: m)

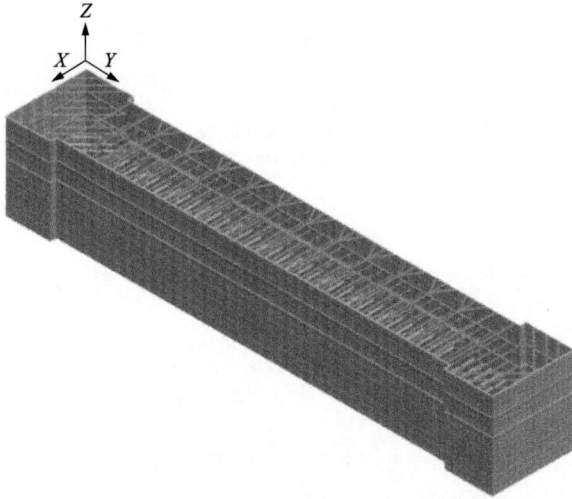

图 3-7 围护结构

由图 3-8、图 3-9 可知,采用钻孔灌注桩+悬挂式止水帷幕的围护结构进行施工降水开挖,基坑在降压、降水施工过程中,坑外水头向基坑内降低,产生地下水渗流,此时悬挂式止水帷幕+优化设计的围护桩作为挡水结构发挥隔水作用,隔绝坑内、外水流动。

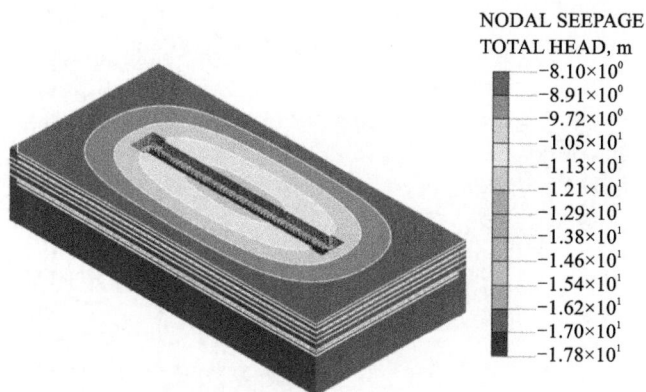

NODAL SEEPAGE
TOTAL HEAD, m

- -8.10×10^{0}
- -8.91×10^{0}
- -9.72×10^{0}
- -1.05×10^{1}
- -1.13×10^{1}
- -1.21×10^{1}
- -1.29×10^{1}
- -1.38×10^{1}
- -1.46×10^{1}
- -1.54×10^{1}
- -1.62×10^{1}
- -1.70×10^{1}
- -1.78×10^{1}

图 3-8　开挖到底坑外总水头分布

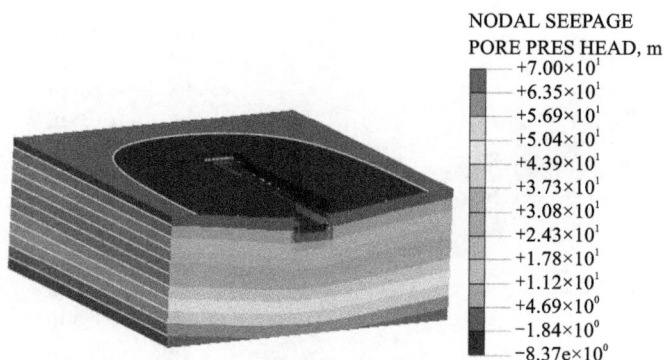

NODAL SEEPAGE
PORE PRES HEAD, m

- $+7.00\times10^{1}$
- $+6.35\times10^{1}$
- $+5.69\times10^{1}$
- $+5.04\times10^{1}$
- $+4.39\times10^{1}$
- $+3.73\times10^{1}$
- $+3.08\times10^{1}$
- $+2.43\times10^{1}$
- $+1.78\times10^{1}$
- $+1.12\times10^{1}$
- $+4.69\times10^{0}$
- -1.84×10^{0}
- $-8.37e\times10^{0}$

图 3-9　土层承压水水头变化

2. 围护结构分析

由图 3-10 围护结构侧移云图可知，基坑模拟降水开挖时，随着施工工况的进行，围护结构侧移逐渐增大，开挖到底时，围护结构侧移最大值为 2.85×10^{-2} m（28.5 mm），符合规范变形控制指标 30 mm[94] 范围内，围护结构侧移最大位移处为 $0.5\sim0.6H$ 处，与实测数据变形规律基本一致。降水引起的坑内、外水压差和渗流力变化，加剧开挖区域围护结构的侧向位移，这表明了基坑在降水开挖支护过程中具有明显的渗流-应力耦合效应。由图 3-11 计算值与实测值对比可知，优化后的围护结构侧移计算值比实测值小，说明优化后的围护结构能够进一步承受坑内、外水、土压力的作用，起到控制变形作用，围护桩的入土深度阻隔了坑外地下水进入坑内，保障了基坑施工安全。

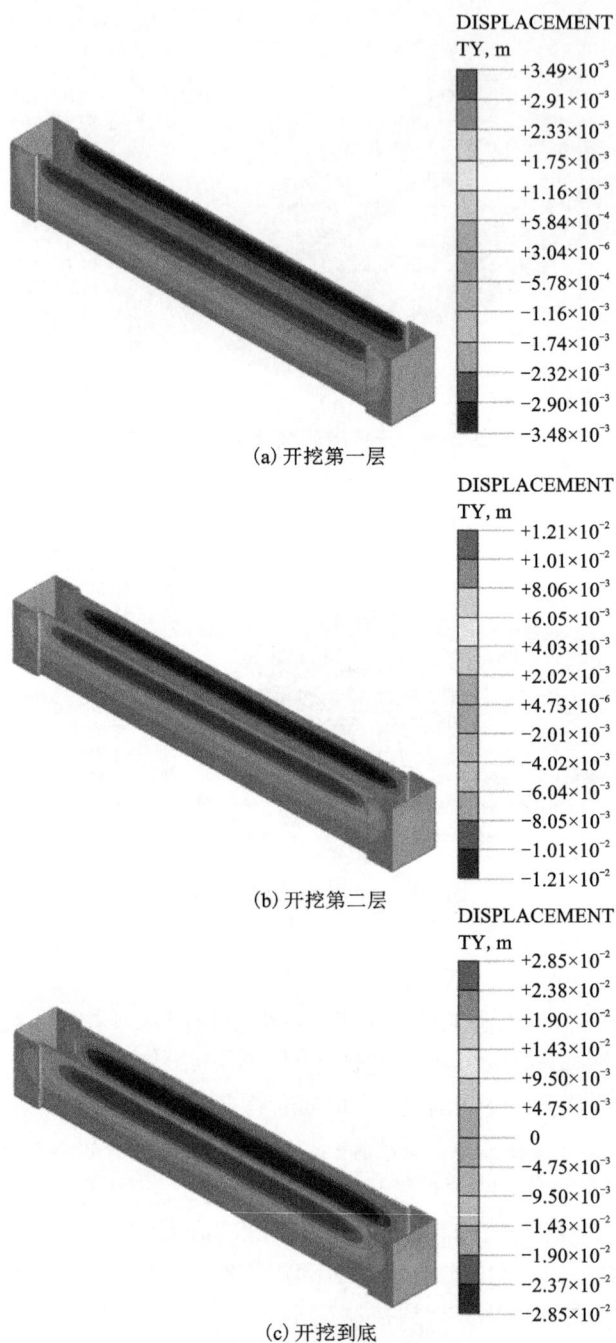

DISPLACEMENT
TY, m

	$+3.49 \times 10^{-3}$
	$+2.91 \times 10^{-3}$
	$+2.33 \times 10^{-3}$
	$+1.75 \times 10^{-3}$
	$+1.16 \times 10^{-3}$
	$+5.84 \times 10^{-4}$
	$+3.04 \times 10^{-6}$
	-5.78×10^{-4}
	-1.16×10^{-3}
	-1.74×10^{-3}
	-2.32×10^{-3}
	-2.90×10^{-3}
	-3.48×10^{-3}

（a）开挖第一层

DISPLACEMENT
TY, m

$+1.21 \times 10^{-2}$
$+1.01 \times 10^{-2}$
$+8.06 \times 10^{-3}$
$+6.05 \times 10^{-3}$
$+4.03 \times 10^{-3}$
$+2.02 \times 10^{-3}$
$+4.73 \times 10^{-6}$
-2.01×10^{-3}
-4.02×10^{-3}
-6.04×10^{-3}
-8.05×10^{-3}
-1.01×10^{-2}
-1.21×10^{-2}

（b）开挖第二层

DISPLACEMENT
TY, m

$+2.85 \times 10^{-2}$
$+2.38 \times 10^{-2}$
$+1.90 \times 10^{-2}$
$+1.43 \times 10^{-2}$
$+9.50 \times 10^{-3}$
$+4.75 \times 10^{-3}$
0
-4.75×10^{-3}
-9.50×10^{-3}
-1.43×10^{-2}
-1.90×10^{-2}
-2.37×10^{-2}
-2.85×10^{-2}

（c）开挖到底

图 3-10　围护结构侧移云图

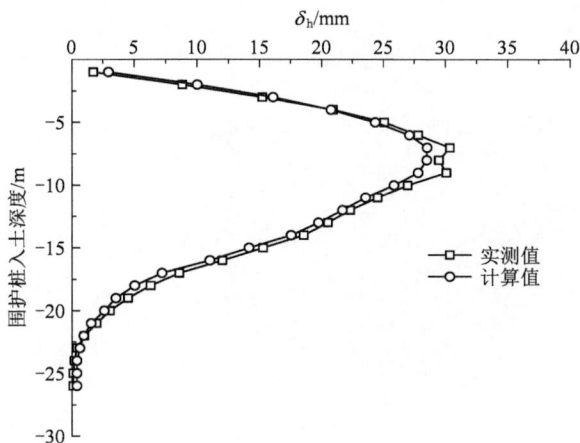

图 3-11　围护结构计算值与实测值对比

3. 地表沉降分析

图 3-12 为基坑每次开挖土体时的地表沉降计算，图 3-13 为基坑开挖到底时地表沉降计算值与实测值对比。由图 3-12、图 3-13 可知，地表沉降 1.94×10^{-2} m（19.4 mm），与实测值 17.6 mm 相差 1.8 mm，误差在允许范围之内，数值合理，说明开源路站选择钻孔灌注桩作为围护结构是合理的。在变形方面，钻孔灌注桩作为围护结构能够很有效的抵挡外界水、土压力；在地下水渗流控制方面，钻孔灌注桩+悬挂式止水帷幕的设计深度能够有效阻挡坑外水流进入基坑内部，减少基坑内水渗流。围护结构侧移的控制及地下水的渗流作用的降低，使得坑边地层扰动量减小，地表沉降沉降量降低，符合基坑变形控制要求。

由上述地下水变化、基坑变形、地表沉降分析可知，考虑时空效应设计的优化围护结构在设定围护结构力学参数中，通过设定围护桩入土深度及桩径来分析基坑变形，与变形控制指标、实测数据相对比，进行工程优化分析。基坑变形计算值与地表沉降均小于变形控制值与实测值，得到优化后的围护结构在基坑变形控制方面符合变形控制要求，地表沉降也符合变形控制要求，可见优化后的基坑围护结构保证了基坑安全稳定。

依托实际地铁车站深基坑进行围护结构的选型及优化分析，得出以下结论：

①以济南地区开源路站为选型及优化对象，分析地铁车站深基坑工程基本信息，确定基坑安全等级，根据第 2 章中的变形特性分析，结合基坑安全等级、周边环境，提出变形控制建议值；根据基坑安全、变形控制、经济效益、环境影响等提出深基坑围护结构方案须满足的基本要求。

②提出富水地层深基坑围护结构选型依据，在初步选型的基础上，建立层次

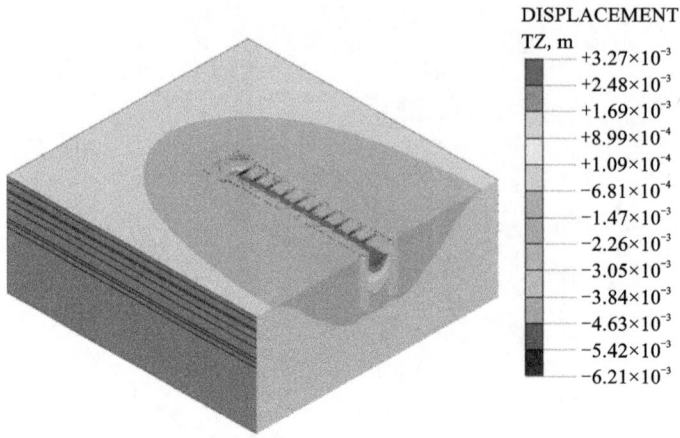

(a) 开挖第一层

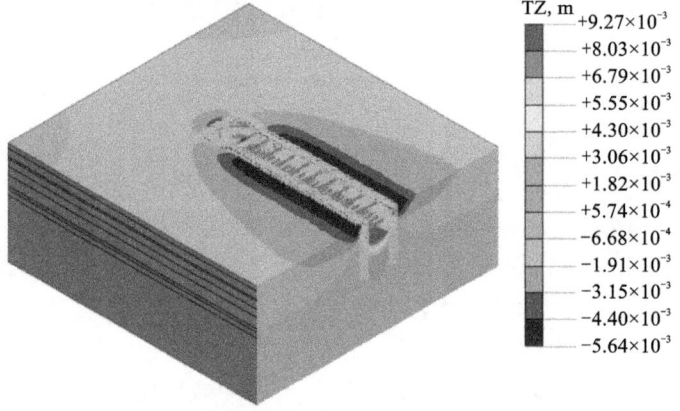

(b) 开挖第二层

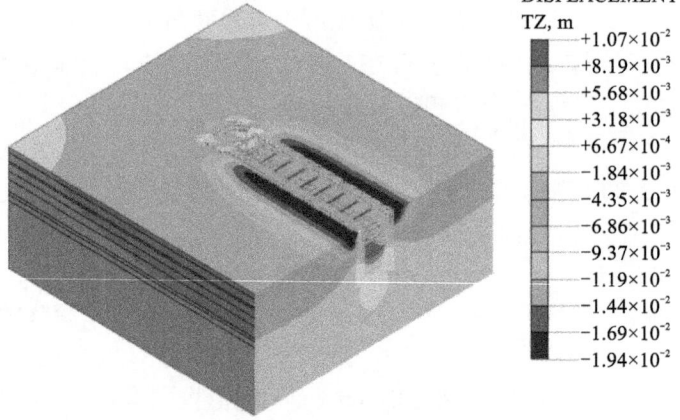

(c) 开挖到底

图 3-12 地表沉降位移云图

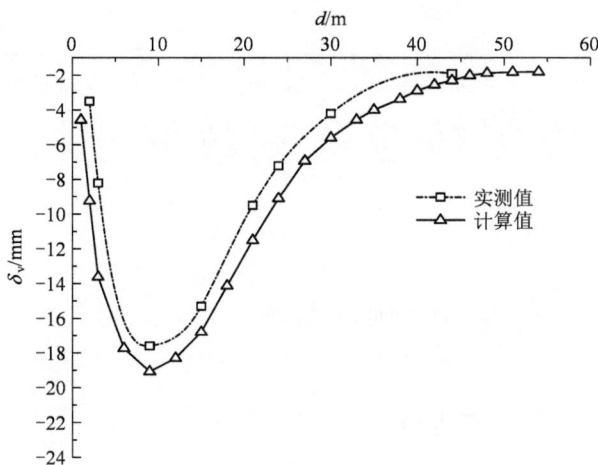

图 3-13 地表沉降计算值与实测值对比

分析结构并结合模糊评判进行优选。对地铁车站深基坑围护结构进行初步对比选择，根据车站基坑参数信息、地下水状况、富水地层常用围护结构等综合选型得出灌注桩和地下连续墙两种选型方案。在初步选出的方案中，通过影响因素层次分析结构、专家评定、权重确定、方案模糊评判等来计算、比较、评判方案综合值，得出灌注桩围护结构方案评判值最大，为选型最优围护结构。

③针对现场施工围护结构渗、漏水等情况，进行围护结构选型后的细部优化。对考虑时空效应的围护结构运用正交试验进行可变因素的正交计算来进行优化，得出正交试验编号 7 的围护结构设计参数不仅能保障基坑施工安全，还能使得基坑围护结构变形满足变形控制要求，并且在成本方面比较经济合理，符合优化要求。

④将优化后的围护结构进行有限元数值计算并与实际工程进行对比分析，将数值计算结果与现场实测数据进行对比分析，优化后的围护结构符合基坑变形控制要求，在造价方面也相对合理，可以达到预期效果。

第4章　富水地层地铁车站深基坑施工效应监测数据分析

4.1　现场施工工序与监测点布置

4.1.1　现场施工工序与进度

在实际施工中基坑开挖围护结构选用 ϕ1000 mm@ 1400 mm 钻孔灌注桩与标准段 3 道支撑形式。具体施工工序如下：

①前期地基加固。

②施工全部钻孔灌注桩与止水帷幕，端头井处钻孔灌注桩设置深度 0～31.3 m，止水帷幕设置深度 5.75～33.3 m；标准段处钻孔灌注桩设置深度 0～25.61 m，止水帷幕设置深度 5.75～29.4 m。

③承压非完整井降水，使土体固结。

④分段、分层、分块开挖基坑，如图 4-1 所示为基坑开挖分块示意图，标准段开挖深度 16.31 m，端头井处开挖深度 17.19 m。

⑤基坑开挖至底部，施作底板，回筑基坑内部主体结构。

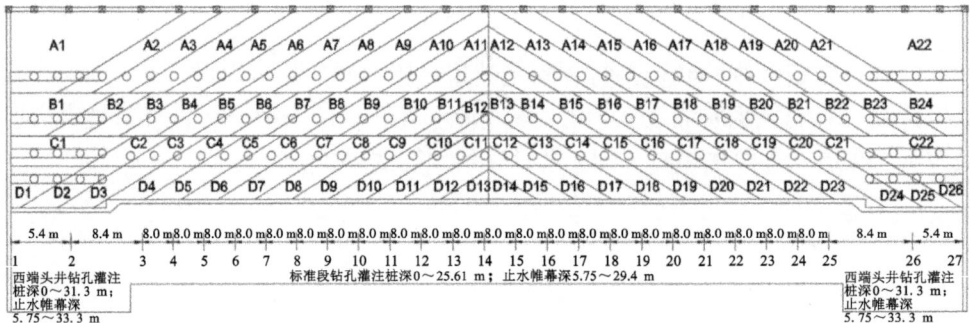

图 4-1　基坑开挖分块剖面图

在进行地基加固、施作旋喷桩与止水帷幕后，进行基坑开挖。开挖严格按照分层、分段进行，及时架设支撑，减少无支撑暴露时间。图 4-2 为现场施工图。

图 4-2　基坑开挖现场图

基坑从施作围护结构至回灌完成共 243 天，具体开挖进度如表 4-1 所示。

表 4-1　开源路站基坑施工进度

开挖进度	时间/天
施作钻孔灌注桩与止水帷幕	0~28
地基加固、降水作业	28~49
开挖至冠梁下 3 m	49~63
A1~A4、A19~A22 开挖，钢支撑架设	63~79
A5~A18 开挖，钢支撑架设	79~88
B1~B3、B22~B24 开挖，钢支撑架设	88~104
B4~B21 开挖，钢支撑架设	104~119
C1~C4、C19~C22 开挖，钢支撑架设	119~143
C5~18 开挖，钢支撑架设	143~159
D1~D3、D24~D26 端头井开挖到底，钢支撑换撑	159~177
D4~D23 开挖至底，开挖剩余土方	177~192
基坑封底，施作底板	192~243

4.1.2　现场监测点布置

为了保证基坑施工安全，需对施工中基坑变形状况进行监测，如围护结构水平位移、地表沉降、坑底隆起、地下水位、支撑轴力、立柱沉降等，基坑开挖监测度量单位及正负号规定如表 4-2 所示，图 4-3 为开源路站基坑施工降水、回灌井与监测点布置图。

表 4-2　基坑开坑监测度量单位与正负号规定表

监测项目	正负号	单位
围护结构水平位移	以向基坑内为正值，坑外为负值	mm
地表沉降	升为正值，降为负值	mm
坑底隆起	升为正值，降为负值	mm
地下水位	升为正值，降为负值	mm
支撑轴力	压力为正，拉力为负	kN

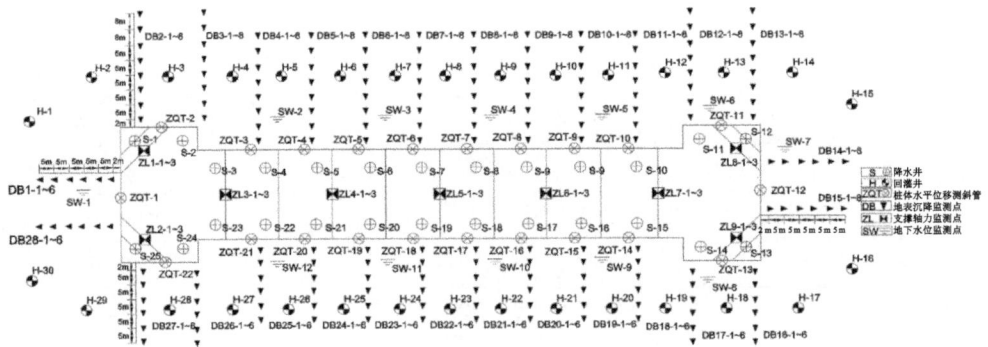

图 4-3　基坑施工降水、回灌井以及监测点布置图

由于施工环境复杂、工程控制因素过多，不能同时进行降水与回灌施工，因此开源路站基坑工程在主体施工完毕后进行回灌施工，采用基坑外群井回灌，主要用于保护地下水，将基坑内抽出的地下水回灌到地下含水层中，回灌井布置在基坑南、北两侧，各设置 15 口，间距 25 m，距离基坑围护结构 10~20 m。降水井、回灌井参数如表 4-3 所示，降水井、回灌井结构如图 4-4、图 4-5 所示。

表 4-3　降水井与回灌井参数表

类型	水井编号	数目/口	孔径/mm	井径/mm	井深/m	滤管埋深/m	备注
降水井	S1-25	25	500	250	22	15	基坑内部设置
回灌井	H1-30	30	600	273	12	8	基坑外部设置

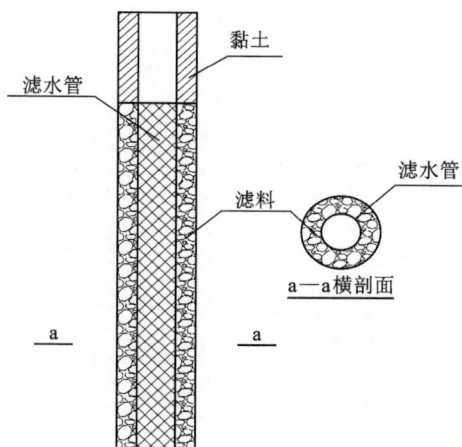

图 4-4　降水井井身结构示意图　　　　图 4-5　回灌井井身结构示意图

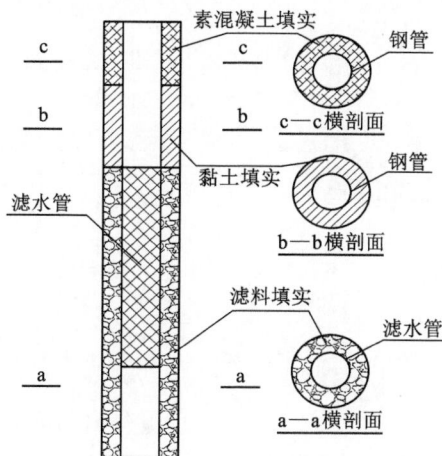

4.2　深基坑开挖降水回灌监测数据结果及分析

4.2.1　周边地表变形特征

基坑施工过程中地表沉降反映了土体的变形程度，合理控制地表沉降对基坑的安全施工起到至关重要的作用，因此需对开挖、降水、回灌导致的地表沉降进行监测与分析。

图 4-6 为基坑地表沉降监测点布置图。图 4-7 为 2019 年 1 月 19 日开挖至设计标高时不同点位基坑周边地表沉降变化图。由图 4-6、图 4-7 可知：

①位于基坑端头部分的 DB1、DB14、DB15、DB28 测点沉降值较小，且沉降速率较平缓，表明基坑开挖对端头沉降影响较小。

②在降水过程中，水压力逐渐减小，土体有效应力逐渐增大，土体排水固结压缩；地下水位的下降也会导致土体不透水层下沉，从而出现地表沉降。在回灌过程中，被回灌土层地下水位上升，水压力逐渐增大，使被回灌土层出现隆起变形，与上侧不透水层形成挤压力，挤压上侧不透水层，从而出现地表沉降减缓的变化情况。

③基坑周边土体沉降曲线为"凹"形沉降，在距基坑 10～20 m 处呈现凹槽。由于基坑进行了地基加固，所以在开挖过程中，周边土体沉降范围较小；在距离基坑较远处未加固区则呈现较大地表沉降，这表明基坑开挖也会导致地应力向基坑底部集中，带动土颗粒向基坑底部蠕动从而导致上、外部土体下沉。

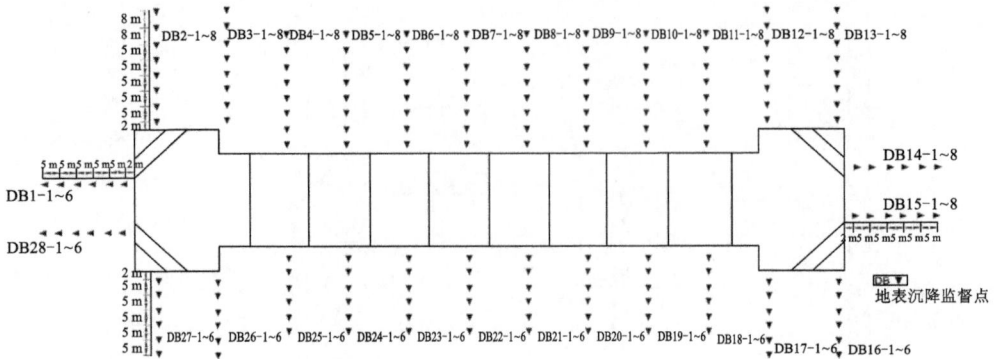

图 4-6　基坑地表沉降监测点布置图

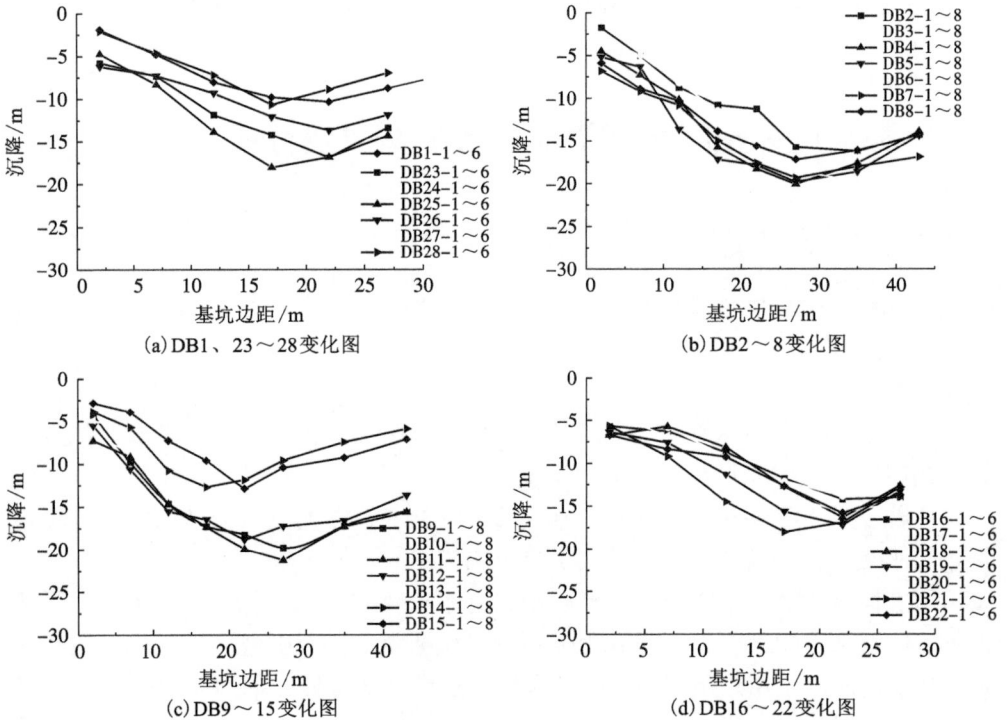

(a) DB1、23～28变化图

(b) DB2～8变化图

(c) DB9～15变化图

(d) DB16～22变化图

图 4-7　开挖至底时不同点位基坑周边地表沉降变化

　　图4-8为基坑周边地表沉降主要监测点布置图。随着基坑开挖深度的不断增加，地表沉降速率略微增大，因为土层开挖卸荷土体应力，周围土体受影响程度增大，但仍受围护结构的约束作用，所以沉降速率仍能控制在一定范围内。施

作底板完毕后停止施工,最大沉降值增至-24.1 mm,增幅占最大沉降值 32.4%。即使已停止施工和降水,结束对土体的人为扰动,但沉降值仍进一步增大,说明该情况为固结沉降所导致。因此,在基坑开挖过程中要着重关注土体的固结沉降过程,避免地表沉降过大。

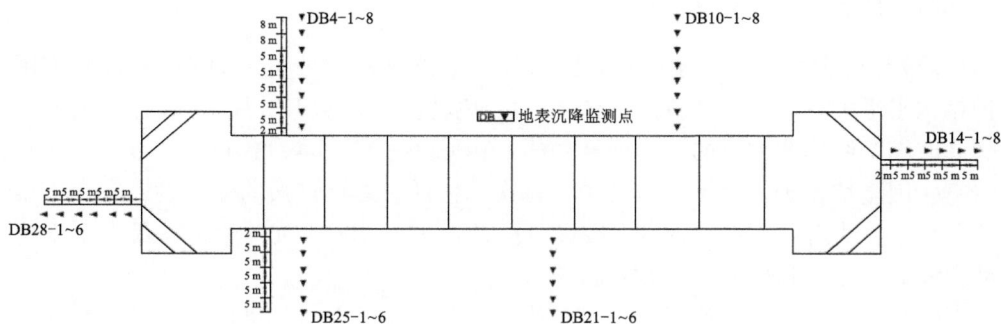

图 4-8　基坑地表沉降主要监测点布置图

　　选取基坑周边地表沉降主要监测点 DB4、DB10、DB14、DB21、DB25、DB28 作其随时间变化曲线,如图 4-9 所示。其中 DB14、DB28 为东、西端头井处地表沉降分析点;DB4、DB10、DB21、DB25 为基坑四个方向上的地表沉降分析点,均需重点分析。于 2019 年 2 月 20 日进行回灌施工后,地表沉降开始呈现明显抬升趋势,在沉降较大的点位抬升幅度较为明显,截至 2019 年 5 月 12 日,抬升至-20.9 mm,升幅约 13.3%。每日回灌量能一定程度上恢复地下水在基坑开挖区域的渗流,抬升地下水位,进而影响土体的固结作用,说明回灌对地表沉降具有控制效果。

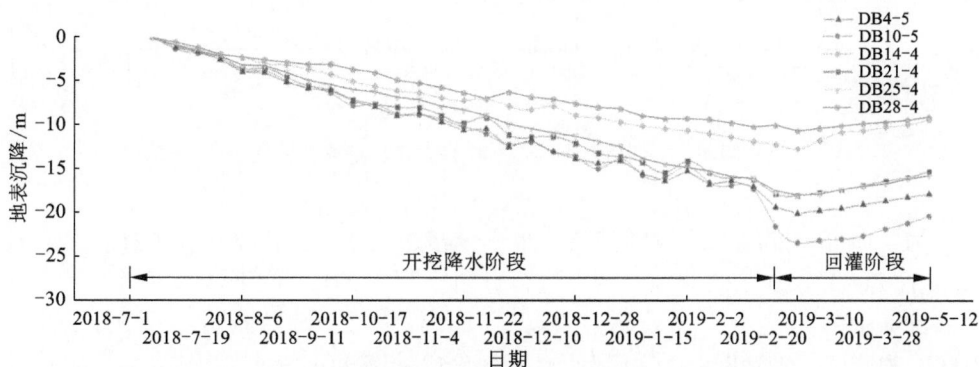

图 4-9　基坑周边地表沉降主要监测点随时间变化图

距离基坑围护结构较近处土体为加固区，早期加固导致土体固结较好，具有良好密实度，受渗流影响较小，在降水/回灌过程中沉降较小，变形值约为非加固区的 48.6%，则在基坑开挖前可对更大范围进行土体加固，以期最大程度减小地表沉降。

4.2.2 围护结构水平位移

对开挖、降水、回灌导致的围护结构水平位移进行分析。图 4-10 为基坑围护结构水平位移监测点布置图。图 4-11 为基坑于 2019 年 1 月 19 日开挖至设计标高时围护结构各测点的水平位移曲线。由图 4-10、图 4-11 可知：

①因基坑位于富水承压地层中，属软土地质，具有较强的蠕变性，易产生不均匀位移，从而导致差异形变，在设计开挖深度的 70%～90% 处出现最大水平位移，较中、硬土地质更靠近开挖面。

②处于基坑端头井位置的围护结构水平位移小于基坑标准段围护结构水平位移。从上部至底部，水平位移变大再变小，呈"两头小，中间鼓"的形状；变形曲线在钢支撑架设位置出现突变，在支撑点处最大水平位移不超过 15 mm，远小于 30 mm 的控制值，为该轴最大水平位移的 40%～60%，差异较大；一般硬土地层基坑工程围护结构在支撑架设处水平能位移为 55%～80%，具有较小差异，说明钢支撑相对其他硬土地质，在软土地质条件下能更好的限制围护结构水平位移的进一步变形。

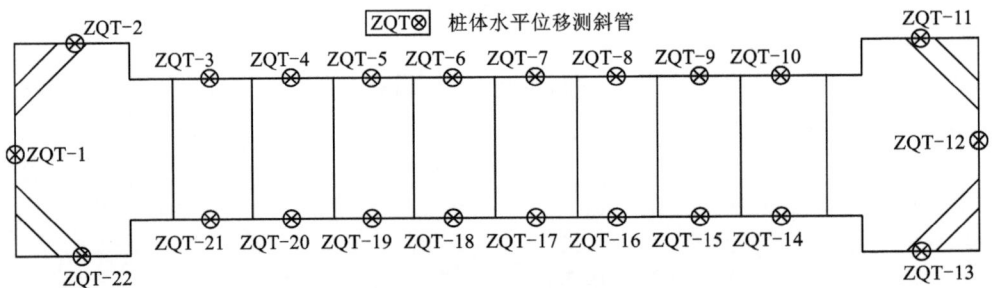

图 4-10 基坑围护结构水平位移监测点布置图

为了研究不同施工阶段围护结构水平位移的变化，选取 ZQT1、ZQT5、ZQT7、ZQT15、ZQT19、ZQT20 共 6 个测点进行分析。其中 ZQT1 位于端头井处，其变形趋势和数值与其他端头井处测点相似，具有代表性，选取其进行分析；ZQT5、ZQT7、ZQT15、ZQT19、ZQT20 测点在 −8～−12 m 深度处围护结构的水平位移较大，需重点关注。选取的测点位置如图 4-12 所示。

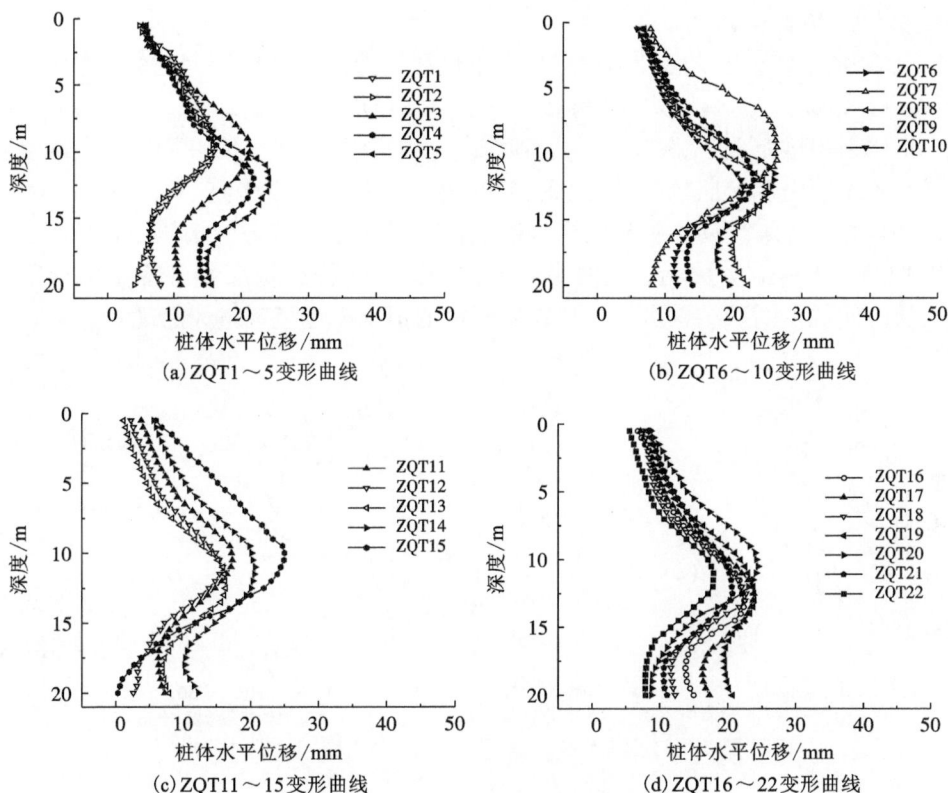

（a）ZQT1～5变形曲线　　　（b）ZQT6～10变形曲线

（c）ZQT11～15变形曲线　　　（d）ZQT16～22变形曲线

图 4-11　基坑开挖至底时各监测点的水平位移曲线

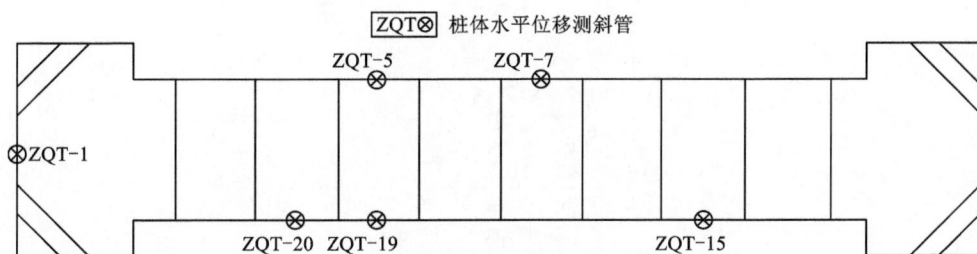

图 4-12　围护结构水平位移主要监测点布置图

上述测点在开挖的三个阶段的变化曲线如图 4-13 所示，分析其围护结构随时间的变化规律，由图可知：

①在开挖第一层阶段，围护结构主要变形由开挖引起，ZQT7 水平增量为21.4 mm，占最终水平位移的 78.9%，高度处于开挖面上部 2 m，这主要是由于在

开挖初始阶段，支护结构架设不及时，使水平位移迅速增加，在架设钢支撑后水平位移开始恢复至 17.6 mm。

②在坑底靠近开挖面处围护结构水平位移变形速率呈现增大趋势，挤压坑内土体，形成内挤、上凸形式的"踢脚"工况。在开挖第一层阶段，由于降水过程较短，土体未固结充分，"踢脚"工况不明显；在开挖第二层、第三层阶段，降水施工较为充分，出现了比较明显的"踢脚"工况，最大水平位移为 19%~23%。由于持续不断的降水，带动土颗粒涌出，并在后续回灌施工带来的水压力作用下，致使开挖面下土体应力失衡，坑内底部土体隆起，围护结构底端外部土向内部挤压，从而使坑下围护结构水平位移在未开挖的情况下也呈现增大的现象。

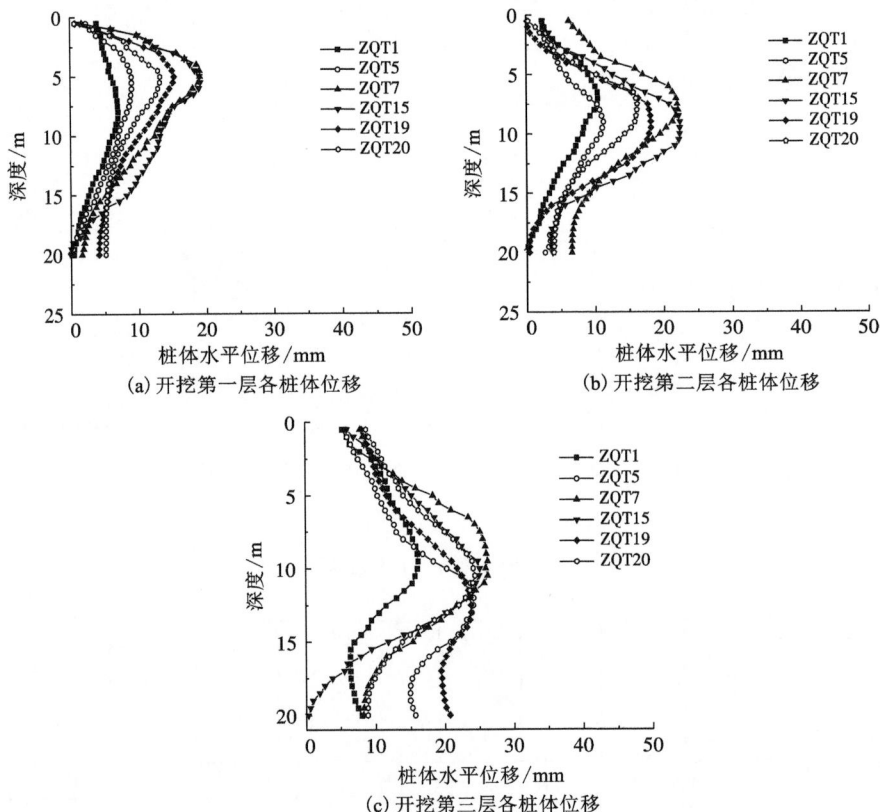

(a) 开挖第一层各桩体位移

(b) 开挖第二层各桩体位移

(c) 开挖第三层各桩体位移

图 4-13 基坑开挖三阶段各主要测点桩体水平位移

4.2.3 基坑支撑轴力分析

基坑施工过程中支撑轴力反映了围护结构的位移情况，掌握了支撑轴力就可以更好的掌握围护结构的变形情况，从而确保基坑施工的安全性，因此需对开挖、降水、回灌导致的支撑轴力变化进行监测与分析。

图 4-14 为基坑支撑轴力监测点布置图，图中 ZL1-1～3 为 1 号轴第一道支撑～第三道支撑测点。图 4-15 为基坑在不同开挖阶段的各支撑轴力变化图。

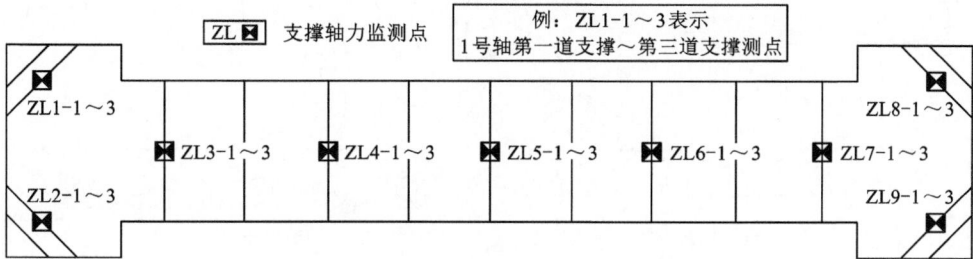

图 4-14　基坑支撑轴力监测点布置图

依据其他基坑工程经验，硬土地层基坑的上部支撑轴力与下部支撑轴力相差较小；为了更好地限制围护结构的变形，软土地层基坑轴力数值要更为明显，开源路站富水承压软土地层基坑上部支撑与下部支撑轴力相差较大，最大差值约为 1000 kN，且最大支撑轴力大于 1500 kN，因此在富水承压软土地层中，土体更易产生形变。

第二层土方开挖完毕时，上部钢支撑轴力大于该点位下部钢支撑轴力，基坑标准段支撑轴力大于端头井处轴力，轴力变化趋势与围护结构水平位移变化趋势相同。

基坑各处轴力变化趋势与基坑土方开挖的顺序相关。前已说明基坑开挖顺序为先开挖两处端头井部分，待架设好支撑后，再开挖标准段土方。则在图 4-15 开挖第一层土方中，开挖端头井但暂未开挖标准段时，基坑端头井处支撑轴力呈现较大值，并在开挖标准段期间呈现轴力增大的情况；在标准段不断开挖、架设支撑施工后，端头井轴力逐渐下降，最后趋于稳定。第二、第三层土方开挖也类似。

各支撑测点监测数据显示，在基坑开挖与支撑架设过程中各支撑轴力的变化趋势相同，因此选取轴力最大的 ZL6 测点处的三道支撑竖向的支撑轴力进行分析。其测点位如图 4-16 所示，其轴力变化如图 4-17 所示。架设第一道支撑的初始值为 480 kN，在基坑开挖及降水施工的过程中，土体卸荷导致土压力失衡，围护结构两侧土压力不均，从而向基坑内部形变，致使支撑轴力逐渐增至 927 kN；基坑架设第二道支撑后，第二道支撑分担了第一道支撑承受的部分土侧压力，导致第一道支撑轴力逐渐下降至 861 kN；开挖过程中，第一道支撑轴力逐渐趋于平稳，第二道支撑轴力逐渐增大；在开挖至基坑底部、架设第三道支撑后，第二道

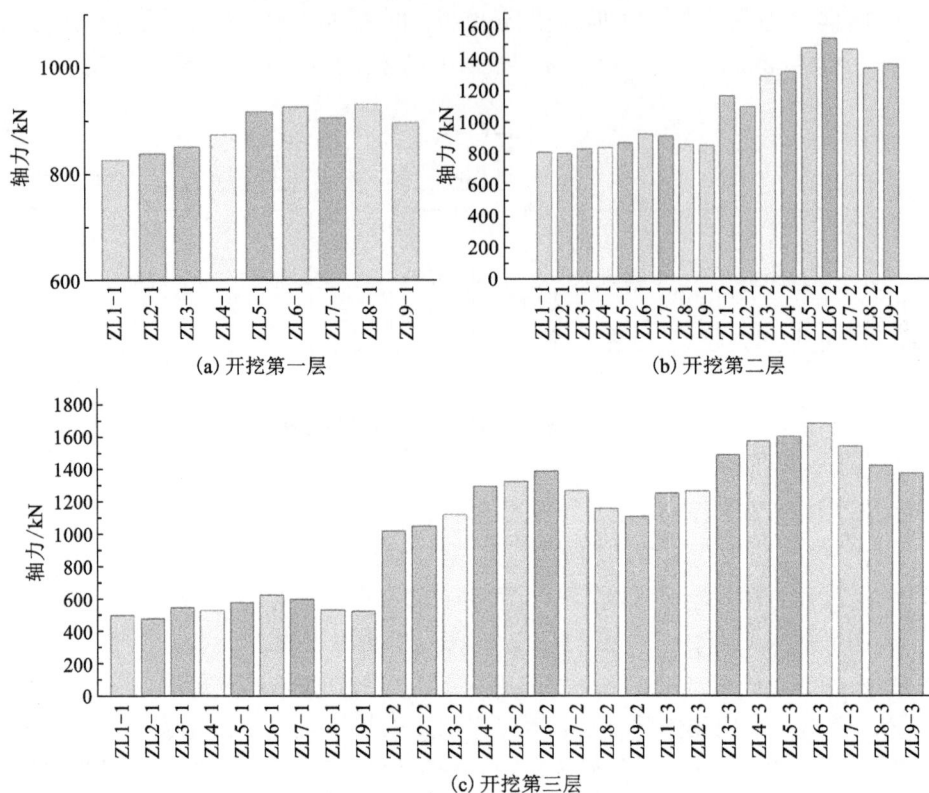

(a) 开挖第一层

(b) 开挖第二层

(c) 开挖第三层

图 4-15 基坑开挖三阶段支撑轴力

支撑轴力达到最大值 1562 kN 并处于缓慢下降的稳定趋势；第三道支撑在架设之后逐渐增大至 1685 kN 才趋于稳定，这是由于降水、回灌施工过程中地下水渗流使土体应力向基坑底部集中，从而导致上部支撑轴力逐渐减小、下部支撑轴力逐渐增大的情况，形成类似"踢脚"的不利工况。

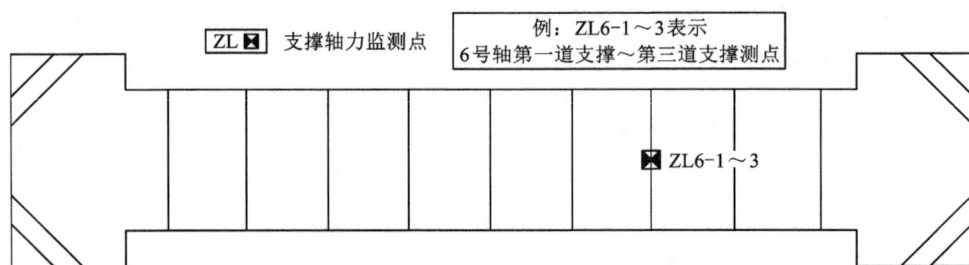

ZL☒ 支撑轴力监测点

例：ZL6-1～3表示
6号轴第一道支撑～第三道支撑测点

☒ ZL6-1～3

图 4-16 ZL6 支撑轴力监测点布置图

通过图 4-17 轴力变化可知，随着基坑的不断开挖，围护结构呈现出整体向外移动的趋势，同时上侧围护结构向基坑外侧转动，下侧围护结构向内侧转动，从而出现三道支撑轴力先增大后减小，最后趋于稳定的现象。

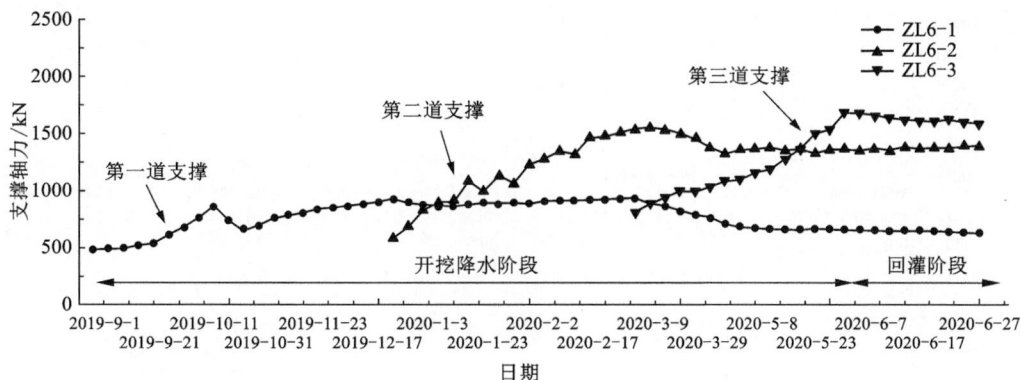

图 4-17　ZL6 点位不同层支撑(ZL6-1、ZL6-2、ZL6-3)轴力随时间变化曲线

4.2.4　地下水位变化规律

基坑施工过程中地下水位反映了地下水渗流情况，地下水渗流的变化不仅代表着地下水压力的变化，也反映基坑开挖降水对地下水的破坏程度和回灌对地下水的恢复程度。出于泉城济南对地下水保护的要求，需对开挖、降水、回灌导致的地下水位变化进行监测与分析。

图 4-18 为基坑地下水位监测点布置图。图 4-19 为基坑施工过程中回灌导致地下水位变化曲线图。由图 4-18、图 4-19 可知：

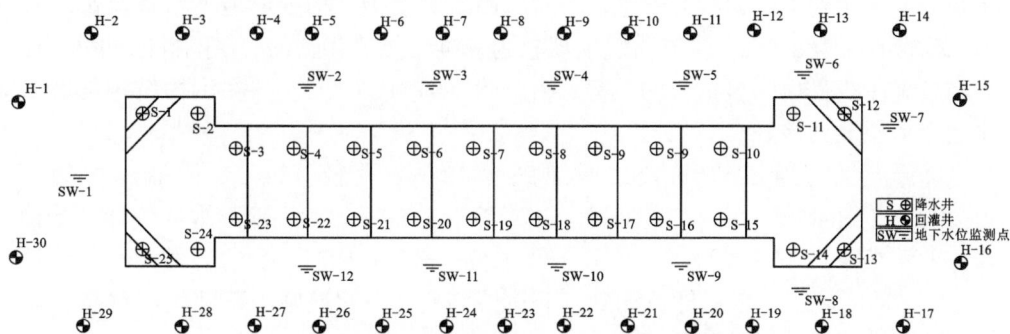

图 4-18　基坑地下水位监测点布置图

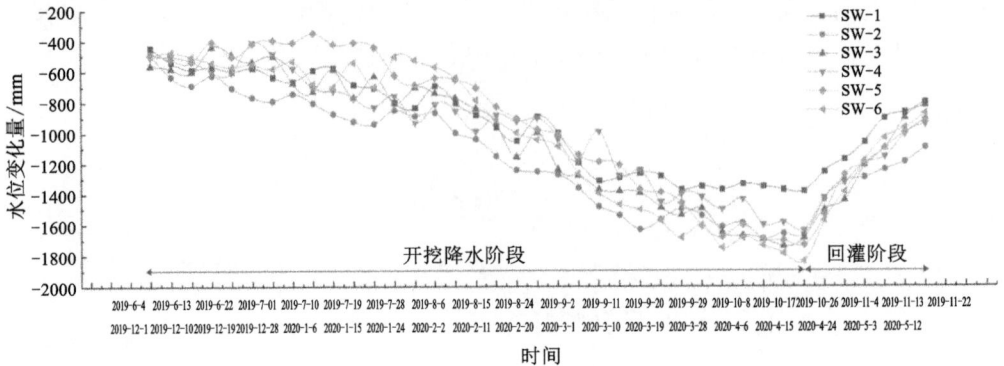

(a) SW-1~6变化曲线

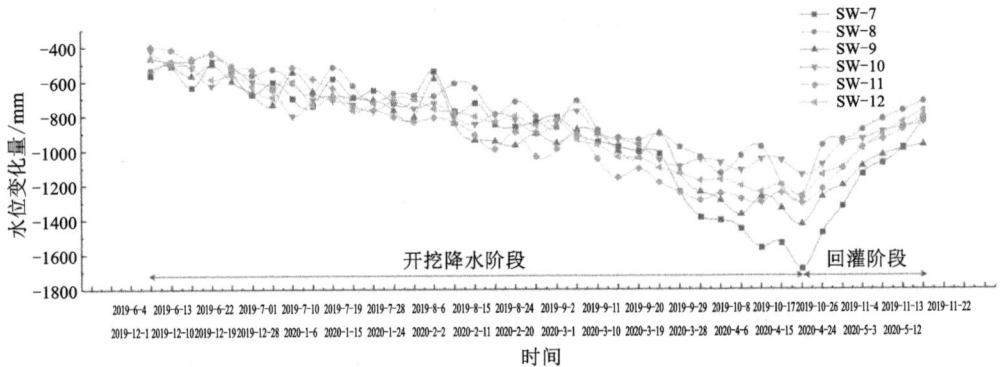

(b) SW-7~12变化曲线

图 4-19 基坑开挖阶段各监测点的地下水位曲线

①由于受到回灌施工的影响，地下水出现抬升曲线。在围护结构内，由于回灌井深度未达到围护结构底部灌注深度，回灌对围护结构内部地下水渗流影响较小，影响值约为 8.9%，渗流曲线呈现较为标准的抬升渗流线；在围护结构外，地下水渗流曲线呈现明显抬升的趋势，抬升幅度约为 37.2%，并在围护结构与回灌井之间呈现最大抬升。

②回灌量约为 62.5 m³/h，回灌深度 12 m，孔径 0.6 m，回灌压力约为391.9 kPa(约 40 m 水头)，监测显示在回灌施工 24 h 之后，地下水水位即开始抬升，截至 5 月 12 日，监测点 SW-6 最终水位抬升至 -819 mm，约为最大水位降深46.9%。回灌施工 1 天后即监测到地表沉降减小，在回灌施工下地表沉降变化趋势与地下水位变化趋势相同。

图 4-20 为基坑地下水主要监测点布置图。图 4-21 为基坑地下水主要监测点随时间变化曲线。选取 SW-4、SW-5、SW-6、SW-7、SW-11、SW-12 监测点

进行分析。其中 SW-7 监测点用于分析端头井处水位变化情况；SW-4、SW-5、SW-6、SW-11、SW-12 监测点用于分析基坑东北处与西南处水位变化情况。在基坑开挖过程中，为保证地下水在开挖标高以下，以防地下水突涌，则需多点同时不断降水施工作业。基坑西南端有多建筑群，土体前期经过加固，土体固结良好；基坑东北部处于尚未开发状态，人为扰动较小，土体处于自然固结状态，密实性较差。在降水作用的影响下，西南部地下水相对北部受扰动影响较小，地下水水位的变化量较小；在回灌作用的影响下，西南部土体地下水变化也较小，渗流状态较稳定。

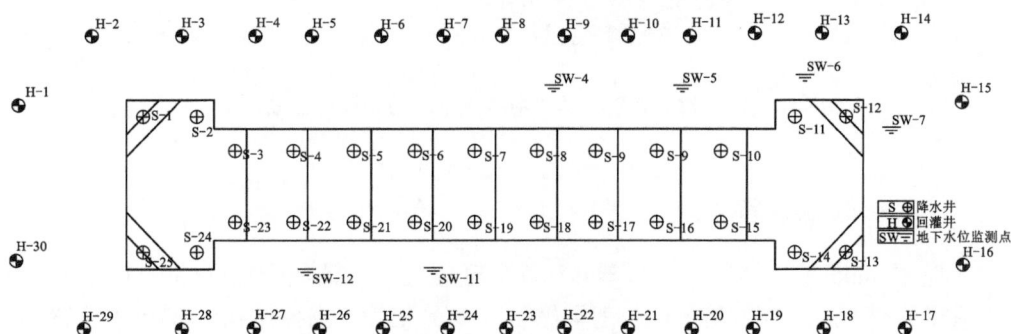

图 4-20　基坑地下水位主要监测点布置图

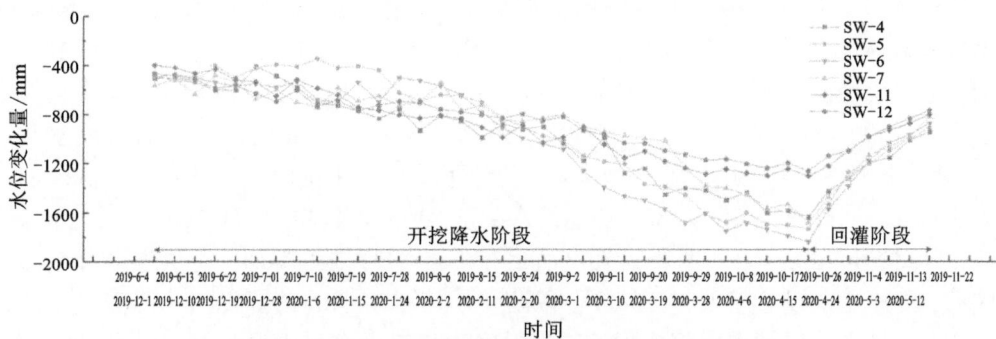

图 4-21　基坑地下水主要监测点随时间变化曲线

4.3　基坑施工效应有限元分析与验证

选取基坑与周边地表有限元分析结果的中轴剪切面进行观察，以便分析基坑开挖过程中周边地表沉降与地下水渗流变化情况，如图 4-22 所示。

图 4-22　有限元模拟中基坑中轴剪切面示意图

4.3.1　有限元建模

应用 midas GTS NX 软件对车站深基坑建立三维渗流应力耦合的有限元模型，在有限元模型中，深基坑开挖、钢支撑与冠梁的架设、围护结构与底板的设置均通过钝化/激活网格组实现。其中土体采用三维实体单元，围护结构、止水帷幕与底板采用二维析取单元，冠梁、钢支撑采用一维梁单元，降水井与回灌井采用一维显示单元进行模拟。土体选用修正莫尔-库仑（Mohr-Coulomb Model）本构，模型参数选用地质勘查报告与土工实验所得参数。基于基坑开挖与降水影响范围，土体模型设置为 440 m×260 m×60 m，单元数 94617 个，节点数 65624 个。模型边界条件四周与底部设置固定约束，距地表面-19.6 m 处设置初始渗流水头（总水头值约 31 m），后设置逐级降水，使地下承压水头随时间变化：第 0~30 天，水头从 31 m 降至 23 m；第 30~70 天，水头从 23 m 降至 17 m；第 70~90 天，水头从 17 m 降至 13 m，并一直保持在基坑底部。与实际施工类似，每次逐级降水完成后，承压水头设置于开挖面以下，以防止承压水突涌的情况发生。回灌施工步采用节点水头，回灌点依据实际施工情况经过计算后在坑周设置 30 口回灌井，回灌井位置如图 4-23 红线所示。回灌点处设置正值总水头用以模拟回灌过程。有限元分析施工步设置如表 4-4 所示。

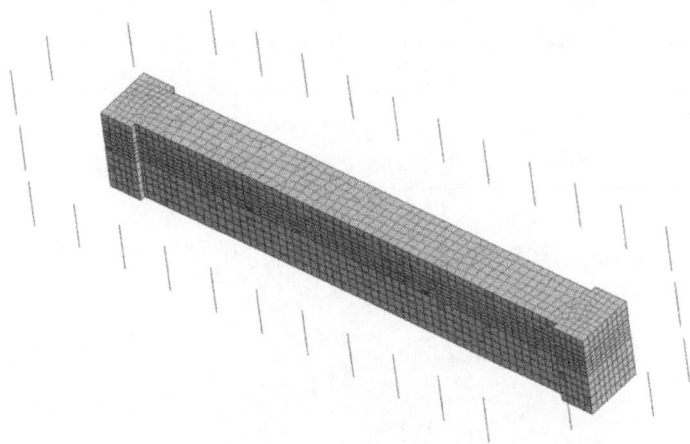

图 4-23　回灌井设置图

表 4-4　施工步设置

步数	工况
阶段 1	设置初始渗流状态与初始应力分析
阶段 2	设置围护结构、止水帷幕，进行地基加固
阶段 3	分析、设置围护结构后渗流状态
阶段 4	冠梁架设
阶段 5	坑内第一次降水（-9.4 m）
阶段 6	第一层土方开挖（-7.65 m）
阶段 7	第一道钢支撑架设
阶段 8	分析开挖第一层后渗流状态
阶段 9	坑内第二次降水（-14.3 m）
阶段 10	第二层土方开挖（-12.65 m）
阶段 11	第二道钢支撑架设
阶段 12	分析开挖第二层后渗流状态
阶段 13	坑内第三次降水（-19.6 m）
阶段 14	第三层土方开挖至底（-16 m）
阶段 15	标准段第三道钢支撑、端头井第四道钢支撑架设
阶段 16	施作底板
阶段 17	分析开挖第三层后渗流状态

步数	工况
阶段 18	回灌
阶段 19	分析回灌后基坑与周边土体应力状态

由此建立的有限元计算模型如图 4-24 所示,围护结构单元如图 4-25 所示。

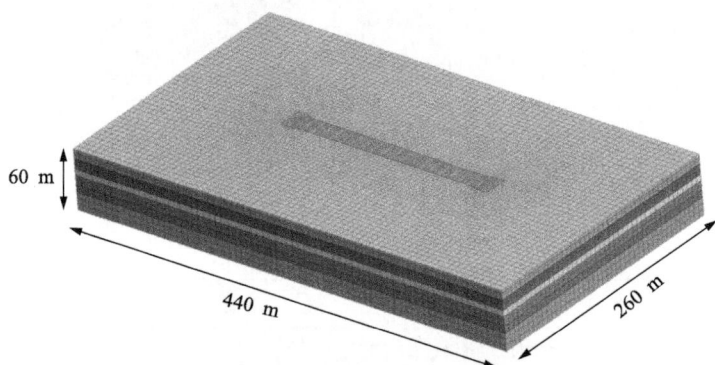

图 4-24 有限元计算模型

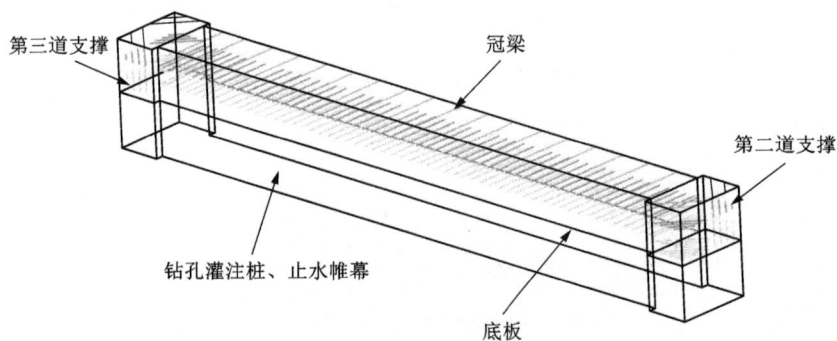

图 4-25 围护结构单元

4.3.2 基坑周边地表沉降变化

基坑开挖时主要施工阶段的地表沉降云图如图 4-26 所示。基坑设置止水帷幕时[图 4-26(a)],对周围土体产生挤压作用,从而产生预应力导致周围土体产生微小位移(最大位移为 1.78 mm);开挖第一层土方时[图 4-26(b)],基坑开挖深度 7.65 m,此时基坑周边出现较大沉降,最大沉降为 -15.3 mm,坑底隆起约

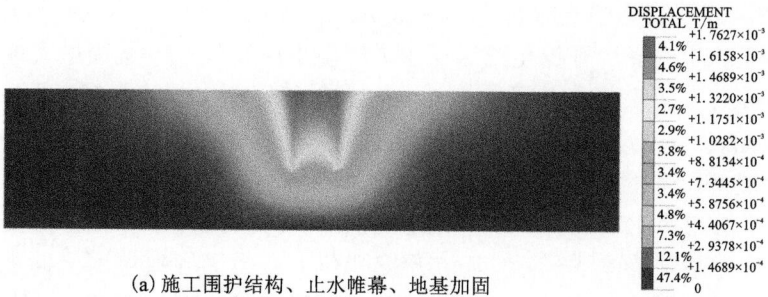

(a) 施工围护结构、止水帷幕、地基加固

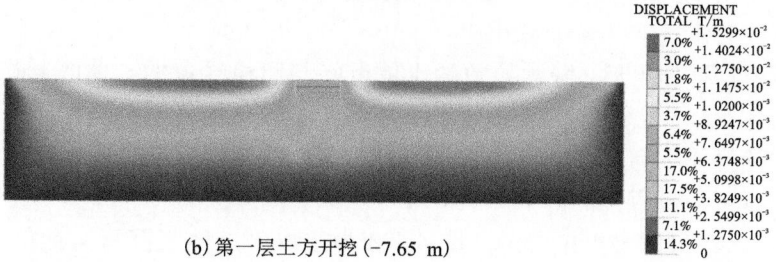

(b) 第一层土方开挖 (-7.65 m)

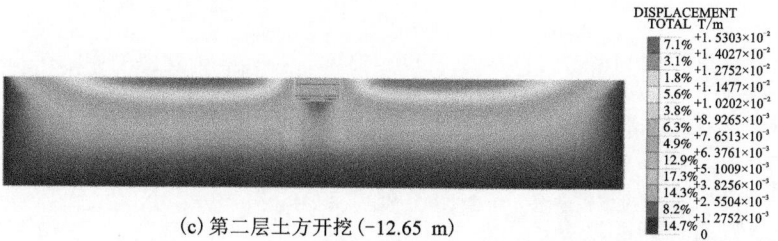

(c) 第二层土方开挖 (-12.65 m)

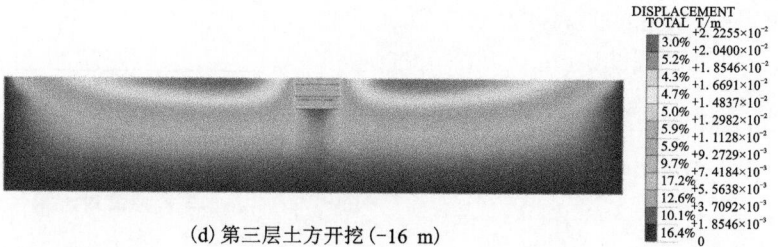

(d) 第三层土方开挖 (-16 m)

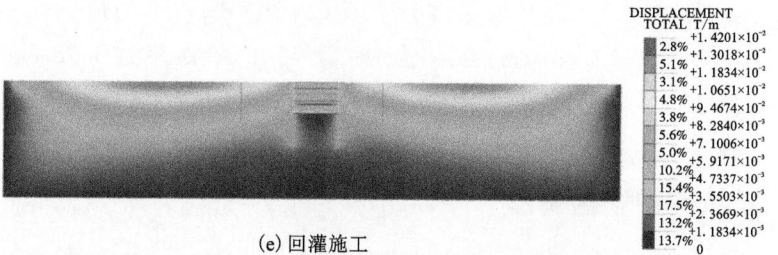

(e) 回灌施工

图 4-26　基坑施工主要阶段地表沉降云图

10.01 mm。开挖第二层土方时[图4-26(c)]，最大沉降变化不大，但坑底隆起值开始减小至5.10 mm。开挖至第三层土方时[图4-26(d)]，坑周最大地表沉降增至-22.3 mm，坑底隆起幅度约为3.71 mm。进行回灌作业施工时[图4-26(e)]，坑周最大地表沉降恢复至-14.2 mm，坑底隆起增至4.73 mm。

与一般基坑开挖的坑底隆起持续性增大不同，开源路站基坑地下承压水位较高，地下水渗流作用较强，在开挖的过程中由于持续的降水作用，坑底土固结压缩，从而导致基坑整体下沉；但基坑开挖卸荷土压力又导致坑底土向上隆起，从而使坑底土出现沉降与隆起叠加的现象，实际隆起值小于沉降值，最终导致坑底土的位移随着基坑的开挖而减小。

在进行回灌施工后，降水导致的土体沉降与回灌导致的土体隆起产生耦合，使周边土体沉降显著减小，其恢复幅度为8.1 mm；但由于围护结构作用，对坑底土沉降的抬升作用有限，抬升幅度为1.02 mm。显然，回灌施工对减缓坑周沉降的作用是具有积极意义的。

图4-27为选取测点位置图。图4-28为选取测点地表沉降实测值与模拟值对比图。

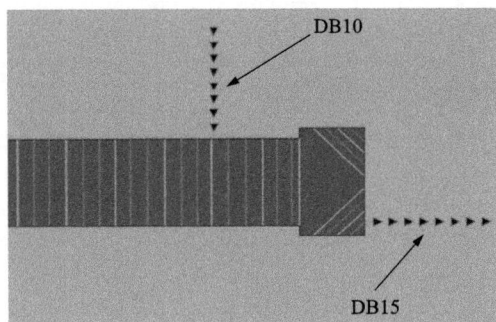

图4-27 选取测点位置图

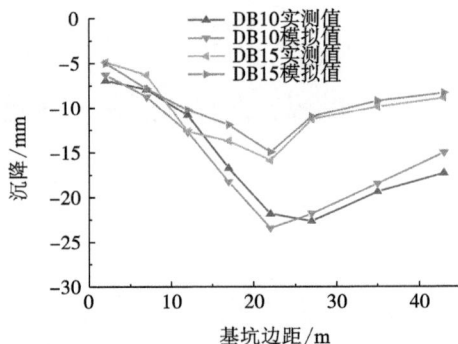

图4-28 选取测点地表沉降实测值
与模拟值对比图

在地表沉降方面：选取开挖至底时DB10、DB15测点模拟值与实测值对比。DB10测点模拟值为-22.64 mm，实测值为-23.42 mm，误差为0.78 mm，误差占比3.3%；DB15测点模拟值为-14.94 mm，实测值为-15.88 mm，误差为0.94 mm，误差占比5.9%。

4.3.3　基坑围护结构变形

图4-29为基坑开挖时各施工步的围护结构在X方向与Y方向的水平位移云图。与一般地下水渗流较少的基坑不同，开源路站基坑土质较松软，易受外部作

用力影响。在开挖的过程中,最大水平位移点往往出现在开挖深度的 80%～90% 处;并随着开挖深度的增加,最大水平位移点逐渐向坑底移动,围护结构上部位移逐渐减小,下部位移增大并向坑内移动,呈现"内卷"的"踢脚"工况,挤压坑内土。在回灌施工后,回灌区对围护结构的影响,导致最大水平位移进一步向下移动,在施作底板后围护结构水平位移有所减缓。

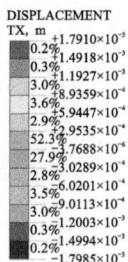

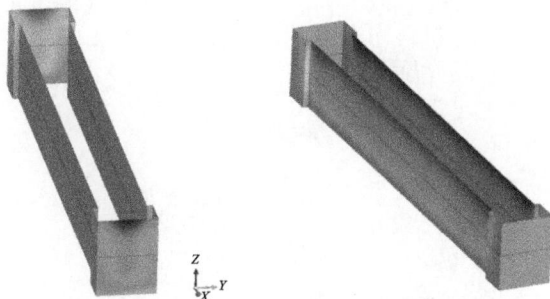

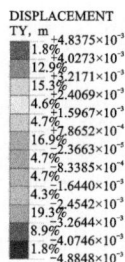

(a) 施工围护结构、止水帷幕、地基加固

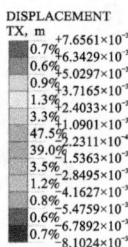

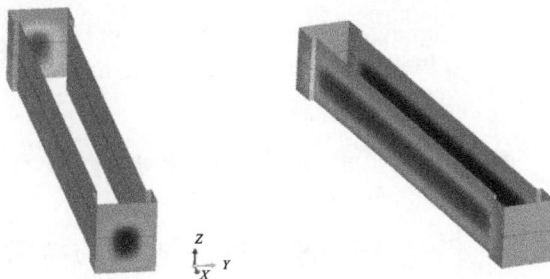

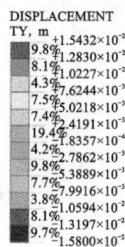

(b) 第一层土方开挖 (-7.65 m)

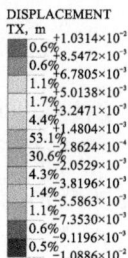

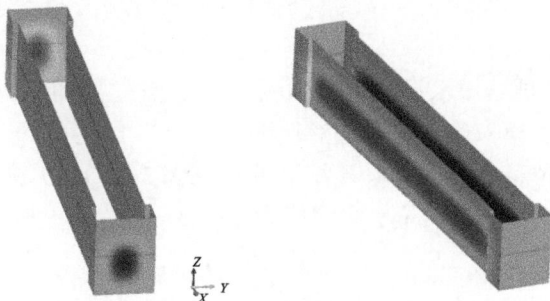

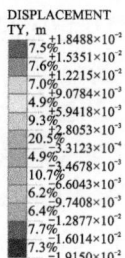

(c) 第二层土方开挖 (-12.65 m)

(d) 第三层土方开挖 (-16 m)

(e) 回灌施工

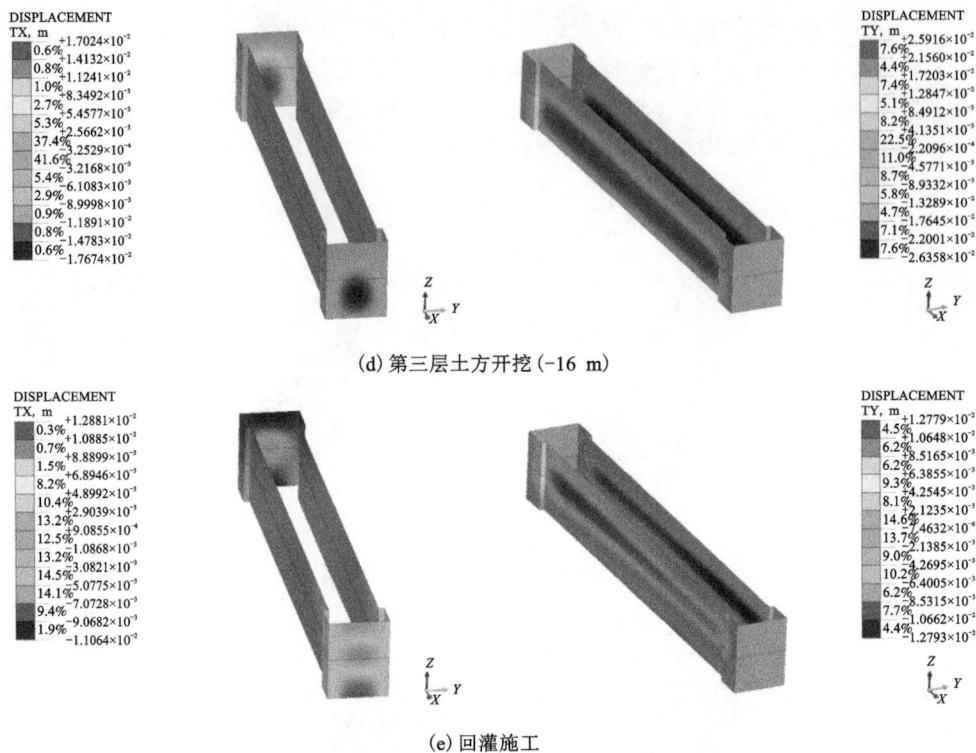

图 4-29　围护结构在 X、Y 方向的水平位移云图

通过对开源路站富水承压基坑开挖、降水、回灌过程的有限元计算结果分析得到：对于地下水渗流较丰富的软土地层，在施工前期应对土体进行充分的土体加固，在降水过程中应留有一定时间使土体充分固结；在施工监测方面应注意监测开挖面附近的围护结构水平位移与基坑底部的隆起，及时架设支撑，避免土体变形过大。

图 4-30 为围护结构水平位移选取模拟值测点位置图。图 4-31 为围护结构水平位移选取测点模拟值与实测值对比图。

在最大水平位移方面：选取开挖至底时 ZQT7、ZQT15 桩模拟值与实测值对比。ZQT7 模拟值为 23.78 mm，实测值为 26.23 mm，误差为 2.45 mm，误差占比 9.3%；ZQT15 模拟值为 22.36 mm，实测值为 25.03 mm，误差为 2.67 mm，误差占比 10.6%。

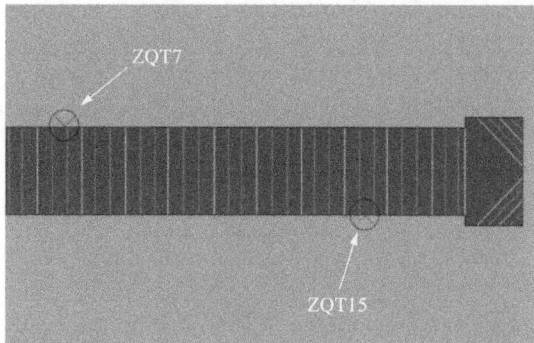

图 4-30　选取模拟值测点位置图

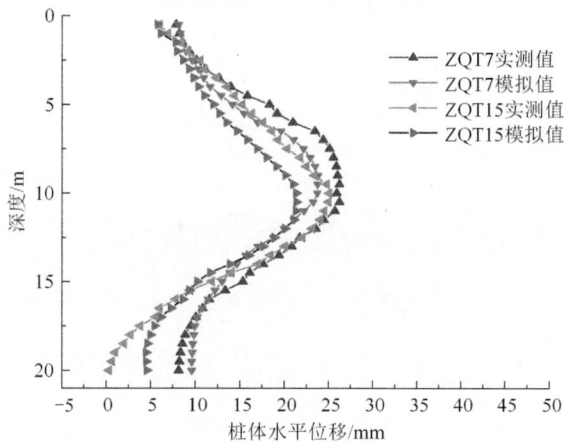

图 4-31　选取测点模拟值与实测值对比图

4.3.4　地下水渗流变化

图 4-32 为基坑开挖各降水阶段与回灌施工地下水渗流状态云图。图 4-33 为降水作用渗流路径云图。图 4-34 为回灌渗流路径云图。降水导致的降深曲线可外延至基坑外约 80 m，降深曲线内水压力呈梯度式下降趋势，随着基坑开挖深度的增加与持续的降水，水头差进一步增大，水力坡度增大，形成漏斗形的降深，其降深曲线与基坑周边降水导致的地表固结沉降线相吻合。在进行回灌施工后，降水—回灌产生的渗流曲线耦合，使地下水头在基坑从内到外出现减小→增大→减小的数值，其数值与降水导致的地表沉降和回灌导致的土体隆起共同作用下的数值相吻合，说明基坑的地表沉降与隆起是降水与回灌共同作用的结果。由于围

护结构具有止水作用，则在降水—回灌形成水头差的共同作用下，围护结构底部受到向内的渗透力，从而在底部产生较大的位移形变。

降水与回灌在施工中能控制地表沉降与地下水的渗流情况，但其对围护结构也具有一定危害，因此在实际施工中应严格控制降水量与回灌压力，避免围护结构产生过大的位移。

(a) 坑内第一次降水

(b) 坑内第二次降水

(c) 坑内第三次降水

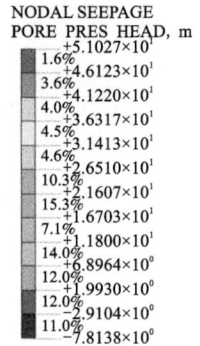

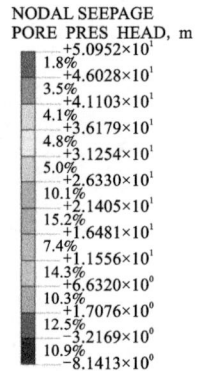

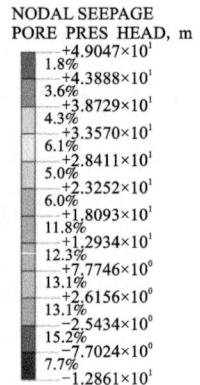

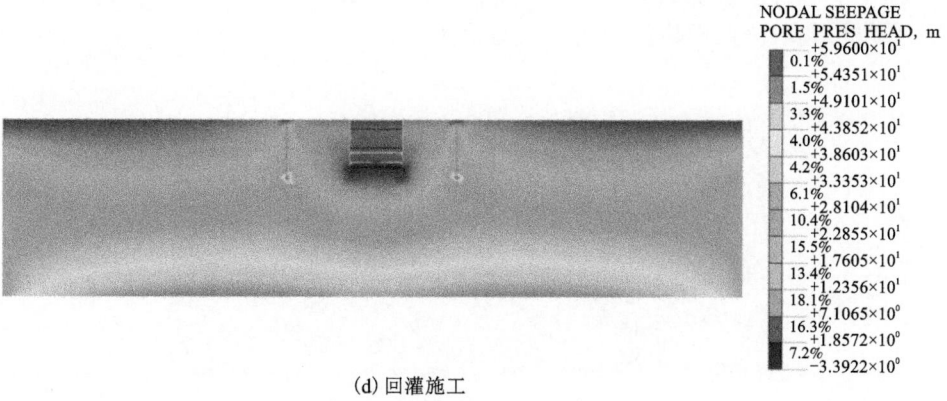

(d) 回灌施工

图4-32　各降水阶段与回灌施工地下水渗流状态云图

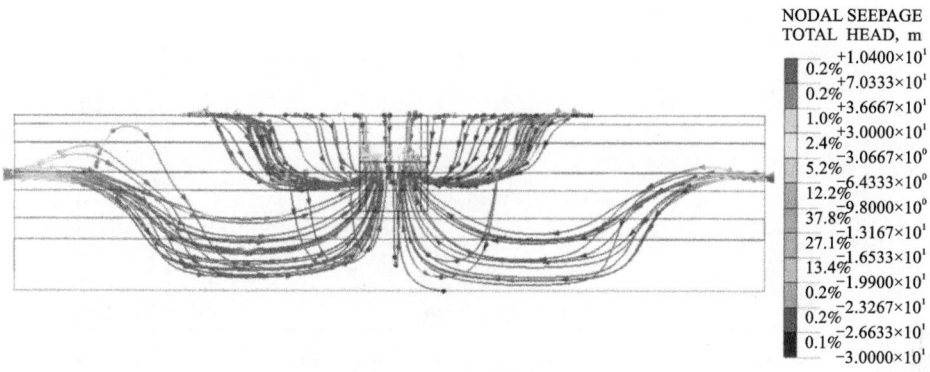

图4-33　降水作用渗流路径云图

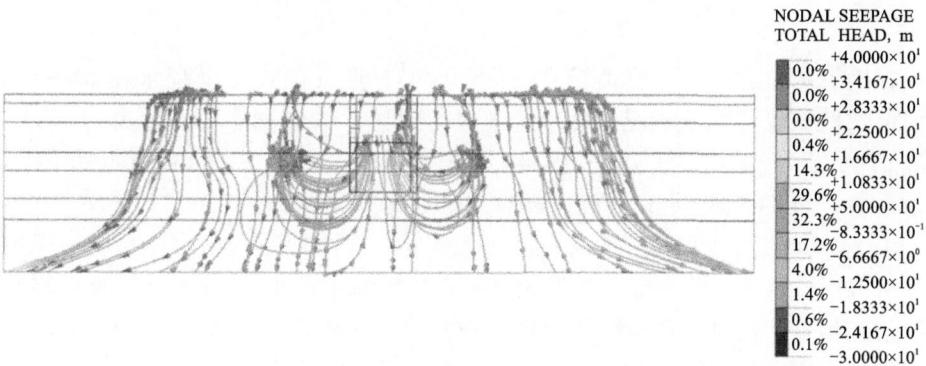

图4-34　回灌渗流路径云图

图 4-35 为围护结构水平位移被选取模拟值测点位置图。图 4-36 为围护结构水平位移选取测点模拟值与实测值对比图。

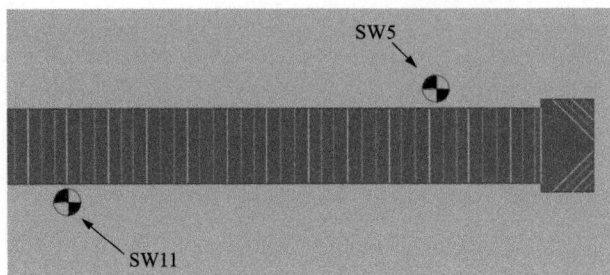

图 4-35　选取模拟值测点位置图

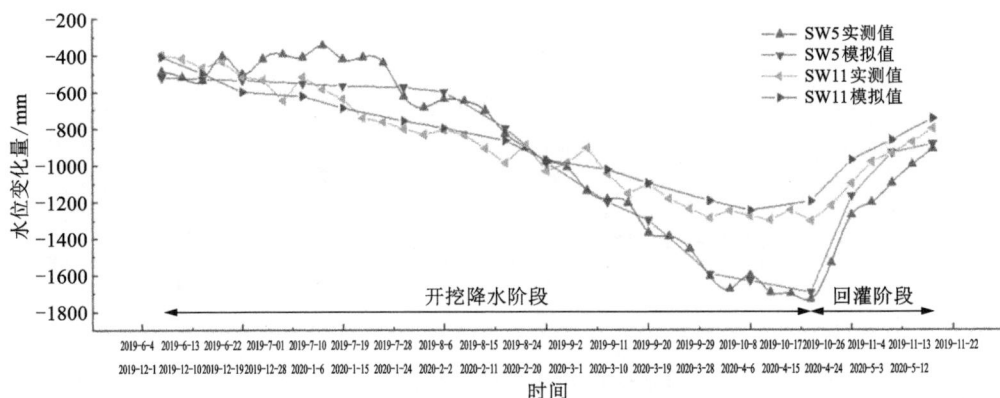

图 4-36　选取测点模拟值与实测值对比图

在地下水位方面：实测值选取 SW5、SW11 测点在施工全程水位监测数据，模拟值选取该点各工况情况下的水位值进行对比。SW5 测点模拟值为 -1694 mm，实测值为 -1732 mm，误差为 38 mm，误差占比 2.1%；SW11 测点模拟值为 -1246 mm，实测值为 -1302 mm，误差为 56 mm，误差占比 4.3%。

由上述模拟值与实测值的对比图可以看出，在围护结构的水平位移、周边土体的沉降、与地下水位方面，有限元分析在计算精度与变形趋势上都能较好地与实测值相拟合，验证了采用数值模拟分析富水承压深基坑的开挖-降水-回灌过程的可靠性。

4.4　不同回灌参数的施工效应分析

基坑回灌施工会涉及 5 项重要施工指标：①坑周地表沉降；②地下水渗流的恢复；③施工影响的区域半径；④围护结构的变形；⑤施工的难易度。下面将以上述 5 项指标作为研究对象，依据有限元分析结果与《工程建设地下水控制技术规范》，主要回灌参数为：①回灌深度；②回灌压力；③回灌间距；④回灌距离。依据相应基坑回灌设计规范初步设计出 5 个方案的有限元分析参数，主要参数如表 4-5 所示，回灌方案设置示意图如图 4-37 所示。

表 4-5　有限元分析回灌方案

方案	回灌深度/m	回灌距离/m	回灌间距/m	回灌压力/kPa
方案一	−10	12	10	10
方案二	−20	20	20	20
方案三	−30	40	30	30
方案四	−40	60	40	40
方案五	−50	80	50	50

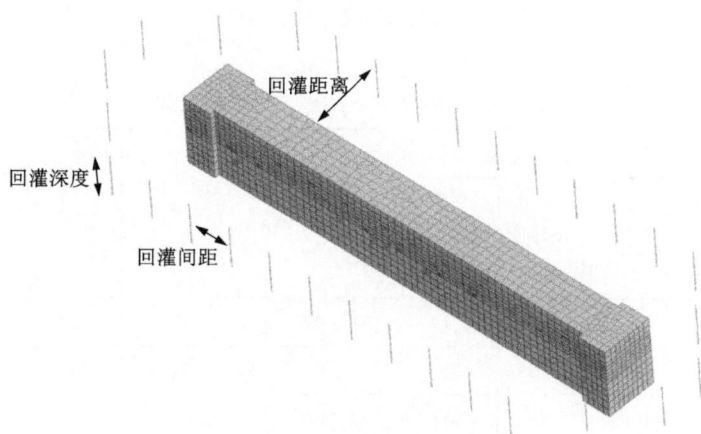

图 4-37　回灌方案设置示意图

将上述 5 个初步设计方案代入已验证可靠性的 Midas GTS NX 模型中，在各方案不同参数的影响下，基坑的回灌施工涉及的重要施工指标：①坑周最大地表沉降情况；②地下水渗流恢复情况；③施工影响半径情况；④围护结构最大水平位移情况。图4-38为使用方案五时上述4个指标在有限元模型中的计算云图。方案一至方案五的有限元分析计算结果如表4-6所示。

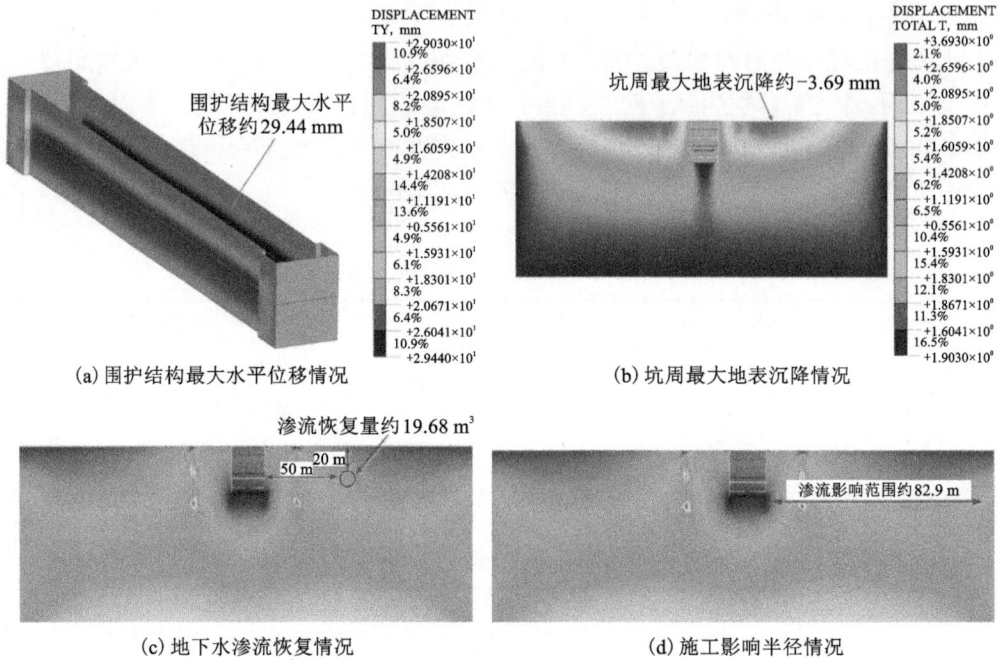

(a) 围护结构最大水平位移情况

(b) 坑周最大地表沉降情况

(c) 地下水渗流恢复情况

(d) 施工影响半径情况

图4-38 方案五有限元分析结果

表4-6 有限元分析回灌方案计算结果

分析方案	参数				坑周最大地表沉降 L_1/mm	地下水渗流恢复 L_2/m³	围护结构最大水平位移 L_3/mm	施工影响半径 L_4/m
	回灌深度 A/m	回灌距离 B/m	回灌间距 C/m	回灌压力 D/kPa				
方案一	−10	12	10	10	−13.92	6.57	26.64	64.3
方案二	−20	20	20	20	−7.99	7.92	25.98	67.8
方案三	−30	40	30	30	−6.34	8.61	26.82	72.7
方案四	−40	60	40	40	−3.83	16.64	27.83	88.2
方案五	−50	80	50	50	−3.69	19.68	29.44	82.9
最佳方案					方案五	方案五	方案二	方案一

回灌施工的难易度与经济效益在有限元模型中无法进行评判,将在下一章进行分析。因围护结构最大水平位移均出现于 ZQT7 测点附近处,最大地表沉降点位于 DB10 测点附近,因此本章及下一章均以 ZQT7 作为围护结构水平位移研究点;以 DB10 作为坑周地表沉降研究点。地下水渗流情况由距基坑 50 m、深 20 m 处、通过 5 m² 截面水流量进行测量。施工影响半径以回灌导致渗流变化范围作为评判依据。

在如表 4-6 所示方案一至方案五的模拟结果分析中可看出:使围护结构最大水平位移出现最小值的方案为方案二,使坑周最大地表沉降出现最小值的方案为方案五,地下水渗流恢复最良好的方案为方案五,施工影响半径最小的方案为方案一。因此无法通过单一的回灌参数来确定最佳的回灌施工方案,故应将基坑回灌施工的各项参数综合考虑,具体优化方法将在下一章讨论。

本章主要对开源路站基坑开挖、降水、回灌施工的各项监测数据进行分析,总结了基坑及其周边环境的变化规律,并进行有限元建模,将数值分析结果与实际施工监测值进行对比,验证了有限元模型的正确性,为下一章正交实验分析提供数值实验模型。在有限元模型中对基坑围护结构水平位移、坑周土体沉降和地下水渗流在开挖、降水、回灌施工过程中的变化进行研究,分析基坑施工效应。本章主要结论如下:

①富水承压地层深基坑工程在开挖与降水过程中,会在坑周地表 10~20 m 处出现"凹"形沉降;对土体的加固作用可减缓在基坑施工过程中地面的沉降变形;回灌施工对地表沉降有控制作用,其控制效果受土体固结程度影响。

②在开挖降水过程中,围护结构会出现整体向外侧移动的趋势,同时上侧围护结构向基坑外侧移动,下侧围护结构向基坑内侧移动,整体呈现转动的趋势;围护结构的最大水平位移出现于开挖面附近,回灌施工则会加剧位于开挖面下围护结构的水平位移,出现"踢脚"工况,在实际回灌施工中应严格控制回灌量与回灌压力,以保证基坑的稳定性。

③回灌能一定程度上恢复地下水渗流,渗流恢复情况与土体加固情况具有相关性,对于已加固的土体,地下水渗流受降水、回灌影响较小;对于未加固的土体,地下水渗流受降水、回灌影响较大。

④富水承压地区基坑施工过程中出现"凹"形沉降,其土体变形是开挖、降水导致的土体沉降与回灌导致的土体隆起共同作用的结果。

⑤随着基坑施工的不断进行,围护结构出现最大水平位移处逐渐移动到开挖面附近,并出现开挖面下围护结构水平位移增大的情况。富水承压软土地区基坑施工应严格控制降水速率与降水量,充分考虑周边土体的固结情况,做好下部围护结构与底板的防护,保证基坑安全施工。

⑥降水施工会使地下水渗流场出现以基坑为中心的降水"漏斗",而回灌施工

会使回灌处的水压力升高,从而使回灌水克服地下水压力进入回灌层。对于降水过多而导致的不利工况与环境破坏,回灌施工能有效恢复地下水渗流与减缓地表沉降。

⑦通过对几种不同回灌方案下基坑及周边环境的变化进行初步的探讨,发现初步设定的任何一个回灌施工方案都不能同时让多个指标达到最佳,因此需要针对回灌参数进行优化设计。该初步研究可为下一章回灌正交实验分析因素水平表提供依据。

第 5 章　富水地层地铁车站深基坑回灌参数优化

5.1　基于正交实验分析法的回灌方案优化

有限元分析结果显示，回灌能显著减缓基坑开挖、降水导致过大的地表沉降，同时可有效恢复地下水渗流，因此回灌施工能对地表变形、地下水渗流进行很好的保护，但回灌带来的水压力也会对基坑围护结构产生一定的危害。在设计时，一般依据经验与设计规范对回灌井进行设置，但这些依据经验设计的回灌方案无法在施工中得到最大效益，因此有必要对回灌井的回灌深度、回灌压力、回灌间距、回灌距离等施工参数进行优化设计，得出兼顾功能性与经济性的回灌施工方案。

正交实验分析法、模糊层次分析法和价值工程法是三种比较常用的工程施工方案优化分析方法。在研究多因素多水平方面，正交实验分析法（orthogonal experimental design，OED）是一种比较具有代表性的设计方法，它利用实验控制变量整齐可比的正交性，在设计方案中选出具有代表性的水平组合进行实验，使实验在满足结果要求的同时减少实验次数。正交实验分析法基于实际实验，因而是一种比较客观的优化理论分析方法；模糊层次分析法（fuzzy analytic hierarchy process，FAHP）是一种新的系统分析方法，这种分析方法适用于结构较复杂、决策准则较多而且不易于量化的决策问题，是比较主观的优化分析方法；价值工程法通过对工程的功能值与成本值进行分析，研究其价值量，能用于工程最佳方案的优化及各类项目的量化评定。正交实验分析法与模糊层次分析法只能确定方案的功能值，而价值工程法可以考虑方案的成本值，后者可将功能性和经济性量化统一。

本章结合以上三种优化分析方法，提出正交实验分析法—模糊层次分析法—价值工程法三者结合的优化方法，对开源路站富水承压基坑回灌施工方案进行参数优化设计。首先运用正交实验分析法、利用有限元模型进行数值实验，对不同的回灌参数进行分析，得出在回灌深度、回灌压力、回灌间距、回灌距离等 4 个不同回灌参数的影响下，地表沉降、地下水渗流的恢复、施工影响的区域半径、围护结构变形、施工的难易度等 5 个指标的变化情况；对回灌参数进行敏感性分析，得出不同回灌参数对上述 5 个指标的影响程度；将结果导入正交实验分析矩阵模型，得出基于正交实验分析法客观确定的功能最优回灌参数。其次运用模糊层次分析法，对上述 5 个指标进行专家打分，得出这 5 个指标的功能重要系数；将所有比选方案的计算结果换算得出功能得分，并乘以功能重要系数得出功能加权得分，评判出考虑主观能动性的功能最优回灌参数。最后运用价值工程法，用功能值与成本值的比值计算价值量，得出在考虑价值量情况下的价值最优回灌参数。

5.1.1　正交实验分析法

正交实验设计是在实验中一种常用的优化技术。该方法是通过实践经验、概率论和数量统计等关系，运用规格化的正交实验表安排实验的方案，对结果进行计算分析，从而客观快速地找到最优实验方案的设计方法。正交实验分析法可以显著地减少实验的次数，认识系统的内在规律，实验结果可以采用极差法对各项因素进行敏感性分析，并采用正交分析矩阵模型对实验结果进行综合评价，是进行多项敏感性分析的有力方法。

近年来正交实验分析法广泛应用于工程的方案优化、安全评估和各项工程指标的设计中。正交实验分析法主要步骤有四个。

1. 确定正交实验因素 j 与水平 i

确定各因素的主次，即各因素对考察指标影响能力的大小；确定各目的指标与因素之间的关系，即在各项因素不同情况下指标的变化情况。多因素控制单指标的敏感性分析线性模型可用下式表达：

$$Y = U_0 + U_i X_i + U_p X_p + e \tag{5-1}$$

在正交矩阵 X 的设计中，应满足：

$$S = X'X = \begin{bmatrix} S_{11} & & & 0 \\ & S_{22} & & \\ & & O & \\ 0 & & & S_{rr} \end{bmatrix} \tag{5-2}$$

式中：U_0 为常数项；X_i 为回归系数；U_i 为自变量；e 为随机误差；S_{11}、S_{22}、S_{rr} 均为方阵，相当于每一组实验。在实验中应辨明自变量 X_i 对因变量 Y 的敏感性影响。

2. 设计正交表

正交表可用 $Ln(tq)$ 表示，其中：实验结果指标为正交表的代号；n 为实验次数；t 为水平数，q 为可安排最多因素个数，如 $L9(34)$ 如表 5-1 所示。

表 5-1　正交实验分析表设计

实验号	列号			
	1	2	3	4
1	1	1	1	1
2	1	2	2	2
3	1	3	3	3
4	2	1	2	3
5	2	2	3	1
6	2	3	1	2
7	3	1	3	2
8	3	2	1	3
9	3	3	2	1

依据正交表对各项水平及因素进行分析，将所得结果进行敏感性分析。

3. 敏感性分析

设 A，B，$C\cdots$表示不同的影响因素；A_i 表示因素 A 的第 i 水平值（$i=1$，2，$\cdots$，r）；X_{ij} 表示因素 j 在第 i 水平情况下的值（$i=1$，2，$\cdots$，r，$j=A$，B，$C\cdots$）。

在 X_{ij} 下进行实验得到的因素 j 第 i 水平的实验结果指标 Y_{ij} 是服从正态分布的随机变量，在 X_{ij} 下做了 n 次实验得到 n 个实验结果，分别为 Y_{ij}（$k=1$，2，$\cdots$），计算公式为：

$$K_{ij} = \sum_{k=1}^{n} Y_{ijk} \tag{5-3}$$

式中：K_{ij} 为因素 j 在第 i 水平下的结果；n 为因素 j 在第 i 水平下的实验次数；Y_{ijk} 为因素 j 在第 i 水平下的第 k 个实验结果指标。

实验结果敏感性分析参数极差 R_j，其计算值如下：

$$R_j = \max\{K_{1j}, K_{2j}, \cdots, K_{rj}\} - \min\{K_{1j}, K_{2j}, \cdots, K_{rj}\} \tag{5-4}$$

计算结果极差越大，说明该因素的变量对指标影响越大，指标对该因素越敏感，其因素为最主要的因素。

4. 正交实验分析模型

在计算出 K_{ij} 与 R_j 后，考查基于上述敏感性分析在 $L_1 \sim L_5$ 的评判指标下的综合最优方案，主要分以下 4 步：

①定义考查指标矩阵。

$$M = \begin{bmatrix} K_{11} & 0 & 0 & \cdots & 0 \\ K_{12} & 0 & 0 & \cdots & 0 \\ \cdots & \cdots & \cdots & \cdots & \cdots \\ K_{1m} & 0 & 0 & \cdots & 0 \\ 0 & K_{21} & 0 & \cdots & 0 \\ 0 & K_{22} & 0 & \cdots & 0 \\ \cdots & \cdots & \cdots & \cdots & \cdots \\ 0 & K_{2m} & 0 & \cdots & 0 \\ \cdots & \cdots & \cdots & \cdots & \cdots \\ 0 & 0 & 0 & \cdots & K_{l1} \\ 0 & 0 & 0 & \cdots & K_{l2} \\ \cdots & \cdots & \cdots & \cdots & \cdots \\ 0 & 0 & 0 & \cdots & K_{lm} \end{bmatrix} \tag{5-5}$$

②定义因素层矩阵。

$$T = \begin{bmatrix} T_1 & 0 & 0 & 0 \\ 0 & T_2 & 0 & 0 \\ \cdots & \cdots & \cdots & \cdots \\ 0 & 0 & 0 & T_l \end{bmatrix} \tag{5-6}$$

③定义水平层矩阵。

$$R = \begin{bmatrix} R_1 \\ R_2 \\ \cdots \\ R_i \end{bmatrix} \tag{5-7}$$

④定义指标权矩阵。

$$\boldsymbol{\omega}^{\mathrm{T}} = \begin{bmatrix} \omega_1 & \omega_2 & \cdots & \omega_m \end{bmatrix} \tag{5-8}$$

使 $\boldsymbol{\omega}_i = \boldsymbol{M}_i \boldsymbol{T}_i \boldsymbol{R}_i$，在以上矩阵中，如 K_{11} 为 $K_{11}/\sum\limits_{j=1}^{m} K_{ij}$ 是因素 A_1 所有水平指标的综合比；$R_i = r_i/\sum\limits_{i=1}^{i} r_i$ 为因素 A_1 的极差占所有因素的综合比。二者乘积不仅可以反映因素 A_1 对指标的影响能力，而且可以反映对极差值影响的大小。

其中在考察判断指标方面，如果指标系数要求越大越好，则使 $K_{ij} = k_{ij}$；如果指标系数要求越小越好，则使 $K_{ij} = 1/k_{ij}$，式中：$T_i = 1/\sum\limits_{j=1}^{m} K_{ij}$。

5.1.2　正交实验分析表设计方案

在富水承压基坑工程中，回灌施工主要考虑以下影响参数：①回灌深度 A；②回灌距离 B；③回灌间距 C；④回灌压力 D。

主要指标参数为：①坑周最大地表沉降 L_1；②地下水渗流恢复 L_2；③围护结构最大水平位移 L_3；④施工影响半径 L_4；⑤施工难易度 L_5。

在考虑实际施工中回灌对基坑工程的影响情况从而得出以上参数，依据基坑回灌施工规范，设计出 5 水平、4 因素的回灌正交实验分析因素水平表如表 5-2 所示。

表 5-2　回灌正交实验分析因素水平表

水平组数	因素			
	回灌深度 A/m	回灌距离 B/m	回灌间距 C/m	回灌压力 D/kPa
1	−10	12	10	10
2	−20	20	20	20
3	−30	40	30	30
4	−40	60	40	40
5	−50	80	50	50
参数范围	−10~−50	12~80	10~50	10~50

依据正交实验分析因素水平表设计出回灌正交实验分析方案 $L25(34)$ 如表 5-3 所示。

表 5-3　回灌正交实验分析方案

分析方案	回灌深度 A/m	回灌距离 B/m	回灌间距 C/m	回灌压力 D/kPa
方案 1	−10	12	10	10
方案 2	−10	20	20	20
方案 3	−10	40	30	30
方案 4	−10	60	40	40
方案 5	−10	80	50	50
方案 6	−20	12	20	30
方案 7	−20	20	30	40

续表5-3

分析方案	回灌深度 A/m	回灌距离 B/m	回灌间距 C/m	回灌压力 D/kPa
方案8	−20	40	40	50
方案9	−20	60	50	10
方案10	−20	80	10	20
方案11	−30	12	30	50
方案12	−30	20	40	10
方案13	−30	40	50	20
方案14	−30	60	10	30
方案15	−30	80	20	40
方案16	−40	12	40	20
方案17	−40	20	50	30
方案18	−40	40	10	40
方案19	−40	60	20	50
方案20	−40	80	30	10
方案21	−50	12	50	40
方案22	−50	20	10	50
方案23	−50	40	20	10
方案24	−50	60	30	20
方案25	−50	80	40	30

5.1.3 回灌参数敏感性分析

依前所述,在已验证可行性的 Midas GTS NX 有限元模型上对上述 25 组正交方案进行模拟,对坑周最大地表沉降 L_1、地下水渗流恢复 L_2、围护结构最大水平位移 L_3、施工影响半径 L_4 等指标进行分析。其中,地下水渗流恢复情况由距基坑 50 m、深 20 m、通过 5 m^2 截面水流量指标进行评价;对围护结构危害由围护结构最大水平位移的变化量进行评价,以最大围护结构水平位移为标准,测点选取 ZQT7;坑周最大地表沉降测点选取 DB10;施工难易度依据回灌距离、回灌间距、回灌压力、回灌深度分为 4~20 共 17 个等级。对照方案为未进行回灌施工方案。

图 5-1 为使用方案 1 的参数进行回灌的有限元分析结果云图。全部 25 个方案计算出的坑周最大地表沉降、地下水渗流恢复、围护结构最大水平位移和施工

影响半径等指标结果如表 5-4 所示。

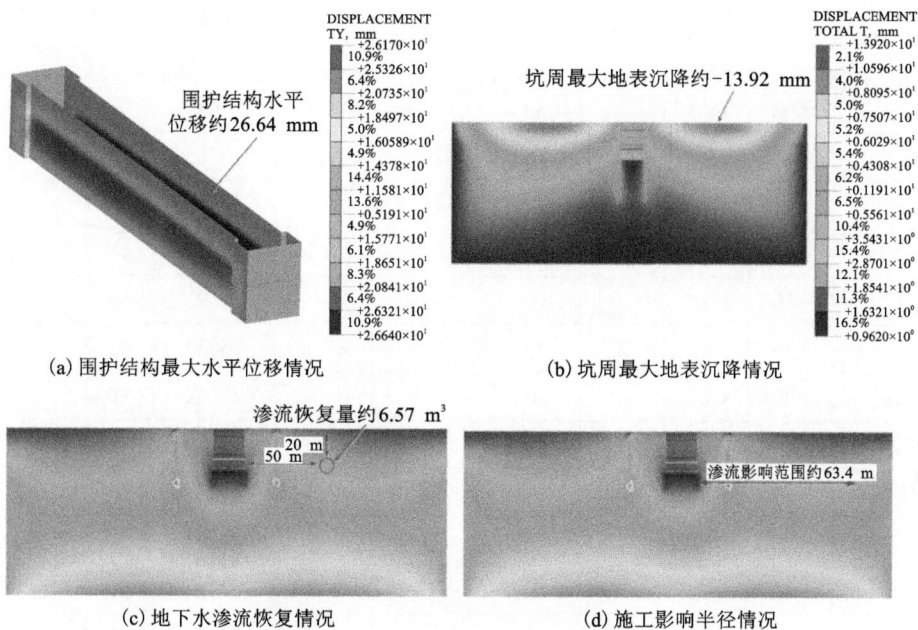

(a) 围护结构最大水平位移情况

(b) 坑周最大地表沉降情况

(c) 地下水渗流恢复情况

(d) 施工影响半径情况

图 5-1　方案 1 有限元分析结果云图

表 5-4　正交实验分析结果

分析方案	参数				坑周最大地表沉降 L_1/mm	地下水渗流恢复 L_2/m³	围护结构最大水平位移 L_3/mm	施工影响半径 L_4/m	施工难易度 L_5
	回灌深度 A/m	回灌距离 B/m	回灌间距 C/m	回灌压力 D/kPa					
对照方案	未进行回灌				-14.2	6.28	25.9	63.7	0
方案 1	-10	12	10	10	-13.92	6.57	26.64	63.4	4
方案 2	-10	20	20	20	-11.75	8.21	26.81	68.3	7
方案 3	-10	40	30	30	-9.31	10.82	27.28	73.6	10
方案 4	-10	60	40	40	-6.84	12.36	28.64	80.7	13
方案 5	-10	80	50	50	-4.53	15.83	29.17	88.2	16
方案 6	-20	12	20	30	-8.39	8.54	36.78	69.2	8
方案 7	-20	20	30	40	-7.92	13.46	26.75	67.4	11
方案 8	-20	40	40	50	-4.28	16.74	32.67	71.1	14

续表5-4

分析方案	参数				坑周最大地表沉降 L_1/mm	地下水渗流恢复 L_2/m³	围护结构最大水平位移 L_3/mm	施工影响半径 L_4/m	施工难易度 L_5
	回灌深度 A/m	回灌距离 B/m	回灌间距 C/m	回灌压力 D/kPa					
方案 9	−20	60	50	10	−12.85	7.23	26.17	78.8	12
方案 10	−20	80	10	20	−11.23	11.32	25.99	96.1	10
方案 11	−30	12	30	50	−3.18	17.24	38.88	66.7	12
方案 12	−30	20	40	10	−11.83	7.49	26.92	69.8	10
方案 13	−30	40	50	20	−10.37	8.98	26.32	69.7	13
方案 14	−30	60	10	30	−8.35	10.62	27.82	90.6	11
方案 15	−30	80	20	40	−5.59	15.88	27.49	98.8	14
方案 16	−40	12	40	20	−8.91	10.18	27.94	63.9	11
方案 17	−40	20	50	30	−6.82	16.28	28.92	71.7	14
方案 18	−40	40	10	40	−4.59	16.82	31.82	73.9	12
方案 19	−40	60	20	50	−4.01	18.63	34.78	89.1	15
方案 20	−40	80	10	10	−10.66	8.69	27.52	93.6	13
方案 21	−50	12	50	40	−3.28	19.88	39.78	64.8	15
方案 22	−50	20	10	50	−1.24	21.36	40.49	67.9	13
方案 23	−50	40	20	10	−7.62	9.87	27.84	71.6	11
方案 24	−50	60	30	20	−5.74	13.63	28.23	76.8	14
方案 25	−50	80	40	30	−4.37	16.84	28.87	83.4	17

$K_1 \sim K_5$ 计算方式如式(5-3)所示，R_j 计算方式如式(5-4)所示。由上述结果可以分析得到以下几点结论。

(1)坑周地表沉降敏感性分析方面

从表5-5与图5-2中可以看出，坑周地表沉降的敏感性影响因素与地下水渗流恢复、围护结构水平位移类似，以回灌压力和回灌深度为主要影响因素。随着回灌压力与回灌深度的增大，地表沉降出现明显的恢复，由于模拟设置为完整承压回灌井，更大的回灌压力可使回灌水克服地下水压力进入地下渗流中，最大程度地改变地下水渗流进而改善坑周地表沉降情况；更深的回灌则可使回灌水穿过不透水层，对更深的土层产生回渗作用，进而影响地下水渗流情况。而回灌距离、回灌间距对该处坑周地表沉降影响效果不明显。

表 5-5　坑周地表沉降直观分析

水平数	参数			
	回灌深度 A/m	回灌距离 B/m	回灌间距 C/m	回灌压力 D/kPa
K_1	−46.35	−37.68	−39.33	−56.88
K_2	−44.67	−39.56	−37.36	−48.00
K_3	−39.32	−36.17	−36.81	−37.24
K_4	−34.99	−37.79	−36.23	−28.22
K_5	−22.25	−36.38	−37.85	−17.24
R_j	24.10	3.39	3.10	39.64
敏感性	回灌压力>回灌深度>回灌距离>回灌间距			
最优方案	A_5	B_5	C_4	D_5

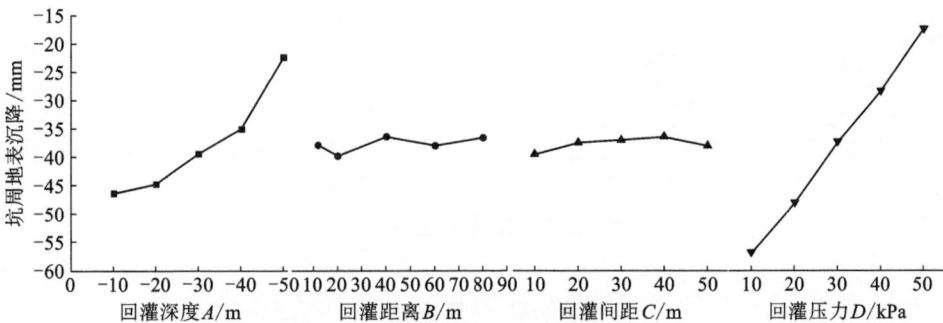

图 5-2　坑周地表沉降敏感性分析

（2）地下水渗流恢复敏感性分析方面

从表 5-6 与图 5-3 中可以看出，地下水流量的敏感性影响因素与地表沉降类似，主要为回灌压力与回灌深度。在单位时间内，更大的回灌压力可使更多的回灌水进入地层中；更深的回灌深度，可穿过不透水层，使回灌水进入地下渗流中，进而灌入更多回灌水。而回灌井与基坑的距离远近、回灌井的间距对该处地下水流量的影响效果不明显。

表 5-6   地下水渗流恢复直观分析

水平数	参数			
	回灌深度 A/m	回灌距离 B/m	回灌间距 C/m	回灌压力 D/kPa
K_1	53.79	62.41	66.69	39.85
K_2	57.29	66.80	61.13	52.32
K_3	60.21	63.23	63.84	63.10
K_4	70.60	62.47	63.61	78.40
K_5	81.58	68.56	68.20	89.80
R_j	27.79	6.09	7.07	49.95
敏感性	回灌压力>回灌深度>回灌间距>回灌距离			
最优方案	A_5	B_5	C_5	D_5

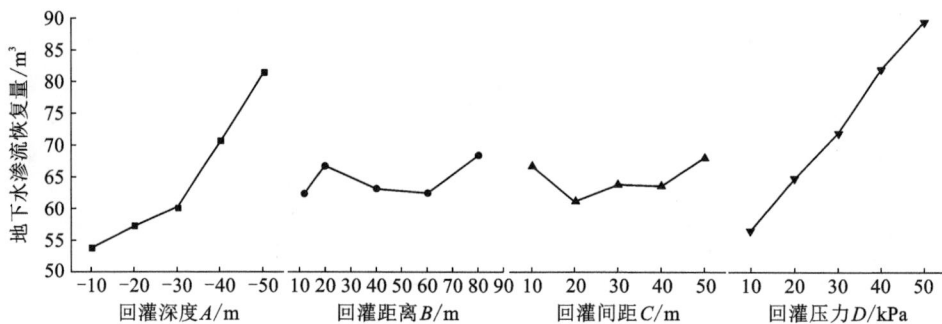

图 5-3   地下水渗流恢复量敏感性分析

(3)围护结构水平位移敏感性分析方面

从表 5-7 与图 5-4 中可以看出，围护结构水平位移的敏感性影响因素主要为回灌距离、回灌压力。受回灌地下水渗流影响，过近的回灌在围护结构附近会导致明显的渗流应力差，从而增大围护结构的水平位移；受地下土颗粒大小、粒径级配、孔隙比等因素影响，过大的回灌压力与过深的回灌深度，会影响土颗粒的固结重组，进一步影响土体与地下水渗流的耦合性，因此回灌压力与回灌深度对围护结构水平位移影响的敏感性不如回灌距离。

由 $K \sim K_5$ 计算结果可知，当回灌距离超过一定数值之后，对围护结构水平位移的影响逐渐减弱，距离越远，其敏感性越显著下降，在 40 m 后趋于平缓。

表 5-7　围护结构水平位移直观分析

水平数	参数			
	回灌深度 A/m	回灌距离 B/m	回灌间距 C/m	回灌压力 D/kPa
K_1	138.54	170.02	152.76	135.09
K_2	148.36	149.89	153.7	135.29
K_3	147.43	145.93	148.66	149.67
K_4	150.98	145.64	145.04	154.48
K_5	165.21	139.04	150.36	175.99
R_j	26.67	30.98	8.66	40.90
敏感性	回灌压力>回灌距离>回灌深度>回灌间距			
最优方案	A_1	B_5	C_4	D_1

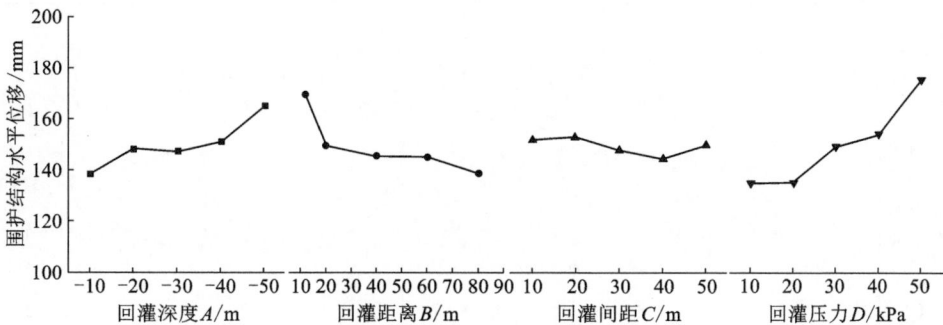

图 5-4　围护结构水平位移敏感性分析

（4）施工影响半径敏感性分析方面

从表 5-8 与图 5-5 中可以看出，施工影响半径的敏感性因素主要为回灌距离和回灌深度。受回灌过程中地下水渗流影响，依据裘布依公式，回灌抬升地下水半径为 80~120 m，回灌距离越大，施工影响半径越大；相较于回灌压力，回灌深度对施工影响半径的敏感性更大，能穿过不透水层，可直接影响渗流层，进而影响一定范围内地下水渗流；而在较大回灌压力、较短回灌深度情况下，回灌较难影响渗流层，从而降低了回灌压力对施工影响半径的敏感性。

有限元分析中设置地下水渗流层约为地下 19.6 m，由 $K_2 \sim K_5$ 计算结果可知，当回灌深度达到渗流层深度后，继续增加回灌深度，对渗流的影响效果不显著。但过大的回灌深度会使回灌水进入渗流层下更深层的不透水层，分散进入渗流层的水压力，使地层竖向的地下水抬升曲线产生下移，从而缩小地下水渗流区域。

表 5-8 影响半径直观分析

水平数	参数			
	回灌深度 A/m	回灌距离 B/m	回灌间距 C/m	回灌压力 D/kPa
K_1	374.2	328	391.9	372.7
K_2	382.6	345.1	397	374.8
K_3	395.6	359.9	373.6	388.5
K_4	392.2	416	368.9	385.6
K_5	364.5	460.1	373.2	383.0
R_j	31.1	132.1	28.1	15.8
敏感性	回灌距离>回灌深度>回灌距离>回灌压力			
最优方案	A_5	B_1	C_4	D_1

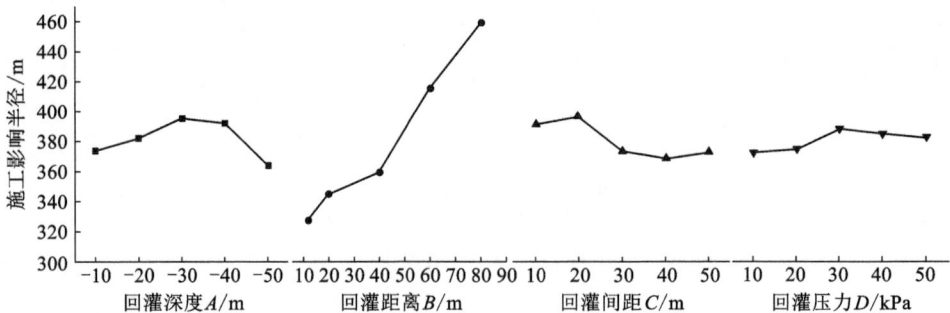

图 5-5 施工影响半径敏感性分析

(5)施工难易度敏感性分析方面

从表 5-9 与图 5-6 中可以看出,在施工难易度敏感性分析方面,适当增加回灌间距,减小回灌距离,能减少施工回灌井数量,增加了经济效益,在符合国家设计要求标准的情况下,采用方案 1 的施工难度与经济性较好。

表 5-9　施工难易度直观分析

水平数	参数			
	回灌深度 A/m	回灌距离 B/m	回灌间距 C/m	回灌压力 D/kPa
K_1	50	48	50	50
K_2	55	52	55	55
K_3	60	60	60	60
K_4	65	65	65	65
K_5	70	70	70	70
R_j	20	22	20	20
敏感性	回灌间距=回灌距离>回灌深度=回灌压力			
最优方案	A_1	B_1	C_1	D_1

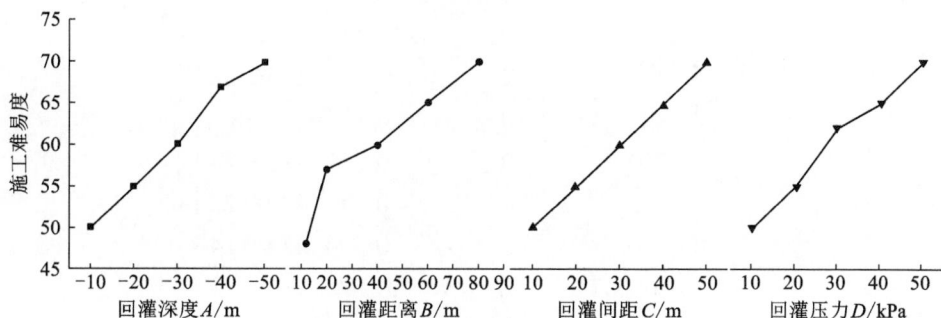

图 5-6　施工难易度敏感性分析

5.1.4　功能最优回灌方案的确定

在上述敏感性分析后，得出了最佳的针对各个指标的最优方案，但每个最优方案不尽相同，实际工程施工中只能采用一个方案。运用正交实验分析矩阵模型可以依据各指标的影响程度，做出综合的评定方法，得出功能性方面的最优方案。

①第一个考察指标为坑周地表沉降，越小越好，将坑周地表沉降的负值转化为正值进行判断，采用矩阵分析如下：

$$M_1 = \begin{bmatrix} 1/46.35 & 0 & 0 & 0 \\ 1/44.67 & 0 & 0 & 0 \\ 1/39.32 & 0 & 0 & 0 \\ 1/34.99 & 0 & 0 & 0 \\ 1/22.25 & 0 & 0 & 0 \\ 0 & 1/37.68 & 0 & 0 \\ 0 & 1/39.56 & 0 & 0 \\ 0 & 1/36.17 & 0 & 0 \\ 0 & 1/37.79 & 0 & 0 \\ 0 & 1/36.38 & 0 & 0 \\ 0 & 0 & 1/39.33 & 0 \\ 0 & 0 & 1/37.36 & 0 \\ 0 & 0 & 1/36.81 & 0 \\ 0 & 0 & 1/36.23 & 0 \\ 0 & 0 & 1/37.85 & 0 \\ 0 & 0 & 0 & 1/56.88 \\ 0 & 0 & 0 & 1/48 \\ 0 & 0 & 0 & 1/37.24 \\ 0 & 0 & 0 & 1/28.22 \\ 0 & 0 & 0 & 1/17.24 \end{bmatrix}$$

$$T_1 = \begin{bmatrix} 6.9971 & 0 & 0 & 0 \\ 0 & 7.4955 & 0 & 0 \\ 0 & 0 & 7.4973 & 0 \\ 0 & 0 & 0 & 6.3009 \end{bmatrix}$$

$$R_1 = \begin{bmatrix} 24.1/70.23 \\ 3.39/70.23 \\ 3.1/70.23 \\ 39.64/70.23 \end{bmatrix}$$

②第二个考察指标为地下水渗流恢复，越大越好，采用矩阵分析如下：

$$M_2 = \begin{bmatrix} 53.79 & 0 & 0 & 0 \\ 57.29 & 0 & 0 & 0 \\ 60.21 & 0 & 0 & 0 \\ 70.6 & 0 & 0 & 0 \\ 81.58 & 0 & 0 & 0 \\ 0 & 62.41 & 0 & 0 \\ 0 & 66.8 & 0 & 0 \\ 0 & 63.23 & 0 & 0 \\ 0 & 62.47 & 0 & 0 \\ 0 & 68.56 & 0 & 0 \\ 0 & 0 & 66.69 & 0 \\ 0 & 0 & 61.13 & 0 \\ 0 & 0 & 63.84 & 0 \\ 0 & 0 & 63.61 & 0 \\ 0 & 0 & 68.2 & 0 \\ 0 & 0 & 0 & 39.85 \\ 0 & 0 & 0 & 52.32 \\ 0 & 0 & 0 & 63.1 \\ 0 & 0 & 0 & 78.4 \\ 0 & 0 & 0 & 89.8 \end{bmatrix}$$

$$T_2 = \begin{bmatrix} 1/323.47 & 0 & 0 & 0 \\ 0 & 1/323.47 & 0 & 0 \\ 0 & 0 & 1/323.47 & 0 \\ 0 & 0 & 0 & 1/323.47 \end{bmatrix}$$

$$R_2 = \begin{bmatrix} 27.79/90.9 \\ 6.09/90.9 \\ 7.07/90.9 \\ 49.95/90.9 \end{bmatrix}$$

③第三个考察指标为围护结构水平位移，越小越好，采用矩阵分析如下：

$$M_3 = \begin{bmatrix} 1/138.54 & 0 & 0 & 0 \\ 1/148.36 & 0 & 0 & 0 \\ 1/147.43 & 0 & 0 & 0 \\ 1/150.98 & 0 & 0 & 0 \\ 1/165.21 & 0 & 0 & 0 \\ 0 & 1/170.02 & 0 & 0 \\ 0 & 1/149.89 & 0 & 0 \\ 0 & 1/145.93 & 0 & 0 \\ 0 & 1/145.64 & 0 & 0 \\ 0 & 1/139.04 & 0 & 0 \\ 0 & 0 & 1/152.79 & 0 \\ 0 & 0 & 1/153.70 & 0 \\ 0 & 0 & 1/148.66 & 0 \\ 0 & 0 & 1/145.04 & 0 \\ 0 & 0 & 1/150.36 & 0 \\ 0 & 0 & 0 & 1/135.09 \\ 0 & 0 & 0 & 1/135.29 \\ 0 & 0 & 0 & 1/149.67 \\ 0 & 0 & 0 & 1/154.48 \\ 0 & 0 & 0 & 1/175.99 \end{bmatrix}$$

$$T_3 = \begin{bmatrix} 29.9243 & 0 & 0 & 0 \\ 0 & 29.8826 & 0 & 0 \\ 0 & 0 & 30.0091 & 0 \\ 0 & 0 & 0 & 29.7346 \end{bmatrix}$$

$$R_3 = \begin{bmatrix} 26.67/107.21 \\ 30.98/107.21 \\ 8.66/107.21 \\ 40.9/107.21 \end{bmatrix}$$

④第四个考察指标为施工影响半径，越小越好，采用矩阵分析如下：

$$M_4 = \begin{bmatrix} 1/374.2 & 0 & 0 & 0 \\ 1/382.6 & 0 & 0 & 0 \\ 1/395.6 & 0 & 0 & 0 \\ 1/392.2 & 0 & 0 & 0 \\ 1/364.5 & 0 & 0 & 0 \\ 0 & 1/328.0 & 0 & 0 \\ 0 & 1/345.1 & 0 & 0 \\ 0 & 1/359.9 & 0 & 0 \\ 0 & 1/416.0 & 0 & 0 \\ 0 & 1/460.1 & 0 & 0 \\ 0 & 0 & 1/391.9 & 0 \\ 0 & 0 & 1/397.0 & 0 \\ 0 & 0 & 1/373.6 & 0 \\ 0 & 0 & 1/368.9 & 0 \\ 0 & 0 & 1/373.2 & 0 \\ 0 & 0 & 0 & 1/372.7 \\ 0 & 0 & 0 & 1/374.8 \\ 0 & 0 & 0 & 1/388.5 \\ 0 & 0 & 0 & 1/385.6 \\ 0 & 0 & 0 & 1/383.0 \end{bmatrix}$$

$$T_4 = \begin{bmatrix} 76.2947 & 0 & 0 & 0 \\ 0 & 75.1748 & 0 & 0 \\ 0 & 0 & 76.1179 & 0 \\ 0 & 0 & 0 & 76.1641 \end{bmatrix}$$

$$R_4 = \begin{bmatrix} 31.1/207.1 \\ 132.1/207.1 \\ 28.1/207.1 \\ 15.8/207.1 \end{bmatrix}$$

⑤第五个考察指标为施工难易度，越小越好，采用矩阵分析如下：

$$
M_5 = \begin{bmatrix}
1/50 & 0 & 0 & 0 \\
1/55 & 0 & 0 & 0 \\
1/60 & 0 & 0 & 0 \\
1/65 & 0 & 0 & 0 \\
1/70 & 0 & 0 & 0 \\
0 & 1/48 & 0 & 0 \\
0 & 1/52 & 0 & 0 \\
0 & 1/60 & 0 & 0 \\
0 & 1/65 & 0 & 0 \\
0 & 1/70 & 0 & 0 \\
0 & 0 & 1/50 & 0 \\
0 & 0 & 1/55 & 0 \\
0 & 0 & 1/60 & 0 \\
0 & 0 & 1/65 & 0 \\
0 & 0 & 1/70 & 0 \\
0 & 0 & 0 & 1/50 \\
0 & 0 & 0 & 1/55 \\
0 & 0 & 0 & 1/60 \\
0 & 0 & 0 & 1/65 \\
0 & 0 & 0 & 1/70
\end{bmatrix}
$$

$$
T_5 = \begin{bmatrix}
11.8963 & 0 & 0 & 0 \\
0 & 11.8044 & 0 & 0 \\
0 & 0 & 11.8875 & 0 \\
0 & 0 & 0 & 11.9074
\end{bmatrix}
$$

$$
R_5 = \begin{bmatrix}
20/84 \\
22/84 \\
22/84 \\
20/84
\end{bmatrix}
$$

以上矩阵由公式 $\omega_i = M_i T_i R_i$ 计算可得：

$$\boldsymbol{\omega}_1 = \boldsymbol{M}_1\boldsymbol{T}_1\boldsymbol{R}_1 = \begin{bmatrix} 0.0518 \\ 0.0538 \\ 0.0611 \\ 0.0686 \\ 0.1079 \\ 0.0091 \\ 0.0096 \\ 0.0100 \\ 0.0095 \\ 0.0099 \\ 0.0084 \\ 0.0088 \\ 0.0089 \\ 0.0091 \\ 0.0087 \\ 0.0623 \\ 0.0741 \\ 0.0955 \\ 0.2062 \\ 0.1260 \end{bmatrix} \quad \boldsymbol{\omega}_2 = \boldsymbol{M}_2\boldsymbol{T}_2\boldsymbol{R}_2 = \begin{bmatrix} 0.0508 \\ 0.0541 \\ 0.0569 \\ 0.0667 \\ 0.0771 \\ 0.0138 \\ 0.0129 \\ 0.0131 \\ 0.0129 \\ 0.0142 \\ 0.0160 \\ 0.0147 \\ 0.0154 \\ 0.0153 \\ 0.0164 \\ 0.0680 \\ 0.0893 \\ 0.1077 \\ 0.1532 \\ 0.1338 \end{bmatrix} \quad \boldsymbol{\omega}_3 = \boldsymbol{M}_3\boldsymbol{T}_3\boldsymbol{R}_3 = \begin{bmatrix} 0.0537 \\ 0.0502 \\ 0.0505 \\ 0.0493 \\ 0.0451 \\ 0.0576 \\ 0.0508 \\ 0.0592 \\ 0.0593 \\ 0.0621 \\ 0.0159 \\ 0.0158 \\ 0.0163 \\ 0.0167 \\ 0.0161 \\ 0.0840 \\ 0.0838 \\ 0.0758 \\ 0.0644 \\ 0.0734 \end{bmatrix}$$

$$\boldsymbol{\omega}_4 = \boldsymbol{M}_4\boldsymbol{T}_4\boldsymbol{R}_4 = \begin{bmatrix} 0.0306 \\ 0.0299 \\ 0.0290 \\ 0.0292 \\ 0.0314 \\ 0.1389 \\ 0.1462 \\ 0.1332 \\ 0.1153 \\ 0.1042 \\ 0.0264 \\ 0.0260 \\ 0.0276 \\ 0.0280 \\ 0.0277 \\ 0.0156 \\ 0.0155 \\ 0.0150 \\ 0.0152 \\ 0.0151 \end{bmatrix} \quad \boldsymbol{\omega}_5 = \boldsymbol{M}_5\boldsymbol{T}_5\boldsymbol{R}_5 = \begin{bmatrix} 0.0566 \\ 0.0515 \\ 0.0472 \\ 0.0423 \\ 0.0405 \\ 0.0542 \\ 0.0644 \\ 0.0515 \\ 0.0476 \\ 0.0442 \\ 0.0623 \\ 0.0566 \\ 0.0519 \\ 0.0479 \\ 0.0432 \\ 0.0567 \\ 0.0515 \\ 0.0457 \\ 0.0405 \\ 0.0436 \end{bmatrix}$$

计算正交实验分析指标权矩阵的平均值，计算过程如下：

$$\omega = \frac{\omega_1 + \omega_2 + \omega_3 + \omega_4 + \omega_5}{5} =$$

$$\left(\begin{bmatrix} 0.0518 \\ 0.0538 \\ 0.0611 \\ 0.0686 \\ 0.1079 \\ 0.0091 \\ 0.0096 \\ 0.0100 \\ 0.0095 \\ 0.0099 \\ 0.0084 \\ 0.0088 \\ 0.0089 \\ 0.0091 \\ 0.0087 \\ 0.0623 \\ 0.0741 \\ 0.0955 \\ 0.2062 \\ 0.1260 \end{bmatrix} + \begin{bmatrix} 0.0508 \\ 0.0541 \\ 0.0569 \\ 0.0667 \\ 0.0771 \\ 0.0138 \\ 0.0129 \\ 0.0131 \\ 0.0129 \\ 0.0142 \\ 0.0160 \\ 0.0147 \\ 0.0154 \\ 0.0153 \\ 0.0164 \\ 0.0680 \\ 0.0893 \\ 0.1077 \\ 0.1532 \\ 0.1338 \end{bmatrix} + \begin{bmatrix} 0.0537 \\ 0.0502 \\ 0.0505 \\ 0.0493 \\ 0.0451 \\ 0.0576 \\ 0.0508 \\ 0.0592 \\ 0.0593 \\ 0.0621 \\ 0.0159 \\ 0.0158 \\ 0.0163 \\ 0.0167 \\ 0.0161 \\ 0.0840 \\ 0.0838 \\ 0.0758 \\ 0.0644 \\ 0.0734 \end{bmatrix} + \begin{bmatrix} 0.0306 \\ 0.0299 \\ 0.0290 \\ 0.0292 \\ 0.0314 \\ 0.1389 \\ 0.1462 \\ 0.1332 \\ 0.1153 \\ 0.1042 \\ 0.0264 \\ 0.0260 \\ 0.0276 \\ 0.0280 \\ 0.0277 \\ 0.0156 \\ 0.0155 \\ 0.0150 \\ 0.0152 \\ 0.0151 \end{bmatrix} + \begin{bmatrix} 0.0566 \\ 0.0515 \\ 0.0472 \\ 0.0423 \\ 0.0405 \\ 0.0542 \\ 0.0644 \\ 0.0515 \\ 0.0476 \\ 0.0442 \\ 0.0623 \\ 0.0566 \\ 0.0519 \\ 0.0479 \\ 0.0432 \\ 0.0567 \\ 0.0515 \\ 0.0457 \\ 0.0405 \\ 0.0436 \end{bmatrix}\right) / 5 = \begin{bmatrix} 0.0487 \\ 0.0479 \\ 0.0489 \\ 0.0512 \\ 0.0604 \\ 0.0547 \\ 0.0568 \\ 0.0534 \\ 0.0489 \\ 0.0469 \\ 0.0258 \\ 0.0244 \\ 0.0240 \\ 0.0234 \\ 0.0224 \\ 0.0573 \\ 0.0628 \\ 0.0679 \\ 0.0959 \\ 0.0784 \end{bmatrix} \begin{matrix} A_1 \\ A_2 \\ A_3 \\ A_4 \\ A_5 \\ B_1 \\ B_2 \\ B_3 \\ B_4 \\ B_5 \\ C_1 \\ C_2 \\ C_3 \\ C_4 \\ C_5 \\ D_1 \\ D_2 \\ D_3 \\ D_4 \\ D_5 \end{matrix}$$

由以上计算可得，各因素对指标的影响主要顺序（重→轻）为 $DABC$，即影响程度（重→轻）为回灌压力→回灌深度→回灌距离→回灌间距。其中 $A_5 B_2 C_1 D_4$ 权重最大，即在功能性方面的最优回灌参数为 A_5 回灌深度 –50 m、B_2 回灌距离 20 m、C_1 回灌井间距 10 m、D_4 回灌压力 40 kPa。

5.1.5 功能最优回灌方案的验证

将以上正交实验分析得出的功能最优回灌方案的施工参数进行有限元分析，结果如图 5-7、表 5-10 所示。

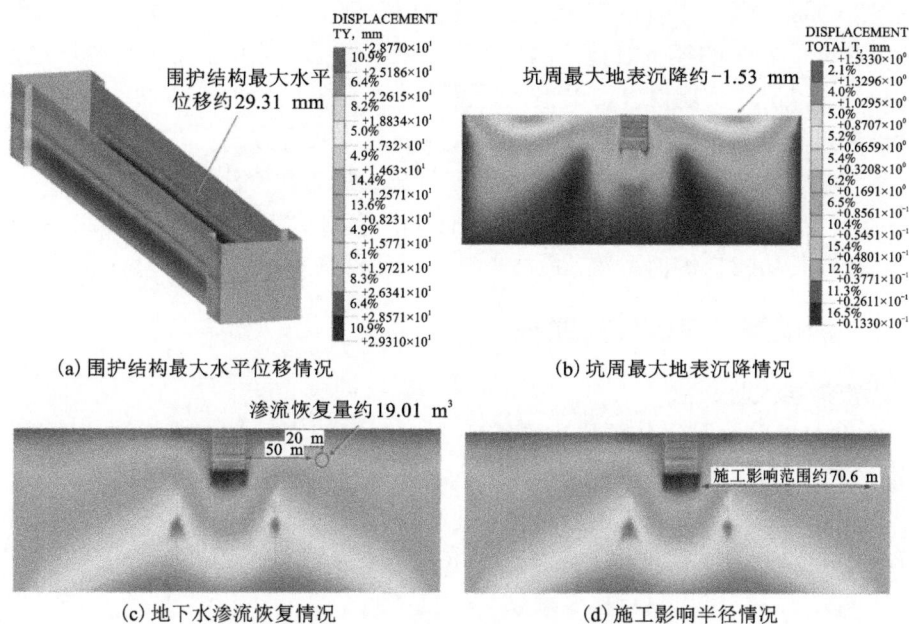

(a) 围护结构最大水平位移情况

(b) 坑周最大地表沉降情况

(c) 地下水渗流恢复情况

(d) 施工影响半径情况

图 5-7　功能最优方案有限元分析结果

表 5-10　最优回灌方案与参照方案的分析结果对比

分析方案	参数				坑周最大地表沉降 L_1/mm	地下水渗流恢复 L_2/m³	围护结构最大水平位移 L_3/mm	施工影响半径 L_4/m	施工难易度 L_5
	回灌深度 A/m	回灌距离 B/m	回灌间距 C/m	回灌压力 D/kPa					
对照方案	未进行回灌				-14.2	6.28	25.9	63.7	0
功能最优方案	-50	20	10	40	-1.53	19.01	29.31	70.6	12

　　从功能最优回灌方案的计算结果可以看出，坑周地表沉降与地下水渗流得到了较大的恢复；同时围护结构的水平位移较小，反映该最优回灌方案对基坑工程的危害程度较小；施工影响半径略微增大，也反映该最优回灌方案对环境影响程度较小。因此，该方案为考虑功能性的最优回灌方案。

5.2　基于模糊层次分析法与价值工程法的回灌方案优化

　　以上基于正交实验分析法得出的最优回灌方案以有限元分析结果为主要参考依据，是较客观的分析方法，但实际工程中由于施工现场复杂的变化情况需要人为的主观判断来确保工程的安全进行；在实际施工中也应考虑成本值的问题，从而最大化回灌施工的经济效益。因此，需采用模糊层次分析法对回灌施工进行主观的评判，得出在功能性方面的最优回灌方案；再采用价值工程法，对回灌施工的价值量进行评判，得出具有最大经济效益的最优回灌方案。

本节将采用模糊层次分析法进行专家打分，并结合价值工程法，对5.1.3节中25个正交实验分析方案与5.1.5节中计算得出的功能最优方案(共26个)进行评判，计算其功能与价值系数，最后总结出最优回灌参数。

5.2.1 回灌施工参数优化原理

1. 模糊层次分析法

20世纪提出的层次分析法主要用于分析结构较为复杂、决策较多而且不易量化的决策问题，后逐渐发展为模糊层次分析法，主要用于多属性决策。

近年来，模糊层次分析法逐渐用于工程的风险评定、优化最佳方案以及各类量化评定。模糊层次分析法主要分为以下四个步骤：

①明确问题，提出总目标要求。

②建立层次结构与模糊判断矩阵。

将问题分解为若干层次，第一层为总目标；中间层可根据问题的性质分成目标层(准则层)、部门层(子准则层)等；最底层为方案层或措施层。

根据各层的分类，两两比较构建模糊判断矩阵如下：

$$\boldsymbol{X} = (x_{ij})_{n \times n} = \begin{bmatrix} x_{11} & x_{12} & \cdots & x_{1n} \\ x_{21} & x_{22} & \cdots & x_{2n} \\ \cdots & \cdots & \cdots & \cdots \\ x_{n1} & x_{n2} & \cdots & x_{nn} \end{bmatrix} \tag{5-9}$$

式中：$X_{ij} = (m, n, l)$标识在模糊层次分析法中模糊数的下限、中值、上限；n值为当前目标层(准则层)的元素个数。

③计算权系数。

从高层到低层求同一层次上的权系数。假设当前层次上的因素为A_1，…，A_n，相关的上一层因素为C，则针对上层因素C的所有因素A_1，…，A_n进行两两比较，得到数值a_{ij}，其定义与解释如表5-11所示。

表5-11 数值定义与解释

相对重要程度	定义
0.1	目标i和目标j相比较，i比j绝对重要
0.2	目标i和目标j相比较，i比j明显重要

续表5-11

相对重要程度	定义
0.3	目标 i 和目标 j 相比较, i 比 j 重要
0.4	目标 i 和目标 j 相比较, i 比 j 略微重要
0.5	目标 i 和目标 j 相比较, i 比 j 同样重要
0.6	目标 i 和目标 j 相比较, j 比 i 略微重要
0.7	目标 i 和目标 j 相比较, j 比 i 重要
0.8	目标 i 和目标 j 相比较, j 比 i 明显重要
0.9	目标 i 和目标 j 相比较, j 比 i 绝对重要

通过对照表,计算权系数。依据式(5-10)~式(5-12)计算上述模糊判断矩阵 A 与概率矩阵 K。

$$K_{ij} = \frac{y_{ij} + 4z_{ij} + n_{ij}}{6} \tag{5-10}$$

$$S_{ij} = n_{ij} - l_{ij} \tag{5-11}$$

$$A = (a_{ij}) =$$

$$\begin{bmatrix} 1 & 1 - \dfrac{s_{12}}{2(l_{12} + m_{12} + n_{12})} & \cdots & 1 - \dfrac{s_{1n}}{2(l_{1n} + m_{1n} + n_{1n})} \\ 1 - \dfrac{s_{21}}{2(l_{21} + m_{21} + n_{21})} & 1 & \cdots & - \dfrac{s_{2n}}{2(l_{2n} + m_{2n} + n_{2n})} \\ \cdots & \cdots & \cdots & \cdots \\ - \dfrac{s_{n1}}{2(l_{n1} + m_{n1} + n_{n1})} & - \dfrac{s_{n2}}{2(l_{n2} + m_{n2} + n_{n2})} & \cdots & 1 \end{bmatrix}$$

$$\tag{5-12}$$

由式(5-13)、式(5-14)得出判断矩阵 R 和与其互补的模糊判断矩阵 $G = (g_{ij})_{n \times n}$。

$$R = r_{ij} = (k_{ij}a_{ij})_{n \times n} \tag{5-13}$$

$$g_{ij} = 0.5 \times (1 + r_{ij} - r_{ji}) \tag{5-14}$$

由式(5-15)、式(5-16)计算合成矩阵。记 A 的最大特征根为 λ_a。

$$G' = (g_{ij})_{n \times n} = \left\{ \sum_{a=1}^{k} \lambda_a g_{ij}^{(a)} \right\}, \ \lambda_a > 0 \tag{5-15}$$

$$\sum_{a=1}^{k} \lambda_a = 1 \tag{5-16}$$

属于 λ_a 的标准化向量为 $\boldsymbol{W} = (\boldsymbol{w}_1, \boldsymbol{w}_2, \cdots, \boldsymbol{w}_n)^T$，则 $\boldsymbol{w}_1, \boldsymbol{w}_2, \cdots, \boldsymbol{w}_n$ 给出了因素 $\boldsymbol{A}_1, \boldsymbol{A}_2, \cdots, \boldsymbol{A}_n$ 相对于上层因素 C 的重要程度排序。其权重可由式(5-17)进行计算。

$$w_i = \frac{1}{n} - \frac{2}{2y} + \frac{1}{ny} \sum_{j=1}^{n} g_{ij} \qquad (5-17)$$

式中：$y \geqslant (n-1) \times \dfrac{1}{2}$，$i = 1, 2, \cdots, n$。

④一致性检验。

在得出判断矩阵 $\boldsymbol{A}$ 时，需要用一致性指标用以检查该矩阵 $\boldsymbol{A}$，从而使判断上避免一致性。作为度量模糊判断矩阵 $\boldsymbol{G}$ 偏离一致性的指标，可用式(5-18)进行度量。

$$\boldsymbol{G} = \frac{\lambda_{\max} - n}{n - 1} \qquad (5-18)$$

其中 $\lambda_{\max}$ 为模糊判断矩阵 $\boldsymbol{G}$ 的最大特征值，由式(5-19)~式(5-22)计算。

将矩阵 $\boldsymbol{A}$ 规范化：

$$\bar{b}_{ij} = \frac{a_{ij}}{\displaystyle\sum_{k=1}^{n} a_{kj}} \qquad (5-19)$$

计算 $\bar{w}_i$：

$$\bar{w}_i = \sum_{j=1}^{n} \bar{b}_{ij} \quad (i = 1, \cdots, n) \qquad (5-20)$$

将 $\bar{w}_i$ 规范化，得到 w_i：

$$w_i = \frac{\bar{w}_i}{\displaystyle\sum_{i=1}^{n} \bar{w}_i} \quad (i = 1, \cdots, n) \qquad (5-21)$$

最后计算 $\lambda_{\max}$：

$$\lambda_{\max} = \sum_{i=1}^{n} \frac{(\boldsymbol{G}\bar{w})_i}{nw_i} \qquad (5-22)$$

其模糊判断矩阵的平均一致性指标 $\boldsymbol{RI}$ 取值见表5-12。

表5-12 一致性指标 $\boldsymbol{RI}$ 参数表

阶数	1	2	3	4	5	6	7	8	9
$\boldsymbol{RI}$	0.00	0.00	0.58	0.90	1.12	1.24	1.32	1.41	1.45

2. 价值工程法

价值工程(value engineering, VE),也称价值分析(value analysis, VA),该法以提高作业/产品的价值为目的,对作业/产品的功能值进行分析,研究其比值,以期在最大限度实现作业/产品功能值的同时,降低其使用成本,从而提高其价值,因此也被称为功能成本分析。价值工程把"价值"定义为"对象所具有的功能与获得该功能的全部费用之比",表示为:

$$V = \frac{F}{C} \tag{5-23}$$

式中: V 为价值量,指对象在规定成本值的情况下,所取得的功能值大小,即为客体满足主体需要的效益关系; F 为功能值,指对象实现创造者满足某种需要的能力,其实质是产品的使用价值; C 为成本值,指对象实现其对应使用价值所花费的全部消耗,是生产消耗与使用消耗之和。

近年来价值工程法逐渐用于工程最佳方案的优化以及各类量化评定中。

3. 功能值、成本值与功能重要系数的设计

基于模糊层次分析法计算出方案的功能值 F,基于价值工程法计算出方案的成本值 C,最后通过比选,最高价值方案即为最优方案。功能值与成本值的计算见式(5-24)、式(5-25)。

$$F_i = \frac{f_i}{\sum_{j=1}^{n} f_i} \tag{5-24}$$

$$C_i = \frac{c_i}{\sum_{j=1}^{n} c_i} \tag{5-25}$$

式中: F_i 为功能值; f_i 为各方案功能加权值,等于功能重要系数×功能分; C_i 为成本值; c_i 为各方案成本加权值。功能重要系数通过模糊层次分析法得出,功能分则主要通过有限元分析得出。在确立功能重要系数方面,首先构建总目标层与准则层、准则层与指标层的判断矩阵,依据专家打分法给予其判断矩阵的元素构成,再依据其元素构成,计算其各层之间的权重,最后得到指标层的总权重为功能重要系数。

建立功能重要系数的逻辑结构如图 5-8 所示。

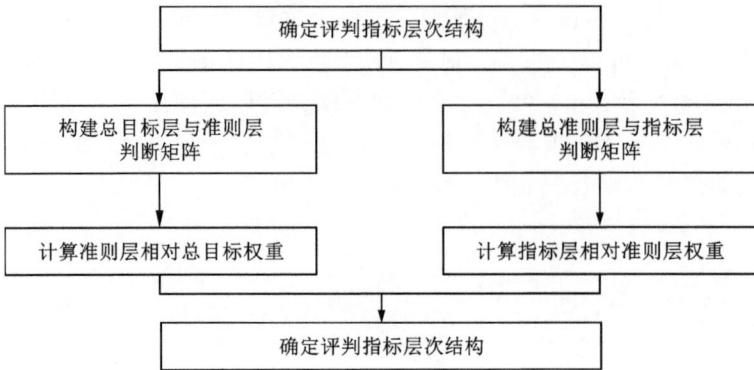

图 5-8　建立功能重要系数的逻辑结构

5.2.2　功能重要系数的计算

依据实际回灌工程，主要控制指标为坑周最大地表沉降、围护结构最大水平位移、地下水渗流恢复、施工影响半径、施工难易度共 5 个指标，构建判断指标逻辑层次结构如图 5-9 所示。

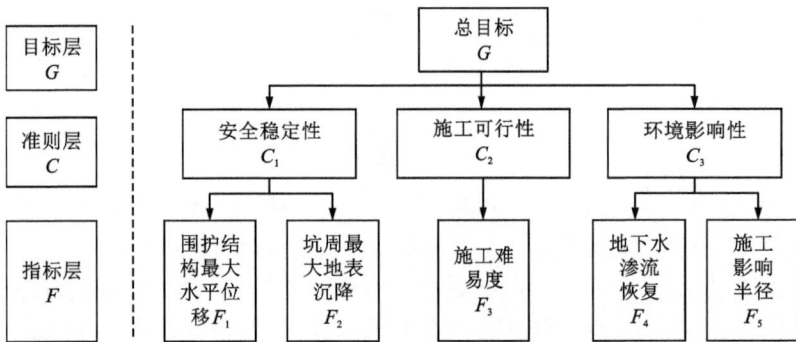

图 5-9　判断指标逻辑层次结构

①以目标层 G 与准则层 C 为对象，构建判断矩阵，用专家打分法如表 5-13~表 5-15 所示。

表 5-13　专家 I *G-C* 判断矩阵表

	C_1	C_2	C_3
C_1	(0.5, 0.5, 0.5)	(0.7, 0.8, 0.9)	(0.5, 0.6, 0.7)
C_2	(0.1, 0.2, 0.3)	(0.5, 0.5, 0.5)	(0.2, 0.3, 0.4)
C_3	(0.3, 0.4, 0.5)	(0.6, 0.7, 0.8)	(0.5, 0.5, 0.5)

表 5-14　专家 II *G-C* 判断矩阵表

	C_1	C_2	C_3
C_1	(0.5, 0.5, 0.5)	(0.6, 0.7, 0.8)	(0.5, 0.6, 0.7)
C_2	(0.2, 0.3, 0.4)	(0.5, 0.5, 0.5)	(0.3, 0.4, 0.5)
C_3	(0.3, 0.4, 0.5)	(0.5, 0.6, 0.7)	(0.5, 0.5, 0.5)

表 5-15　专家III *G-C* 判断矩阵表

	C_1	C_2	C_3
C_1	(0.5, 0.5, 0.5)	(0.5, 0.6, 0.7)	(0.4, 0.5, 0.6)
C_2	(0.3, 0.4, 0.5)	(0.5, 0.5, 0.5)	(0.3, 0.4, 0.5)
C_3	(0.4, 0.5, 0.6)	(0.5, 0.6, 0.7)	(0.5, 0.5, 0.5)

计算其概率矩阵 K_1、K_2、K_3 为：

$$K_1 = \begin{bmatrix} 0.5 & 0.8 & 0.6 \\ 0.2 & 0.5 & 0.3 \\ 0.4 & 0.7 & 0.5 \end{bmatrix} ; \quad K_2 = \begin{bmatrix} 0.5 & 0.7 & 0.6 \\ 0.3 & 0.5 & 0.4 \\ 0.4 & 0.6 & 0.5 \end{bmatrix} ; \quad K_3 = \begin{bmatrix} 0.5 & 0.6 & 0.5 \\ 0.4 & 0.5 & 0.4 \\ 0.5 & 0.6 & 0.5 \end{bmatrix}$$

计算其模糊判断矩阵 A_1、A_2、A_3 为：

$$A_1 = \begin{bmatrix} 1.00 & 0.96 & 0.94 \\ 0.83 & 1.00 & 0.89 \\ 0.92 & 0.95 & 1.00 \end{bmatrix} ; \quad A_2 = \begin{bmatrix} 1.00 & 0.95 & 0.94 \\ 0.89 & 1.00 & 0.92 \\ 0.92 & 0.94 & 1.00 \end{bmatrix} ; \quad A_3 = \begin{bmatrix} 1.00 & 0.94 & 0.93 \\ 0.92 & 1.00 & 0.92 \\ 0.93 & 0.94 & 1.00 \end{bmatrix}$$

计算其判断矩阵 R_1、R_2、R_3：

$$R_1 = \begin{bmatrix} 1.72 & 1.85 & 1.78 \\ 0.89 & 0.98 & 0.93 \\ 1.44 & 1.56 & 1.50 \end{bmatrix} ; \quad R_2 = \begin{bmatrix} 1.68 & 1.74 & 1.71 \\ 1.11 & 1.16 & 1.14 \\ 1.39 & 1.45 & 1.43 \end{bmatrix} ; \quad R_3 = \begin{bmatrix} 1.52 & 1.54 & 1.33 \\ 1.23 & 1.25 & 1.23 \\ 1.52 & 1.54 & 1.52 \end{bmatrix}$$

计算其模糊互补判断矩阵 G_1、G_2、G_3：

$$G_1 = \begin{bmatrix} 0.500 & 0.980 & 0.670 \\ 0.020 & 0.500 & 0.185 \\ 0.330 & 0.815 & 0.500 \end{bmatrix}; \quad G_2 = \begin{bmatrix} 0.500 & 0.815 & 0.660 \\ 0.185 & 0.500 & 0.345 \\ 0.340 & 0.655 & 0.500 \end{bmatrix};$$

$$G_3 = \begin{bmatrix} 0.500 & 0.655 & 0.405 \\ 0.345 & 0.500 & 0.345 \\ 0.595 & 0.655 & 0.500 \end{bmatrix}$$

计算其合成矩阵 G'：

$$G' = \begin{bmatrix} 0.500 & 0.817 & 0.578 \\ 0.183 & 0.500 & 0.292 \\ 0.422 & 0.708 & 0.500 \end{bmatrix}$$

计算矩阵的最大特征值 λ_{max} 为 1.3927。

其对应的特征向量为 $\begin{bmatrix} -0.7121 \\ -0.3458 \\ -0.6110 \end{bmatrix}$。

进行归一化计算得出 $\begin{bmatrix} 0.427 \\ 0.207 \\ 0.366 \end{bmatrix}$。

则目标层 G 与准则层 C 的权重如表 5-16 所示。

表 5-16　准则层 C 权重

	权重	次序
C_1	0.427	1
C_2	0.207	3
C_3	0.366	2

②以准则层 C_1 与指标层 F_1、F_2 为对象，构建判断矩阵，用专家打分法如表 5-17~表 5-19 所示。

表 5-17　专家 I C_1-F 判断矩阵表

	F_1	F_2
F_1	(0.5, 0.5, 0.5)	(0.5, 0.6, 0.7)
F_2	(0.3, 0.4, 0.5)	(0.5, 0.5, 0.5)

表 5-18 专家 Ⅱ C_1-F 判断矩阵表

	F_1	F_2
F_1	(0.5, 0.5, 0.5)	(0.6, 0.7, 0.8)
F_2	(0.2, 0.3, 0.4)	(0.5, 0.5, 0.5)

表 5-19 专家 Ⅲ C_1-F 判断矩阵表

	F_1	F_2
F_1	(0.5, 0.5, 0.5)	(0.7, 0.8, 0.9)
F_2	(0.1, 0.2, 0.3)	(0.5, 0.5, 0.5)

计算其概率矩阵 K_1、K_2、K_3 为：

$$K_1 = \begin{bmatrix} 0.5 & 0.6 \\ 0.4 & 0.5 \end{bmatrix}; \quad K_2 = \begin{bmatrix} 0.5 & 0.7 \\ 0.3 & 0.5 \end{bmatrix}; \quad K_3 = \begin{bmatrix} 0.5 & 0.8 \\ 0.2 & 0.5 \end{bmatrix}$$

计算其模糊判断矩阵 A_1、A_2、A_3 为：

$$A_1 = \begin{bmatrix} 1.00 & 0.94 \\ 0.92 & 1.00 \end{bmatrix}; \quad A_2 = \begin{bmatrix} 1.00 & 0.95 \\ 0.89 & 1.00 \end{bmatrix}; \quad A_3 = \begin{bmatrix} 1.00 & 0.96 \\ 0.83 & 1.00 \end{bmatrix}$$

计算其判断矩阵 R_1、R_2、R_3：

$$R_1 = \begin{bmatrix} 1.05 & 1.07 \\ 0.86 & 0.88 \end{bmatrix}; \quad R_2 = \begin{bmatrix} 1.12 & 1.18 \\ 0.75 & 0.79 \end{bmatrix}; \quad R_3 = \begin{bmatrix} 1.16 & 1.28 \\ 0.62 & 0.69 \end{bmatrix}$$

计算其模糊互补判断矩阵 G_1、G_2、G_3：

$$G_1 = \begin{bmatrix} 0.500 & 0.605 \\ 0.395 & 0.500 \end{bmatrix}; \quad G_2 = \begin{bmatrix} 0.500 & 0.715 \\ 0.285 & 0.500 \end{bmatrix}; \quad G_3 = \begin{bmatrix} 0.500 & 0.830 \\ 0.170 & 0.500 \end{bmatrix}$$

计算其合成矩阵 G'：

$$G' = \begin{bmatrix} 0.500 & 0.717 \\ 0.283 & 0.500 \end{bmatrix}$$

计算矩阵的最大特征值 λ_{max} 为 0.9505。

其对应的特征向量为 $\begin{bmatrix} 0.8468 \\ 0.5320 \end{bmatrix}$。

进行归一化计算得出 $\begin{bmatrix} 0.614 \\ 0.386 \end{bmatrix}$。

则得出指标层 F 的权重如表 5-20 所示。

表 5-20 指标层 F 相对准则层 C_1 权重

	权重	次序
F_1	0.614	1
F_2	0.386	2

③在准则层 C_2 施工可行性方面，由于只有施工难易度 F_3 一个指标层，故其 C_2—F_3 权重为 1。

④以准则层 C_3 与指标层 F_4、F_5 为对象，构建判断矩阵，用专家打分法如表 5-21~表 5-23 所示。

表 5-21 专家 I C_3-F 判断矩阵表

	F_4	F_5
F_4	(0.5, 0.5, 0.5)	(0.5, 0.6, 0.7)
F_5	(0.3, 0.4, 0.5)	(0.5, 0.5, 0.5)

表 5-22 专家 II C_3-F 判断矩阵表

	F_4	F_5
F_4	(0.5, 0.5, 0.5)	(0.6, 0.7, 0.8)
F_5	(0.2, 0.3, 0.4)	(0.5, 0.5, 0.5)

表 5-23 专家 III C_3-F 判断矩阵表

	F_4	F_5
F_4	(0.5, 0.5, 0.5)	(0.3, 0.4, 0.5)
F_5	(0.5, 0.6, 0.7)	(0.5, 0.5, 0.5)

计算其概率矩阵 K_1、K_2、K_3 为：

$$K_1 = \begin{bmatrix} 0.5 & 0.6 \\ 0.4 & 0.5 \end{bmatrix}; \quad K_2 = \begin{bmatrix} 0.5 & 0.7 \\ 0.3 & 0.5 \end{bmatrix}; \quad K_3 = \begin{bmatrix} 0.5 & 0.4 \\ 0.6 & 0.5 \end{bmatrix}$$

计算其模糊判断矩阵 A_1、A_2、A_3 为：

$$A_1 = \begin{bmatrix} 1.00 & 0.94 \\ 0.92 & 1.00 \end{bmatrix}; \quad A_2 = \begin{bmatrix} 1.00 & 0.95 \\ 0.89 & 1.00 \end{bmatrix}; \quad A_3 = \begin{bmatrix} 1.00 & 0.92 \\ 0.94 & 1.00 \end{bmatrix}$$

计算其判断矩阵 R_1、R_2、R_3：

$$R_1 = \begin{bmatrix} 1.05 & 1.07 \\ 0.86 & 0.88 \end{bmatrix}; \quad R_2 = \begin{bmatrix} 1.12 & 1.18 \\ 0.75 & 0.79 \end{bmatrix}; \quad R_3 = \begin{bmatrix} 0.88 & 0.86 \\ 1.07 & 1.05 \end{bmatrix}$$

计算其模糊互补判断矩阵 G_1、G_2、G_3：

$$G_1 = \begin{bmatrix} 0.500 & 0.605 \\ 0.395 & 0.500 \end{bmatrix}; \quad G_2 = \begin{bmatrix} 0.500 & 0.715 \\ 0.285 & 0.500 \end{bmatrix}; \quad G_3 = \begin{bmatrix} 0.500 & 0.395 \\ 0.605 & 0.500 \end{bmatrix}$$

计算其合成矩阵 G'：

$$G' = \begin{bmatrix} 0.500 & 0.572 \\ 0.428 & 0.500 \end{bmatrix}$$

计算矩阵的最大特征值 λ_{max} 为 0.9948。

其对应的特征向量为 $\begin{bmatrix} 0.7563 \\ 0.6542 \end{bmatrix}$。

进行归一化计算得出 $\begin{bmatrix} 0.536 \\ 0.464 \end{bmatrix}$。

则得出指标层 F 的权重如表 5-24 所示。

表 5-24　指标层 F 相对准则层 C_3 权重

	权重	次序
F_4	0.536	1
F_5	0.464	2

综合表 5-16、表 5-20、表 5-24 得出最终指标层的功能重要系数如表 5-25 所示。

表 5-25　功能重要系数

准则层	G-C 权重	指标层	C-F 权重	功能重要系数	排序
C_1	0.427	F_1	0.614	0.2622	1
		F_2	0.386	0.1648	5
C_2	0.207	F_3	1	0.207	2
C_3	0.366	F_4	0.536	0.1962	3
		F_5	0.464	0.1698	4

得出上述功能重要系数之后，将其代入各方案的功能得分当中，得出功能加权得分用以评判各方案的功能值。

5.2.3 功能值的计算

计算各方案的功能值依据式(5-26)进行计算:

$$F_i = \frac{f_i}{\sum_{j=1}^{30} f_i} \tag{5-26}$$

式中: F_i 为综合功能值占比; f_i 为各方案的加权之和, 分别对应 26 个方案。

各方案有限元分析结果值如表 5-26 所示。表中坑周最大地表沉降计算结果原为负值, 已转化为正值进行计算。其中方案 1~方案 25 为 5.1.3 节中通过正交实验设计所得出的方案; 功能最优方案为 5.1.5 节中通过正交实验分析矩阵模型计算所得结果: $A_5B_2C_1D_4$ 回灌设计方案。

表 5-26 各方案有限元分析结果值

方案	围护结构最大水平位移 F_1/mm	坑周最大地表沉降 F_2/mm	施工难易度 F_3	地下水渗流恢复 F_4/m³	施工影响半径 F_5/m
方案 1	26.64	13.92	4	6.57	64.3
方案 2	26.81	11.75	7	8.21	68.3
方案 3	27.28	9.31	10	10.82	73.6
方案 4	28.64	6.84	13	12.36	80.7
方案 5	29.17	4.53	16	15.83	88.2
方案 6	36.78	8.39	8	8.54	69.2
方案 7	26.75	7.92	11	13.46	67.4
方案 8	32.67	4.28	14	16.74	71.1
方案 9	26.17	12.85	12	7.23	78.8
方案 10	25.99	11.23	10	11.32	96.1
方案 11	38.88	3.18	12	17.24	66.7
方案 12	26.92	11.83	10	7.49	69.8
方案 13	26.32	10.37	13	8.98	69.7
方案 14	27.82	8.35	11	10.62	90.6
方案 15	27.49	5.59	14	15.88	98.8
方案 16	27.94	8.91	11	10.18	63.9
方案 17	28.92	6.82	14	16.28	71.7

续表5-26

方案	围护结构最大水平位移 F_1/mm	坑周最大地表沉降 F_2/mm	施工难易度 F_3	地下水渗流恢复 F_4/m³	施工影响半径 F_5/m
方案 18	31.82	4.59	12	16.82	73.9
方案 19	34.78	4.01	15	18.63	89.1
方案 20	27.52	10.66	13	8.69	93.6
方案 21	39.78	3.28	15	19.88	64.8
方案 22	40.49	1.24	13	21.36	67.9
方案 23	27.84	7.62	11	9.87	71.6
方案 24	28.23	5.74	14	13.63	76.8
方案 25	28.87	4.37	17	16.84	83.4
功能最优方案	29.31	1.53	11	19.01	70.6

对以上结果进行百分制换算,规定围护结构最大水平位移 F_1、坑周最大地表沉降 F_2、施工难易度 F_3、施工影响半径 F_5 指标下,最小值满分为 100 分,依据式(5-27)进行计算;地下水渗流恢复 F_4,最大值为 100 分,依据式(5-28)进行计算。各方案功能得分计算结果如表 5-27 所示。

$$得分 = 100 - 100 \times \frac{变形值 - 最小变形值}{变形值} \tag{5-27}$$

$$得分 = 100 - 100 \times \frac{最大渗流值 - 渗流值}{最大渗流值} \tag{5-28}$$

表 5-27　各方案功能得分

方案	功能得分				
	围护结构最大水平位移 F_1/mm	坑周最大地表沉降 F_2/mm	施工难易度 F_3	地下水渗流恢复 F_4/m³	施工影响半径 F_5/m
方案 1	98	9	100	31	99
方案 2	97	11	57	38	94
方案 3	95	13	40	51	87
方案 4	91	18	31	58	79
方案 5	89	27	25	74	72
方案 6	71	15	50	40	92

续表5-27

方案	功能得分				
	围护结构最大水平位移 F_1/mm	坑周最大地表沉降 F_2/mm	施工难易度 F_3	地下水渗流恢复 F_4/m³	施工影响半径 F_5/m
方案7	97	16	36	63	95
方案8	80	29	29	78	90
方案9	99	10	33	34	81
方案10	100	11	40	53	66
方案11	67	39	33	81	96
方案12	97	10	40	35	92
方案13	99	12	31	42	92
方案14	93	15	36	50	71
方案15	95	22	29	74	65
方案16	93	14	36	48	100
方案17	90	18	26	76	89
方案18	82	27	33	79	86
方案19	75	31	27	87	72
方案20	94	12	31	41	68
方案21	65	38	27	93	99
方案22	64	100	31	100	94
方案23	93	16	36	46	89
方案24	92	22	29	64	83
方案25	90	28	24	79	77
功能最优方案	89	81	36	89	91

功能得分乘以功能重要系数即为功能加权得分，功能加权得分考虑了模糊层次分析法的评判层指标结构之后的各方案功能值大小，体现了各方案的功能性。

功能重要系数如表 5-25 所示。各方案功能加权得分如表 5-28 和图 5-10 所示。

表 5-28 各方案功能加权得分

方案	功能加权得分					f_i	F_i
	围护结构最大水平位移 F_1/mm	坑周最大地表沉降 F_2/mm	施工难易度 F_3	地下水渗流恢复 F_4/m³	施工影响半径 F_5/m		
功能重要系数	0.2622	0.1648	0.2070	0.1962	0.1968	—	
方案 1	25.6956	1.4832	20.7000	6.0822	19.4832	73.4442	0.0384
方案 2	25.4334	1.8128	11.7990	7.4556	18.4992	65.0000	0.0340
方案 3	24.9090	2.1424	8.2800	10.0062	17.1216	62.4592	0.0327
方案 4	23.8602	2.9664	6.4170	11.3796	15.5472	60.1704	0.0315
方案 5	23.3358	4.4496	5.1750	14.5188	14.1696	61.6488	0.0323
方案 6	18.6162	2.4720	10.3500	7.8480	18.1056	57.3918	0.0300
方案 7	25.4334	2.6368	7.4520	12.3606	18.6960	66.5788	0.0348
方案 8	20.9760	4.7792	6.0030	15.3036	17.7120	64.7738	0.0339
方案 9	25.9578	1.6480	6.8310	6.6708	15.9408	57.0484	0.0299
方案 10	26.2200	1.8128	8.2800	10.3986	12.9888	59.7002	0.0312
方案 11	17.5674	6.4272	6.8310	15.8922	18.8928	65.6106	0.0343
方案 12	25.4334	1.6480	8.2800	6.8670	18.1056	60.3340	0.0316
方案 13	25.9578	1.9776	6.4170	8.2404	18.1056	60.6984	0.0318
方案 14	24.3846	2.4720	7.4520	9.8100	13.9728	58.0914	0.0304
方案 15	24.9090	3.6256	6.0030	14.5188	12.7920	61.8484	0.0324
方案 16	24.3846	2.3072	7.4520	9.4176	19.6800	63.2414	0.0331
方案 17	23.5980	2.9664	5.3820	14.9112	17.5152	64.1658	0.0336
方案 18	21.5004	4.4496	6.8310	15.4998	16.9248	65.2056	0.0341
方案 19	19.6650	5.1088	5.5890	17.0694	14.1696	61.6018	0.0322
方案 20	24.6468	1.9776	6.4170	8.0442	13.3824	54.4680	0.0285
方案 21	17.0430	6.2624	5.5890	18.2466	19.4832	66.6242	0.0349
方案 22	16.7808	16.4800	6.4170	19.6200	18.4992	77.7970	0.0407
方案 23	24.3846	2.6368	7.4520	9.0252	17.5152	61.0138	0.0319
方案 24	24.1224	3.6256	6.0030	12.5568	16.3344	62.6422	0.0328
方案 25	23.5980	4.6144	4.9680	15.4998	15.1536	63.8338	0.0334
功能最优方案	23.3358	13.3488	7.4520	17.4618	17.9088	79.5072	0.0416

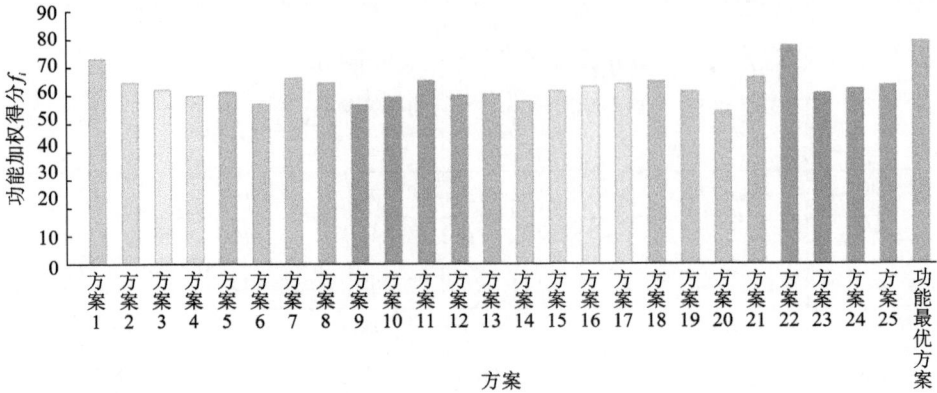

图 5-10　各方案功能加权得分

运用正交实验分析法、有限元模型进行数值模拟得出各方案的结果值，通过式(5-27)与式(5-28)进行换算得出功能得分，再乘以由模糊层次分析法得出的功能重要系数从而得到功能加权得分。从功能加权得分表可以看出，功能最优方案 $A_5B_2C_1D_4$，即 A_5 回灌深度-50 m、B_2 回灌距离 20 m、C_1 回灌间距 10 m、D_4 回灌压力 40 kPa 的功能值最高，这与通过正交实验分析矩阵模型计算得出的结果是一致的。因此功能最优方案 $A_5B_2C_1D_4$ 为具有最佳功能性的回灌方案。

5.2.4　价值最优回灌方案的确定

在实际施工中也应考虑成本值的问题，因此采用价值工程法对回灌施工的价值量进行评判，得出具有最大经济效益的最优回灌方案。价值工程法要求计算各施工方案的成本值，成本值的计算公式如式(5-29)[84]所示：

$$C_i = \frac{c_i}{\sum\limits_{i=1}^{30} c_i} \tag{5-29}$$

式中：C_i 为综合成本值；c_i 为各方案的成本加权得分，分别对应26个方案。成本值的计算，主要基于施工工期、难易度、所需设备与人工量以及其他费用等。对各方案的成本进行专家打分，所得分值越高，表明成本越高。成本值中各回灌参数依据施工成本进行换算，换算分值中回灌深度占40%，回灌压力占30%，回灌距离占20%，回灌间距占10%，分数为百分制。所得价值计算结果如表5-29、图5-11所示。

表 5-29　价值计算结果

方案	价值计算结果			
	成本加权得分 c_i	C_i	F_i	$V_i = F_i / C_i$
方案 1	20	0.0107	0.0384	3.5820
方案 2	34	0.0182	0.0340	1.8648
方案 3	48	0.0258	0.0327	1.2693
方案 4	62	0.0333	0.0315	0.9467
方案 5	76	0.0408	0.0323	0.7913
方案 6	40	0.0215	0.0300	1.3996
方案 7	54	0.0290	0.0348	1.2027
方案 8	68	0.0365	0.0339	0.9292
方案 9	57	0.0306	0.0299	0.9763
方案 10	51	0.0274	0.0312	1.1419
方案 11	60	0.0322	0.0343	1.0667
方案 12	49	0.0263	0.0316	1.2011
方案 13	63	0.0338	0.0318	0.9398
方案 14	57	0.0306	0.0304	0.9941
方案 15	71	0.0381	0.0324	0.8497
方案 16	55	0.0295	0.0331	1.1216
方案 17	69	0.0370	0.0336	0.9071
方案 18	63	0.0338	0.0341	1.0096
方案 19	77	0.0413	0.0322	0.7804
方案 20	66	0.0354	0.0285	0.8050
方案 21	75	0.0402	0.0349	0.8665
方案 22	69	0.0370	0.0407	1.0998
方案 23	58	0.0311	0.0319	1.0261
方案 24	72	0.0386	0.0328	0.8487
方案 25	86	0.0461	0.0334	0.7240
功能最优方案	64	0.0343	0.0416	1.2118
$\sum\limits_{i=1}^{30} c_i$	1844			

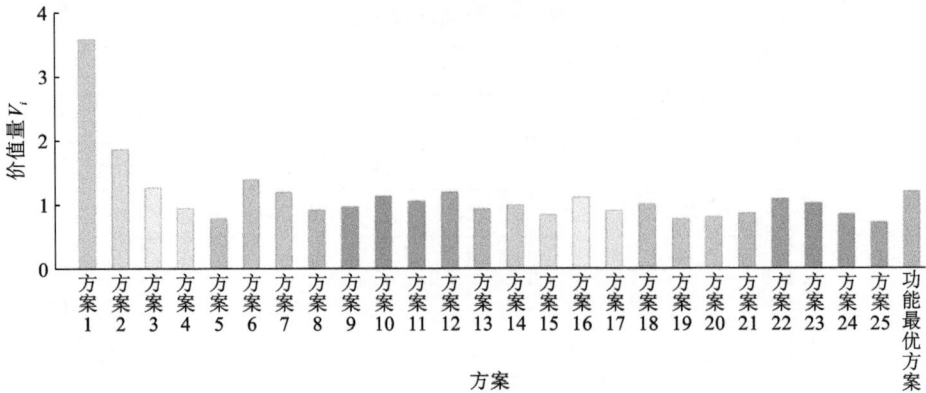

图 5-11　各方案价值量

从表 5-28、图 5-10 可以看出，虽然功能最优方案的功能值最高，在优先考虑对环境进行保护与施工安全性的情况下能发挥最大作用，但综合价值量不突出。如表 5-29、图 5-11 所示，通过价值工程法的计算，考虑成本值，方案 1 的价值量最高，为价值最优回灌方案。

综上所述，方案 1 为回灌施工难度最小的方案，具有工程价值与经济效益。在实际施工中，考虑施工工期、施工成本、人力成本等因素，选择施工难度较小的回灌方案可以发挥回灌对地表与地下水渗流的保护作用，同时使经济效益最大化。

5.2.5　价值最优回灌方案的验证

综上所述，得出两种最优回灌参数方案：功能最优方案，回灌参数为 $A_5B_2C_1D_4$（A_5 回灌深度-50 m、B_2 回灌距离 20 m、C_1 回灌间距 10 m、D_4 回灌压力 40 kPa）；价值最优方案，回灌参数为 $A_1B_1C_1D_1$（A_1 回灌深度-10 m、B_1 回灌距离 12 m、C_1 回灌间距 10 m、D_1 回灌压力 10 kPa）。

为了分析这两种方案的特点，同时验证价值最优方案的正确性，以下将价值最优方案与功能最优方案的计算结果进行比较，结果如表 5-30 所示。

表 5-30　价值最优方案与功能最优方案对比

方案	功能值	成本值	价值量
功能最优方案	0.0416	0.0343	1.2118
价值最优方案	0.0384	0.0107	3.5820
变化幅度	-7.6%	-68.8%	+195.5%

可以看出，价值最优方案（方案 1）的功能值为 0.0384，相较功能最优方案的功能值减少约 7.6%，说明该方案相对功能最优方案在回灌效果上有所降低，但降低不明显。然而，从成本值的对比可以看出，价值最优方案的成本值比功能最优方案的成本值大幅下降（下降 68.8%），说明该方案在回灌效果有所牺牲的情况下可以在经济上得到很大回报。在综合功能值和成本值计算的价值量上可以看出，价值最优方案的价值量相比功能最优方案的价值量提高了 195.5%，可见价值最优方案具有十分突出的价值量，因此是最具有经济效益的回灌方案，更适合实际工程应用。

本章结合济南富水承压地层地铁深基坑在开挖、降水、回灌施工过程中的变化规律与有限元分析结果，提出正交实验分析法—模糊层次分析法—价值工程法三者相结合的优化分析方法，对回灌参数进行优化研究，所得主要结论如下：

①运用正交实验分析法利用有限元模型进行数值实验，对不同的回灌参数进行分析，得出在回灌深度、回灌压力、回灌间距、回灌距离等 4 个不同回灌参数的影响下，坑周最大地表沉降、地下水渗流恢复、施工影响半径、围护结构最大水平位移、施工难易度等 5 个指标的变化情况，将结果导入正交实验分析矩阵模型，基于正交实验分析法客观地确定在功能性方面基坑的最优回灌参数为 $A_5B_2C_1D_4$（A_5 回灌深度 -50 m、B_2 回灌距离 20 m、C_1 回灌间距 10 m、D_4 回灌压力 40 kPa）。

②对回灌参数进行敏感性分析，得出不同回灌参数对坑周最大地表沉降、地下水渗流恢复、施工影响半径、围护结构最大水平位移、施工难易度等 5 个指标的影响程度。分析结果表明，在对这 5 个等指标在功能性方面进行评价时，应着重考虑回灌深度与回灌压力的设计。更大的回灌压力与更深的回灌可使坑周最大地表沉降与地下水渗流情况进一步改善，但过大的回灌压力、更深的回灌深度会对基坑工程与周边环境产生不利影响，因此在回灌施工中应基于实际施工要求进行回灌的参数控制。

③运用模糊层次分析法，对上述回灌参数敏感性分析中的 5 个指标进行专家打分，得出这 5 个指标的功能重要系数；将所有比选方案的计算结果进行换算得出功能得分，将功能得分乘以功能重要系数得出功能加权得分，评判出考虑主观能动性的功能最优回灌参数为 $A_5B_2C_1D_4$，此参数与通过正交实验分析法客观确定的功能最优回灌参数相吻合。

④运用价值工程法，考虑功能值与成本值的比值，计算各方案的价值量，最终得出具有最高价值量的价值最优回灌参数为 $A_1B_1C_1D_1$（A_1 回灌深度 -10 m、B_1 回灌距离 12 m、C_1 回灌间距 10 m、D_1 回灌压力 10 kPa）。在考虑价值量的情况下，应选择回灌深度、回灌压力、回灌间距、回灌距离都较小的情况，使回灌施工兼顾功能性与价值性，从而最大化回灌施工的经济价值。

第6章 富水地层地铁车站土体参数空间变异性分析

基坑工程作为岩土工程的分支,继承了岩土工程的不确定性和模糊性。受限于工程勘探的采样局限性及天然土体所固有的变异性,工程受力分析及设计使用的土体参数具有不确定性,不确定因素的存在使得设计状况存在非透明的盲点,导致了工程实践中时常出现影响安全、进度和质量的工程问题。土由"固液气"三相组成,固态成分相同,组成土的三相比例不同也会影响土体的物理力学性质;固态成分在形成过程中受到自然状态下物化作用的不同影响烈度,使得邻近空间固体的物理性质参数的性质存在一定的差异。为了更好地认识土体的性质,有必要对土体的空间变异性进行分析。

6.1 随机场理论

用数学的语言来表示随机场的空间性:建立 XYZ 三维空间坐标系,P 为空间上的一个点,(x, y, z) 为 P 点的空间坐标,三维空间的一个随机场用随机函数表示为 $R(P) = R(x, y, z)$。

6.1.1 随机场的数字特征

数理统计的数字特征有均值、方差和协方差。为了使随机场与数理统计学科建立互通关系,将随机场的趋势函数等同于均值函数,随机场的二阶矩等同于协方差,协方差是一个描述两个变量相关程度的量,其中方差是协方差的特殊情况,当两个变量相同的情况下,此时协方差等于方差。

随机场具有空间性及各向异性。XOY 视为水平面,Z 轴方向表示为土层厚度方向。假设随机场的一维分布函数为 $F_R(z)$,概率密度函数为 $f_R(z)$,土层厚度方向和水平方向具有同理性,土层厚度方向随机场的趋势函数如式(6-1)所示。

$$\mu(z) = E[R(z)] = \int z \cdot f_R(z) \, dz \tag{6-1}$$

土层水平横向随机场的趋势函数如式(6-2)所示。

$$\mu(x) = E[R(x)] = \int x \cdot f_R(x) \, dx \tag{6-2}$$

水平纵向随机场的趋势函数如式(6-3)所示。

$$\mu(y) = E[R(y)] = \int y \cdot f_R(y) \mathrm{d}y \qquad (6-3)$$

土层厚度方向二阶矩函数如式(6-4)所示。

$$\sigma(z) = \sqrt{D[R(z)]} = \int \{z - E[R(z)]\}^2 \cdot f_R(z) \mathrm{d}z \qquad (6-4)$$

同理可得水平横向二阶矩函数如式(6-5)所示。

$$\sigma(x) = \sqrt{D[R(x)]} = \int \{x - E[R(x)]\}^2 \cdot f_R(x) \mathrm{d}x \qquad (6-5)$$

同理可得水平纵向二阶矩函数如式(6-6)所示。

$$\sigma(y) = \sqrt{D[R(y)]} = \int \{y - E[R(y)]\}^2 \cdot f_R(y) \mathrm{d}y \qquad (6-6)$$

三维空间的 XOZ 平面二维随机变量的二阶矩函数(协方差函数)如式(6-7)所示。

$$\mathrm{Cov}(x, y) = E[x - E[R(x)]] \cdot E[y - E[R(y)]] \qquad (6-7)$$

协方差函数与 x，y 都有关，当 $x = y$ 时，即为水平向的二阶矩函数(方差)。其他平面的协方差同理可得。

6.1.2　随机场的平稳性

联合概率分布函数不因空间坐标系的变换而改变的随机场称为严平稳随机场。严平稳随机场在空间中具有均匀性，这是随机场的一个特殊情况。但这一情况在有限元数值模拟中被用来描述均质材料，材料质地在空间中是均匀的，该特性在空间中按照确定的距离间隔重复出现，且统计分析一般通过数字特征(期望、方差和协方差)来表示。

对于给定的与坐标位置无关的随机场，且其一阶矩和二阶矩存在，则称该随机场为二阶平稳随机场。二阶平稳随机场的性质如式(6-8)和式(6-9)所示。

$$\mu(z) = E[R(z)] = E[R(z + l)] = c(常数) \qquad (6-8)$$

$$
\begin{aligned}
C(l) &= \mathrm{Cov}(z, z + l) \\
&= E[R(z) - E[R(z)]] \cdot E[R(z + l) - E[R(z + l)]] \\
&= E[R(z) - c] \cdot E[R(z + l) - c] \\
&= E[R(z)R(z + l)] - c^2
\end{aligned}
\qquad (6-9)
$$

由式(6-8)和式(6-9)可知，二阶平稳随机场的一阶矩以及二阶矩不因绝对坐标的改变而改变，其一阶矩为常数，协方差与距离有关，但与距离方向无关。当平稳随机场的协方差与距离方向无关，只与距离的大小有关时，则该随机场称为各向同性随机场。由此可见，随机场的数字特征对描述随机场的平稳性有着重要的作用。

根据数理统计，随机变量的一阶矩和二阶矩推导不出随机变量的概率分布，因此严平稳随机场与二阶平稳随机场是充分非必要的关系。由二阶平稳随机场的协方差可知，二阶平稳随机场表示的变异性是处处相等。基于此，架设了随机理论通向空间变异性的桥梁。但在实际工程中，要满足二阶平稳随机场的条件也不容易，因此，一个较不严格的假设被提出：若随机场 $R(s):s \in D \in Rn$ 是距离向量，在 $R(s+l)-R(s)$ 情况下是二阶平稳，则该随机场具有本征平稳性。若随机场 $R(s):s \in D \in Rn$ 是本征平稳随机场，其性质如式(6-10)和式(6-11)所示。

$$E[R(s)] = \mu(l) \tag{6-10}$$
$$2\gamma(l) = \mathrm{Var}[R(s+l) - R(s)]^2 \tag{6-11}$$

式中：$\gamma(l)$ 为半方差函数。

接下来证明本征平稳与二阶平稳随机场的平稳性之间的关系。本征平稳随机场 $R(s):s \in D \in Rn$ 的性质如式(6-12)所示。

$$\begin{aligned}
&\mathrm{Var}[R(s+l) - R(s)]^2 \\
&= \mathrm{Var}[R(s+l)] + \mathrm{Var}[R(s)] - 2\mathrm{Cov}[R(s+l), R(s)] \\
&= 2\{\mathrm{Var}[R(s)] - 2C(l)\} \\
&= 2\gamma(l)
\end{aligned} \tag{6-12}$$

式(6-12)表明，随机场二阶平稳的平稳性要强于随机场本征平稳的平稳性，前者是后者的充分不必要条件。

对随机场的平稳性进行分析，是为了对用于理论分析的勘查数据进行筛选，要求使用的数据满足平稳随机场的平稳性要求。此外，土体参数在空间上的分布也应具备各态历经性，因此，需要对变异函数的波动分量进行平稳性的检验。

6.2 土体参数的随机场模型

随机场模型在描述土体参数的空间变异性这一方面有着重要的作用，通过随机理论将土体参数的空间变异性与基坑的可靠性结合在一起，可以进一步分析土体空间变异性对结构响应的敏感程度。这对随机场模型是一个高度抽象的概念，并不能作为一种有针对性解决土体在空间上变异性的具体工具。需要在以随机场模型为有限空间里构造出一种对土体参数进行统计分析的工具，以解决土体空间变异性对结构变形等响应的影响。要求统计分析工具能够对随机场的数字特征和平稳性进行评估，解决二阶平稳随机场在确定的场空间中的趋势函数和协方差函数的问题。

对于统计分析工具，要求能够处理不稳定波动变化的参数。参数的变化可以分为确定的变化和不确定的变化，对此可采用数理统计分析中的一阶矩函数来描述确定的变化，采用二阶矩函数来描述不确定的变化。由此，可采用下面的模型来描述该结构：土体参数函数=一阶矩函数+二阶矩函数。

　　土体参数的空间变异性的随机模型应该建立在数据具有平稳性的前提下，在分析之前需要对土体参数函数进行平稳性检验。为确保参数的有效性，需要对土体参数数据进行处理，利用数据转换手段将不平稳的原始参数转换为平稳的理论分析数据。建设场地的参数数据在一定范围内的波动具有相关性，超过一定距离相关性变弱，呈现不相关特性。岩土工程中常用一阶矩函数、二阶矩函数的波动来对土体参数的随机场模型进行拟合分析。在波动分量的平稳性检验中，常用的统计学检验方法需要假设参数数据之间具有独立性，而土体参数在邻近空间具有相关性，因此采用统计学分析方法进行平稳性检验会产生很大的误差，且该误差对平稳性是不利的。为了获得较为可靠的平稳性检验结果，采用适用于具有相关性的土体参数数据的平稳性检验的修正 Bartlett 检验方法，通过优化的修正 Bartlett 检验如表 6-1 所示。

表 6-1　修正 Bartlett 检验

自相关模型	临界值 Bcrit	归一化片段长度
SNX(单指数型)	$(0.23k+0.71)\ln(I_1)+0.91k+0.23$	$I_2=1$
SQX(指数平方型)	$(0.73k-0.98)\ln(I_1)+2.35k-2.45$	$I_2=1$
CSX(指数余弦型)	$(0.28k+0.43)\ln(I_1)+1.29k-0.40$	$I_2=1$
SMK(二阶 Markov 型)	$(0.42k-0.07)\ln(I_1)+2.04k-3.32$	$I_2=1$
BIN(二阶噪声型)	$(0.30k+0.29)\ln(I_1)+1.15k-0.52$	$I_2=1$

式中：$k=\delta/(\Delta z)$；$I_1=T/\delta=n/k$；$I_2=W/\delta=m/k$；δ 表示波动范围；Δz 表示采样间距；k 表示单个波动范围内采样点数量；I_1 表示归一化剖面长度；T 表示波动分量剖面总长度；n 表示波动分量剖面的样本数据总数量；I_2 表示归一化的片段长度；W 表示 1/2 窗口片段的长度；m 表示单个片段的数据样本数量。

　　通过修正 Bartlett 检验方法将空间变异性模型的土体参数去趋势化、波动范围的求解和波动分量的平稳性检验等进行联合分析。修正的 Bartlett 检验过程如下：两个移动窗口由两个连续等长的样本片段组成，两个窗口在波动分量剖面上进行移动，对两个窗口范围内的样本片段的样本方差分别进行计算，再通过计算得出窗口中心处的 Bartlett 检验统计量，接着得到检验的临界值 Bcrit，最后通过极限值判断波动分量是否满足平稳性。

6.2.1　波动分量

　　由于三相比例及组成固体颗粒物质的差异，土体参数在空间中具有变异性。对土体的变异性进行建模分析，将空间变异性函数通过趋势函数及波动分量函数来表示。为了简化分析，采用一维对土体空间变异性进行分析。地层的组成原因和地应力沿深度的变化，决定了土体参数沿深度变化的明显性。基坑建设场地土体参数沿厚度方向的变异性函数如式(6-13)所示。

$$\theta(z) = \mu(z) + v(z) \tag{6-13}$$

式中：z 为深度坐标；$\theta(z)$ 为空间变异性函数；$\mu(z)$ 为一阶矩函数；$v(z)$ 为随机波动分量。同理，通过沿厚度方向的空间变异性函数的构造形式可将其推广到二维及以上的高维情形。

对于空间变异性函数需要做以下说明：$\mu(z)$ 具有确定性；随机波动分量 $v(z)$ 是一个平稳的随机场。土体参数空间变异性函数由两个部分组成，后面的部分 $v(z)$ 是空间变异性的主要分析内容，土体参数的变异性通常用波动分量 $v(z)$ 的随机特性来表示。土体在长久的地质历史演变过程中，物质的组成受到自然作用的复杂影响，土体性质在空间上存在差异性。差异性的大小取决于不同土体之间相关距离的大小。在厚度方向(z 方向)，土体之间相邻的距离的变异性要比水平方向的变异性敏感。在厚度方向，相比空间距离远的土体之间，在邻近空间获取的土体参数数据之间存在的变异性要小得多，更具相似性。趋势项主要受到应力历史随深度而变大的影响，在长年累月的较高应力作用下，土体性质随着深度方向逐渐向好发展。对于厚度方向有明显分层的地质条件，趋势项可考虑按照地质分层进行分段，不同地层的交界面往往存在较为明显的突变。不同地层的趋势项主要受到自然界的客观规律及客观因素的影响，回归分析方法可以对其进行拟合确定。趋势函数常采用线性拟合，拟合函数应当越简单越好。对于随机波动分量 $v(z)$，主要表示特定土体参数的相关性，因此，土体参数的空间的自相关结构可以通过土体参数空间分布的波动分量来表达。趋势函数与随机波动分量是相对确定的，也是相互影响的。空间变异性函数是确定的，随着趋势函数的改变，随机波动分量的自相关结构也会随之发生变化，在改变的同时，两者实现一个动态的变化。然而，趋势函数越复杂，拟合度更高，这也将降低波动分量的自相关性。随机波动分量对研究土体自相关结构具有重要价值，因此趋势函数越简单越好，但也不应忽视地层的分层特性。

6.2.2 变异系数

变异系数是标准差与均值的比值，其可消除测量尺度与量纲的影响，这是变异系数较标准差所具有的优势。此外，变异系数也与标准差、极差和方差相类似，能够反映离散程度的绝对值，离散程度和变量的均值都会影响变异系数的量值。因此，岩土工程中土体参数的变异性通常采用变异系数来表示，而不是采用标准差。由于在随机场模型中，土体参数均值采用趋势函数来表示，并非传统数理统计学中简单的算术平均。对于随机场模型中的标准差，也并非传统的土体参数数据的标准差，而是采用随机波动分量的标准差。土体参数随机波动分量的空间变异性标准差如式(6-14)所示。

$$\sigma(z) = \sqrt{\frac{1}{n-1} \sum_{j-1}^{m} \left[v(z_j) \right]^2} \tag{6-14}$$

式中：m 为样本数据容量；$v(z_j)$ 为沿深度 z_j 变化的随机波动分量。

根据随机波动分量的空间变异性标准差及趋势函数，可以得到消除测量尺度与量纲的土体参数的变异系数。土体参数的竖向变异系数如式(6-15)所示。

$$\text{Cov}(z) = \frac{\sigma(z)}{\mu(z)} \tag{6-15}$$

6.2.3　波动范围

波动范围指的是反复波动而形成的波峰与波谷所包含的内部区域，在本章作为统计参数对土体空间变异性进行描述。在岩土工程中，土体参数的波动范围是空间变异性的特征之一。土体参数的变化速率与波动范围呈负相关，土体参数在空间上的变化越剧烈，波动的范围就越小，土体变异越大；土体参数在空间上的变化越和缓，波动的范围就越大，土体变异越小。均质土体不考虑土体的变异性，用严平稳随机场来表示。根据波动范围的特征，利用波动范围识别土层分界面具有很大的潜力。土体波动范围也可以用来区分土体参数的相关性，在波动区域内的土体具有强相关性，超出波动区域的土体的相关性将大大降低，在统计学中被归类为独立的随机变量。这里需要做出说明的是：空间中局部土体参数的波动方向一般没有规律，但在空间中的任何方向都可以通过空间坐标轴的单位向量来表示，因此波动方向可由坐标轴的单位向量来表示。在典型的二维平面中，波动范围可以被分解为水平方向和竖直方向。波动范围常用的计算方法有回归分析或似然函数估计，通过土体参数样本的二阶矩来计算自相关系数，根据自相关系数选择自相关模型来进行回归分析，这是一种可靠的方法。在以往的研究中，对理论自相关系数有较多的研讨。从土体参数数据到确定波动范围的过程如下：根据土体参数样本二阶矩函数计算自相关系数，通过表 6-2 的模型分别拟合自相关系数，进而获得表 6-2 的模型参数，最后确定波动范围。其中，采用波动分量来估算自相关系数的计算公式如式(6-16)所示。

$$\dot{R}(l = i\Delta z) = \frac{1}{s^2(n-i-1)} \sum_{j=1}^{n-i} \left[R(z_j) R(z_{i+j}) \right] \tag{6-16}$$

式中：Δz 为采样间距；$z_j = j(\Delta z)$ 为第 j 个采样数据所在的 Z 坐标；n 为样本数据总量；s^2 为样本方差。

当取 $i = 0$ 时，可得自相关系数为 1。

由于自相关函数的计算依赖于样本数据，而样本数据主要来源于现场与实验室的测试手段和计算方法的结合，在工程实际当中，测试方法、采样间隔、采样范围受到许多因素的影响，测试方法的不确定性、采样间隔的不确定性和采样范围的不确定性对波动范围具有一定的影响。此前的研究表明，采样间距的增大会导致波动范围的增大。波动范围因计算方法和拟合的吻合度而有所差别，这表明波动范围的计算与自相关模型的选择具有一定的敏感性，常用的自相关模型见表6-2。

表 6-2　自相关模型

自相关函数模型	表达式	波动范围
SNX	$R(l) = \exp(-\lambda \cdot |l|)$	$\delta = 2/\lambda$
SQX	$R(l) = \exp[-(\lambda \cdot l)^2]$	$\delta = \sqrt{\pi}/\lambda$
CSX	$R(l) = \cos(\lambda \cdot l)\exp(-\lambda \cdot l)$	$\delta = 2/\lambda$
SMK	$R(l) = (1+\lambda \cdot l)\exp(-\lambda \cdot l)$	$\delta = 2/\lambda$
BIN	$R(l) = \begin{cases} 1-(\lambda \cdot l) & 1 \leqslant 1/\lambda \\ 0 & 1 > 1/\lambda \end{cases}$	$\delta = 2/\lambda$

空间变异性函数确定后，根据式(6-13)可知波动范围还会受到一阶矩(趋势)函数形式的影响。地质经过长期的演变，土体在厚度方向和水平方向具有较为明显的异性。在厚度方向有着明显的分层现象，常常有明显的层面、沉积的断面或者被所含的矿物质成分、化学成分或物理性质等较不明显的界限分开，不同的土体物理参数所表现出来的性质的特点各不相同。水平方向由于建设场地范围具有小范围性，故出现断层和褶皱的情况一般较为少见，且水平方向的变异性比厚度方向要小。因此在建设场地范围内土体厚度方向的非均质性要比水平方向明显，水平方向相邻的土体为同一性质的概率是非常大的。

6.2.4　空间折减特性

土体性质在空间上的变异性使得工程设计上的计算变得非常复杂，因此为了简化计算及确保土体参数精度，提出了平均特性的概念，土体局部平均特性在工程实践中有非常重要的价值。受到当前技术手段的限制，任何现场测试和室内试验所得的样本数据，都包含了试件整体的空间平均特性。但试验试件的平均特性对于建设场地范围内、某一地层或某一确定较小区域来说仍然只是一个点的特性。在影响性能及有距离效应的区域范围内的较大区域的平均特性的研究是有工程意义的。

岩土工程的滑动面、破裂面或变形响应显著区域的特性均值，常被用在边坡工程或基坑工程的极限分析中。在工程设计中，常将对土层进行分层，同一层土体的特性一般采取处理后的均值来计算。由于试件采样具有空间间隔，获取的土体参数数据在空间上是离散随机的，经过随机场空间区域均值化后，方差减小。均值化区域与土体参数空间变异性的波动具有紧密的联系，平均区域越大，均值化运算抵消随机波动分量就越大，土体参数均值化后的方差比值化前的要小，这种衰减用函数来表示即为方差折减函数。方差越小，所表示的空间变异性就越小，因此均值化后会一定程度上降低空间变异性，但选定的均值化区域要合理。均值化之前的土体参数方差和均值化后的关系可用方差折减函数表示，如式(6-17)所示。

$$\Gamma^2(\Delta v) = \frac{\sigma_v^2}{\sigma^2} \tag{6-17}$$

式中：σ_v^2 为均值化后土体参数方差；σ^2 为均值化前的土体参数方差。

土层厚度方向一维的方差折减函数如式(6-18)所示。

$$\Gamma_z = \begin{cases} 1 & \Delta z < \delta \\ \delta/\Delta z & \Delta z \geqslant \delta \end{cases} \tag{6-18}$$

式中：δ 为波动范围；Δz 为厚度方向空间折减长度。

6.3　土体空间变异性特征分析

建设现场的土体参数可以通过现场试验及室内试验等勘测手段得知任意位置土体性质，但对所有的位置进行采样是不可能也是没必要的，因为这既不经济也不符合工程实际。因此，随机场模型的计算及分析，一般利用的是有限且必要的数据。通过建设场地位于济南地铁 2 号线的闫千户站基坑的岩土工程勘探数据进行分析，对其土体空间变异性特征进行研究。通过现场有限且必要的勘查数据，对地铁车站基坑土体参数的土层厚度方向及水平方向的空间变异性特征进行分析。

6.3.1　竖向空间变异性特征分析

基于钻孔取样获得的取土体样本参数数据，建立建设场地土体参数在竖直方向上的随机场模型，分析其空间变异性变化规律。对于钻孔取样的参数数据，对其数据按照均值不变、方差不变进行处理，假设相邻点之间的性质为线性变化。计算步骤如下：获取土体参数原始样本；对样本数据进行整理分析；获得波动分量；确定土体参数自相关函数和波动范围；波动分量平稳性检验；计算土层厚度方向土体参数变异系数。

1. 波动分量分析

样本数据采用趋势函数进行拟合，进而得到波动分量。多项式一般以采用低阶多项式为佳，若采用高阶多项式进行拟合会导致趋势函数模型的改变，进而改变波动分量二阶矩及自相关结构。这是因为高阶多项式的拟合程度高，但这降低了土体的自相关性及波动分量方差。本研究采用常数项来说明通过趋势函数拟合来获得波动分量的过程，波动分量获取示意图如图 6-1 所示。

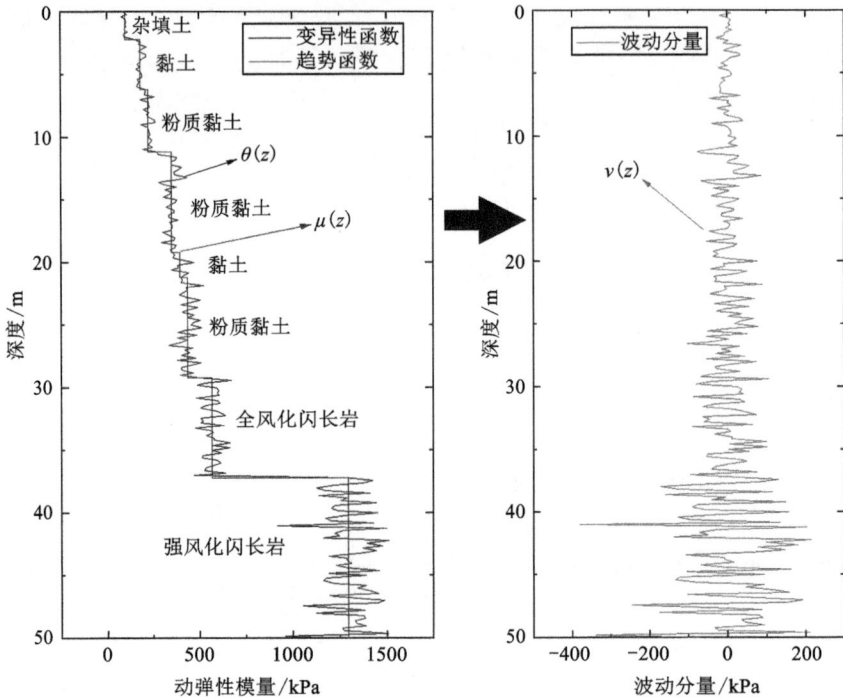

图 6-1　波动分量获取示意图

把土体的空间变异性函数看作是确定的，趋势函数的模型的改变会影响波动分量。通常在计算中先是确定趋势函数以获得波动分量，然后通过修正的 Bartlett 再检验波动分量是否满足平稳性要求。若是波动分量不满足平稳性要求，再选择其他阶数的多项式进行重新计算，直至波动分量能够满足平稳性要求。

2. 土体参数自相关函数拟合和波动范围

通过处理后的土体参数研究获得土体参数的波动分量，再依此计算得到样本的自相关系数，接着对其进行拟合，最后根据自相关模型拟合参数获得波动范围，自相关系数按照式(6-16)进行计算。采用自相关模型对其进行拟合，自相关模型拟合结果如图 6-2 所示。自相关模型所对应的波动范围见表 6-3。

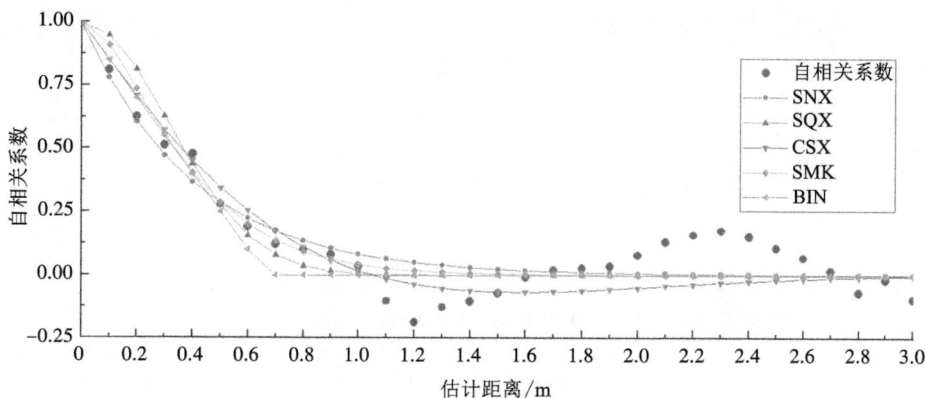

图 6-2　自相关模型拟合结果

表 6-3　自相关模型所对应的波动范围

自相关函数模型	表达式	波动范围	波动范围/m
SNX	$R(l) = \exp(-\lambda \cdot |l|)$	$\delta = 2/\lambda$	0.8
SQX	$R(l) = \exp[-(\lambda \cdot l)^2]$	$\delta = \sqrt{\pi}/\lambda$	0.78
CSX	$R(l) = \cos(\lambda \cdot l)\exp(-\lambda \cdot l)$	$\delta = 2/\lambda$	0.67
SMK	$R(l) = (1 + \lambda \cdot l)\exp(-\lambda \cdot l)$	$\delta = 2/\lambda$	0.8
BIN	$R(l) = \begin{cases} 1 - (\lambda \cdot l), & 1 \leqslant 1/\lambda; \\ 0, & 1 > 1/\lambda \end{cases}$	$\delta = 2/\lambda$	0.67

3. 平稳性检验

通过比较各种平稳性检验方法，采用具有误差小且适用于具有相关性的土体参数数据平稳性检验的修正 Bartlett 检验方法。在平稳性检验时，在不同土层交界处存在土体参数的突变。这对于局部均值的要求更高，需要对局部进行进一步的细化才能保持相对准确，否则会增大局部均值的误差。从之前的表 2-3 可知，不同的自相关模型对应的修正 Bartlett 检验的极限值也不相同。通过计算对其进行检验，均通过了平稳性检验。得到相关的土体参数的波动范围见表 6-4。

土体参数的平稳性检验其实是在识别不同的土体性质，能够通过平稳性检验的土体参数可以视为在该区域是平稳的。该区域的土体在形成的过程中经历了相似的地质应力历史和成因的均匀土体，具有比较接近的性质。厚度方向的一般规律：在同一层土体的平稳性检验都能通过，分层界限附近区域一般要通过处理才能通过平稳性检验，但上下层不同土质的参数性质的差异很小的除外。

4. 土体参数的变异系数

土体参数的离散性一般采用变异系数来表示。土层厚度方向的变异系数可采用前述的波动分量分析法来计算，计算如式(6-19)所示。

$$\mathrm{Cov}_\nu(z) = \frac{\sigma_\nu(z)}{\mu_\nu(z)} = \frac{\sqrt{\dfrac{1}{n-1}\sum\limits_{j}^{m}\left[\nu(z_j)\right]^2}}{\left(a\cdot\sum\limits_{j=1}^{m}z_j + b\right)/n} \tag{6-19}$$

式中：$\nu(z_j)$ 为随机波动分量；a，b 为拟合系数；n 为样本容量。

通过试验数据分析计算得到的变异系数见表6-4。

表6-4　竖向变异系数

项目	波动范围/m	变异系数
动弹性模量	0.67~0.8	0.321
密度	>30	0.02
压缩模量	10~20	0.262

6.3.2　横向空间变异性特征分析

横向的土体参数变异性对不均匀沉降及对基坑围护结构的变形都会有影响。工程上在横向的取样间距一般都比较大，间距在数米至数十米之间不等，水平方向的土体参数样本采用平均零跨法分析，平均零跨法如图6-3所示。

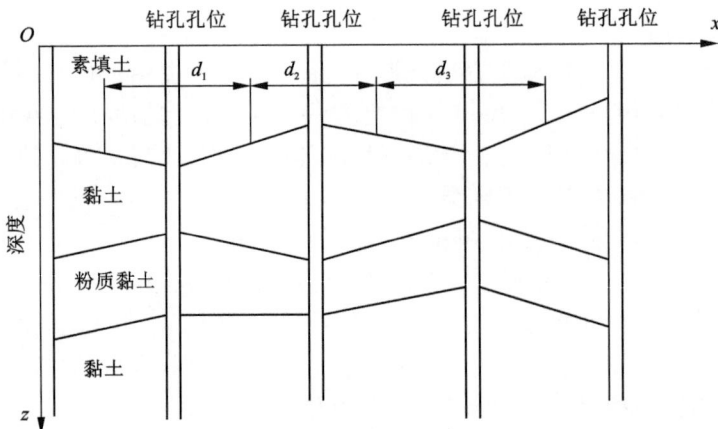

图6-3　平均零跨法

　　在土层分层的不稳定波动区域采用平均零跨法来估算水平波动范围。通过钻孔采样，容易看出土层的分界界面区域所处的深度，就水平横向而言，每处钻孔所得的同一土层交界面的深度及层厚都存在着差异，交界面的深度及周边区域土体参数变异性存在明显的波动。对于变异性的准确描述依赖于相邻钻孔的距离，钻孔距离越小，所得到的土体参数的信息就越透明，但在实际工程中，为了获取足够透明的土体参数信息而增加钻孔的工作量不利于经济性，也没有必要，因此对钻孔的距离选择要合理，既不失土体参数透明性又能减少钻孔工作量的距离选择，对土体参数数据的变异性分析具有重要作用。在数据量的获取上要把握一个度，土体参数数据量太少，分析得出的土体变异性不够准确，数据量太大，则会增加计算成本。对于水平波动范围，可采用平均长度来估算水平波动范围，计算如式(6-20)和式(6-21)所示。

$$\bar{d} = \sum_{i=1}^{n} d_i / n \tag{6-20}$$

$$\delta_h = \sqrt{\frac{2}{\pi}} \bar{d} \tag{6-21}$$

式中：$\bar{d}$ 为平均长度；δ_h 为水平波动范围。

　　通过现场测量及对实验室数据进行分析可得出水平方向的波动范围见表 2-7。

　　水平变异系数由于受到水平样本数据量较少的限制，且趋势波动分量对变异性具有比较大的影响，可能低估变异性，高估样本数据的独立性。因此，水平变异系数宜采用多个钻孔相同深度的数据进行分析。水平变异系数如式(6-22)所示。

$$\mathrm{Cov_h} = \frac{\sigma(x)}{\mu(x)} \tag{6-22}$$

式中：$\sigma(x)$ 为多个钻孔相同深度的样本数据标准差；$\mu(x)$ 为样本数据均值。

　　通过计算得到的变异系数见表 6-5。

表6-5　水平方向变异系数

项目	波动范围/m	变异系数
动弹性模量	11.96~47.87	0.059
密度	>100	0.018
压缩模量	23.94~39.89	0.141

　　本章简要介绍了土体参数的随机场理论模型以及通过对试验数据的整理说明

了空间变异系数的计算。通过采用随机场理论对经勘探、试验等手段获取的土体参数的空间变异性进行分析：由于在厚度方向的测试样本较多，故采用五种自相关模型对研究厚度方向的土体参数的波动范围进行了探讨，并对变异系数进行了计算；由于在水平方向土体参数的样本容量较小，水平方向的土体参数波动范围采用了平均零跨法来估计。采用随机理论对建设场地土体参数的变异性进行简单的分析后可知：动弹性模量、密度和压缩模量的水平方向的波动范围均要比竖直方向的大；动弹性模量、密度和压缩模量的水平方向的变异系数均要比竖直方向的小，且不同土体参数的波动范围和变异系数都有一定的差异。考虑土体参数的变异性的随机场中，应该采用对受力或变形影响大的土体参数。

第 7 章　考虑土体变异性的地铁车站基坑变形及控制

7.1　基坑变形估算

岩土材料经过漫长地质演化(岩浆活动、地震、板块构造运动、水蚀、风化、雨雪剥蚀、斜坡重力、水流搬运、生物效应、岩石土壤沉积和硬结等),工程建设中的土体表现出较明显的空间变异性,土体在空间上的变异性是自然土体的客观性质。传统的确定性分析方法一般较少考虑到土体空间变异性的影响,因此在工程建设过程中对围护结构变形、地面沉降等问题的分析可能有失客观性。为了得到较为客观的基坑变形特性,可利用随机有限元法对基坑的开挖进行模拟,通过考虑土体参数变异性的数值模拟中探讨基坑开挖过程中的基坑变形特性,并分别对基坑开挖过程中的围护结构和土体的水平变形、周边地表沉降、基坑坑底隆起及影响范围等的变形规律进行简单的分析。

7.1.1　地层竖向变形估算

竖向变形的估算本章主要是研究地表沉降的估算问题。根据基坑开挖变形影响范围内的沉降规律一般将其归纳为两种沉降模式:类三角形模式和凹槽形模式。类三角形模式的规律是指地表沉降随着距离基坑墙体的距离增大呈现类似线性减小的趋势,详见图 7-1;凹槽形模式的规律是指最大沉降区距离基坑墙体仍有一定的距离,沉降形状呈现凹槽状,详见图 7-2。根据众多的工程实践总结得出:类三角形模式绝大部分发生于围护结构悬臂模式,基坑围护结构顶部无法有效约束位移,围护结构最大挠度发生在基坑墙体顶部;凹槽形模式绝大部分发生于围护结构多支撑模式,基坑墙顶的位移能够被有效地约束住,且基坑围护结构入土端位移能够被较好地约束住。不管是类三角形模式还是凹槽形模式,墙后地表沉降的原因可归纳如下:基坑内部的土体开挖移除后使墙体内外两侧形成土压力差,围护墙体为了抵抗土压力差而产生倾向于开挖侧的变形响应,由于墙体变形使墙后的土体也跟着向开挖侧蠕动(侧移),另外加上地表荷载和降水回灌等作用,使一定范围内的土体颗粒重新排列,各种复杂因素的综合作用下使墙后地表沉降。地表沉降量的大小与墙后土体的性质、地表荷载、降水回灌和墙体横向侧移等有关。墙体的横向侧移则主要与开挖深度、开挖宽度、墙体刚度、墙体插入比等因素有关。

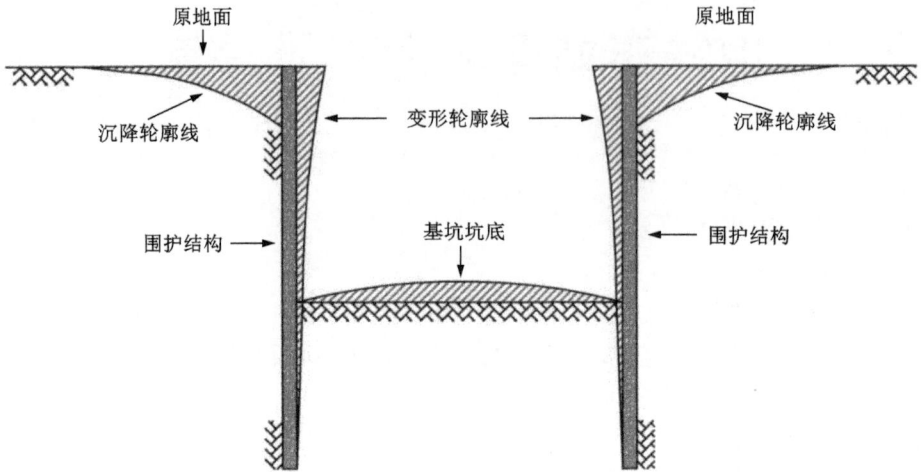

图 7-1　悬臂模式

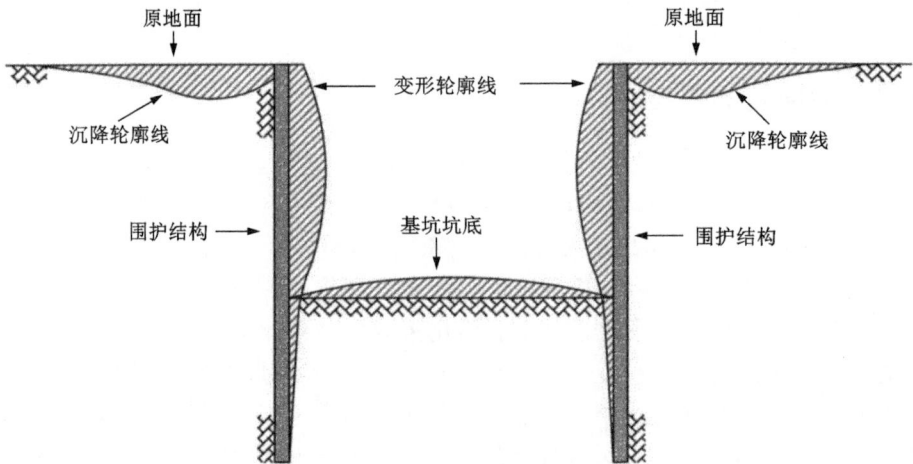

图 7-2　多支撑模式

墙后地表的沉降与地区的土体组成有关，针对不同地区典型的土体建立地表沉降估算曲线更具有针对性与准确性。对济南地铁车站的地面实测统计数据进行分析，从而推导出地表沉降估算曲线。济南地铁车站基坑周边地表沉降的估算曲线可采用 Rayleigh 分布函数来估算，沉降估算如式(7-1)所示。

$$\delta(x/H) = \frac{\delta_v}{\delta_{vm}} = \frac{x/H + 0.5}{0.42} \exp\left[-\frac{(x/H + 1)^2}{2.5}\right] \quad (7-1)$$

式中：$\delta_{vm} = 0.2\%H$；H 为基坑深度，下同；x 为距基坑边缘的距离；δ_v 为位于 x 处的地表沉降值。

从济南地铁众多的基坑的勘查报告可知，沿厚度方向土体具有分层性质。在开挖的过程中，距离地面一定范围内的土体会产生竖向变形，假设沉降影响深度用 d_v 表示，传递系数在沉降影响范围内，任意深度 z 的沉降呈线性变化，从地表到沉降影响深度的竖向变形传递系数从 1 线性变化到 0，则沉降传递系数可采用式(7-2)来计算。

$$C_v = (d_v - z)/d_v \quad (7-2)$$

式中：C_v 为沉降传递系数；d_v 为沉降影响深度；z 为深度坐标。

因此，在沉降影响范围内任意深度处的沉降计算式如式(7-3)所示。

$$\delta_v(x, z) = C_v \delta(x/H) = C_v \frac{x/H + 0.5}{0.42} \exp\left[-\frac{(x/H + 1)^2}{2.5}\right] \quad (7-3)$$

7.1.2　地层水平变形估算

基坑开挖的过程打破了原有的受力平衡，临空面上未能提供足够的抗力，墙后的土体一同随着围护结构向开挖侧移动。济南地铁车站主要采用多支撑模式的开挖方式，绝大部分采用地连墙或钻孔灌注桩+内支撑来进行支护，基坑围护墙的侧向变形表现为两头小中间大的中凸形。根据基坑支护结构的形式及变形曲线特性，可采用关于深度 z 的多项式函数来拟合围护墙的水平侧移，拟合函数式如式(7-4)所示。

$$\delta_h(z) = \frac{\delta_h}{\delta_{hm}} = 0.21 + 2.62 \times \frac{z}{H} - 3.24 \times \left(\frac{z}{H}\right)^2 + 0.962 \times \left(\frac{z}{H}\right)^3 \quad (7-4)$$

式中：$\delta_{hm} = 0.15\%H$；H 为基坑深度；δ_h 为水平侧移。

在这里，将围护结构的水平位移与紧靠背后的土体的变形看作是同步一致的，且在影响范围内土体的水平变形是呈线性变化的。侧向位移的影响范围为 d_h，影响范围内的水平变化的线性变化采用横向传递系数表示，如式(7-5)所示。

$$C_h = (d_h - x)/d_h \quad (7-5)$$

式中：C_h 为沉降传递系数；d_h 为侧移影响范围；x 为距基坑边缘的距离。

因此，在侧向变形影响范围内任意位置处的土体水平变形估算如式(7-6)所示。

$$\delta_h(z, x) = C_h \delta_h(z) = C_h\left[0.21 + 2.62 \times \frac{z}{H} - 3.24 \times \left(\frac{z}{H}\right)^2 + 0.962 \times \left(\frac{z}{H}\right)^3\right]$$

$$(7-6)$$

7.1.3　地层总变形估算

根据式(7-3)地层的水平变形和式(7-6)地层的竖向变形，对二者进行合成则为地层总变形。地层总变形可根据式(7-7)估算得出。

$$\delta(x, z) = \sqrt{[\delta_h(x, z)]^2 + [\delta_v(x, z)]^2} \tag{7-7}$$

7.2　基坑开挖的变形模拟

7.2.1　随机有限元理论

随着计算机软件及硬件的发展，有限元数值模拟为复杂条件下的岩土工程问题提供了有效的解决方法。为了将现场勘查的土层剖面转化为随机场的仿真建模，通过对勘查资料进行变异性分析，按照土体参数的变异性大小将土层剖面进行分区，将地层参数的真实性最大程度地在有限元仿真建模中进行重现，或者在某种程度上将土体的变异特征进行合理表现。研究对象参数的空间变异性通常被明确表征为随机场，随机场的生成方法主要有：乔莱斯基分解方法、傅里叶级数方法、序贯高斯模拟、谱分解方法和空间局部平均法。本研究将采用空间局部平均技术来进行随机场的生成，将土体参数的变异性体现在数值计算之中，从而得到土体参数变异性影响下基坑工程开挖过程中的变形影响范围、变形规律等变形特性。

现进行一维随机场的局部平均分析。将一维随机场的一阶矩和二阶矩分别用 μ_z、$\text{Cov}(\mu_z, \mu_{z'})$ 表示。将任意两个离散单元进行局部积分再平均，一维局部平均定义如式(7-8)和式(7-9)所示。

$$\mu_Z(z) = \frac{1}{Z}\int_{z_1}^{z_2} \theta(z)\,\mathrm{d}z \tag{7-8}$$

$$\mu_{Z'}(z) = \frac{1}{Z'}\int_{z_3}^{z_4} \theta(z)\,\mathrm{d}z \tag{7-9}$$

两个离散单元的协方差如下所示：

$$\text{Cov}(\mu_Z, \mu_{Z'}) = \frac{\sigma^2}{2Z \cdot Z'}\sum_i^3 (-1)Z_i^2 \Gamma^2(Z_i) \tag{7-10}$$

式中：$Z_i(i=0, 1, 2, 3)$ 是两个离散单元间的相对位置；$\Gamma^2(Z_i)$ 是方差折减函数；式(7-10)一维协方差可以推广到二维的情形。

以上是在一维随机场的情况，同理可得二维连续平稳随机场。将二维随机场的一阶矩和二阶矩分别用 $\mu_{D'}$、$\text{Cov}(\mu_{ai}, \mu_{aj})$ 表示。将任意两个离散单元进行局部积分再平均，二维局部平均定义如式(7-11)所示。

$$\mu_{D'}(x, z) = \frac{1}{|(x_2 - x_1) \cdot (z_2 - z_1)|} \int_{x_1}^{x_2} \int_{z_1}^{z_2} \theta(x, z) \mathrm{d}z\mathrm{d}x \qquad (7\text{-}11)$$

两个离散单元的协方差如式(7-12)所示。

$$\mathrm{Cov}(\mu_{ai}, \mu_{aj}) = \frac{\sigma^2}{2X_iX_j \cdot Z_iZ_j} \frac{\sigma^2}{4} \sum_{m=0}^{3} \sum_{n=0}^{3} (-1)^{m+n} X_{1m}^2 Z_{2n}^2 \Gamma(X_{1m}, Z_{2n}) \quad (7\text{-}12)$$

式中：X_{1m}，$Z_{2n}(m, n = 0, 1, 2, 3)$ 的约定如图 7-3 所示。

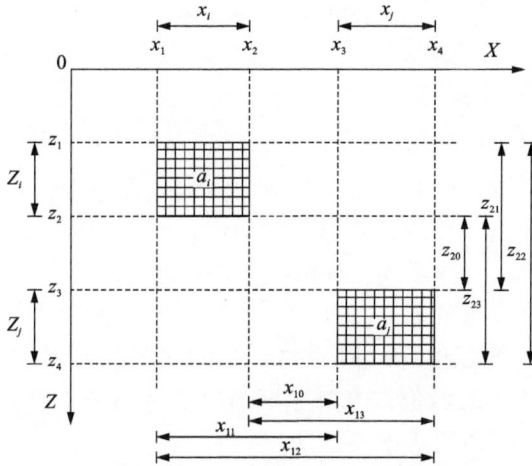

图 7-3　二维局部平均单元

随机场局部平均理论适用于矩形区域或一维问题，这使用二维随机场非矩形网格的情形受到了限制。对于非矩形单元的局部平均法可采用等价方法、高斯积分法、等参局部平均等方法进行网格的划分。

7.2.2　随机场的模拟实现

济南地铁中采用内支撑的基坑围护墙体的类型可分为两类：钻孔灌注桩围护结构和地下连续墙围护结构。通常情况下，在数值模拟中是将钻孔灌注桩的桩径转化为等厚度的地下连续墙的厚度，如图 7-4 所示，其转化关系如式(7-13)和式(7-14)所示。

$$\frac{1}{12}(D + t)h^3 = \frac{1}{64}\pi D^4 \qquad (7\text{-}13)$$

$$h = 0.8383 \cdot D \cdot \sqrt[3]{\frac{1}{1 + \dfrac{t}{D}}} \qquad (7\text{-}14)$$

式中：D 为钻孔灌注桩直径；t 为灌注桩桩间距；π 表示圆周率；h 为折算的地连

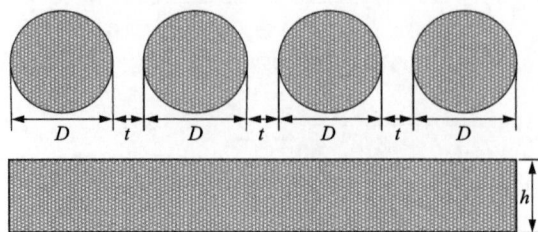

图 7-4　厚度折算

墙厚度。

1. 一维随机场模拟结果

通过现场勘查可知，每一个钻孔得到的同类土层厚度都不同，因此，在一维随机场情况下每层土的厚度取钻孔厚度的均值。土体参数的选取先采用参数反演法确定土体参数均值，变异系数、均值和标准差的关系见式(6-15)，然后根据均值和标准差生成土体参数样本。按照样本数据的大小进行排序，对土层厚度方向的土体材料的参数进行赋值。赋值后的一维随机场模型示意图如图 7-5 所示。按照基坑施工工况所得的数值，模拟计算结果的竖直方向变形云图如图 7-6 所示，水平方向变形云图如图 7-7 所示。

图 7-5　一维随机场示意图

对图 7-6 的竖直方向变形云图进行沉降分析。基坑的地表沉降模式属于凹槽形，围护结构后面的土体与围护结构有摩擦力，故接触部位的土体沉降较小，且随着距离的增大而呈现沉降增大的现象，到达一定距离之后沉降值到达峰值，峰值点之后沉降值随着距离的增大而逐渐减小，直到接近于零。由于基坑采用的是分层开挖的方法，周边地表沉降值随着基坑由上往下开挖深度的增加而逐渐增

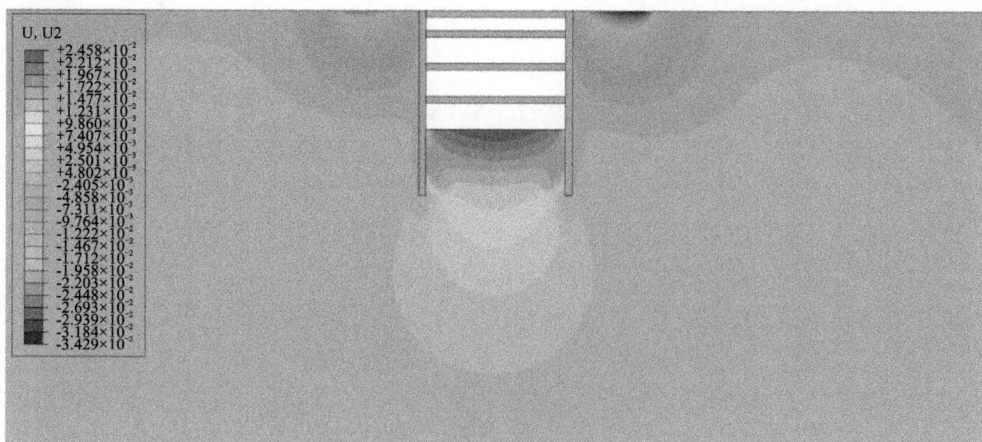

图 7-6　竖直方向变形云图 (单位：m)

图 7-7　水平方向变形云图 (单位：m)

加，直到基坑开挖至坑底时，沉降值基本达到最大值，之后地表沉降值基本趋于稳定。沉降主要发生在地表周边的一定范围内，而隆起则主要发生在基坑开挖面上，当开挖至基坑设计坑底深度的时候隆起值达到峰值。这是在土体在水平方向上不考虑变异性情况下所表现出来的一般规律。

对于围护结构背后的土体，则主要体现为水平变形，详见图 7-7 水平变形云图。基坑开挖至坑底之后的变形规律和变形特性基本上反映了施工阶段的最终变形。围护结构背后的土体的水平位移呈现两端小中间大的"中凸形"，其最大水平变形值分布在 0.7H。围护结构与背后的土体的变形是同步的，后者与围护结构产生变形的最大值、所处的深度、围护结构的变形规律及变形量息息相关，绝大部分情况是相同的。

2. 二维随机场模拟结果

自然界的土体在空间上存在变异性是普遍的现象。为更好在有限元软件中体现土体参数空间变异性这一特点，可通过二维随机场模型进行体现。土层的参数通过随机理论生成并按照竖向厚度的占比进行分配，二维随机场按照土层剖面横竖两个方向进行土体材料参数的随机选取，同时考虑水平和竖直两个方向的变异性。对土层剖面进行网格划分，一个网格看作一个单元，波动范围的局部平均通过网格的大小来体现。划分好的网格单元通过基于随机理论的 Python 脚本文件导入模型中进行土体参数(空间变异性为 0.1)的随机赋值，赋值后的二维随机场模型示意图如图 7-8 所示。按照实际施工工况所得的随机有限元数值模拟计算结果的竖直方向变形云图如图 7-9 所示，其水平方向的变形云图如图 7-10 所示。

图 7-8 二维随机场示意图

一维及二维随机场模型都可以实现基坑施工期间开挖支护的数值模拟。通过对比一维随机场模型和二维随机场模型的云图可以得知：一维随机场模型的计算结果和二维随机场的计算结果的变形规律具有相似性。由于变异系数设置较小，其量值的差异较小。因为其具有相同的规律，变异性较小的情况下可以将二维随机场通过降维的方法将其简化为一维随机场进行研究，这是当前岩土工程数值建模普遍使用的方法。接下来将分别对一维及二维随机场模型的有限元数值模拟结果的基坑变形进行研究。

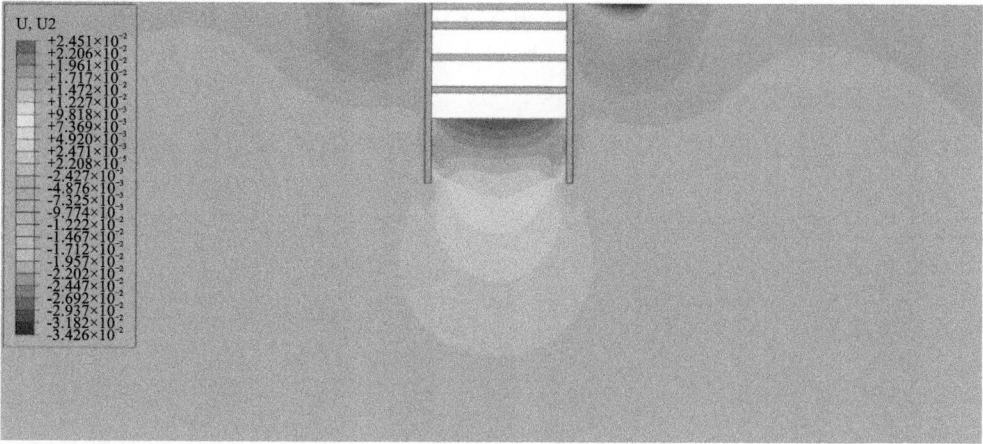

图 7-9　竖直方向变形云图(单位: m)

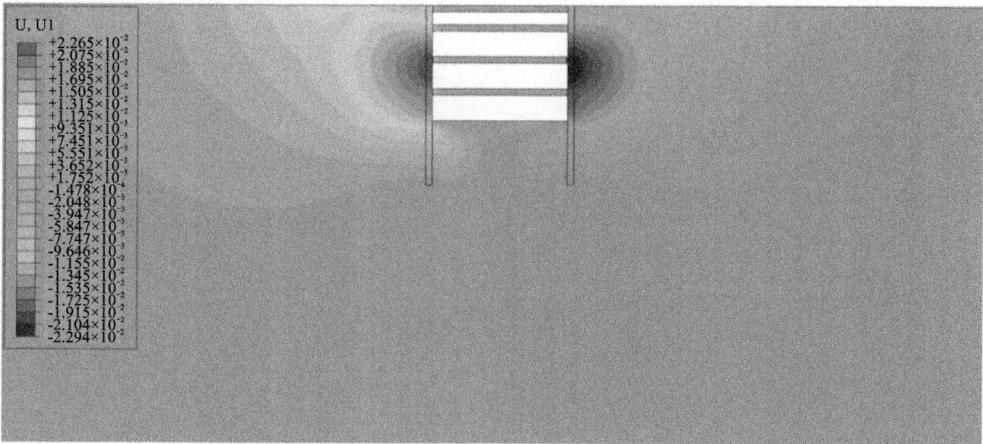

图 7-10　水平方向变形云图(单位: m)

7.2.3　竖向变形分析

1.一维模型竖向变形分析

上一节已经对基坑开挖至坑底的变形规律进行了初步的分析,接下来对开挖全过程进行较为全面的变形特性分析。现对周边地表变形的一维随机场模型得到的随机有限元数值模拟结果进行分析。分别取基坑左侧地表、地下 5 m、地下 10 m、地下 15 m 和地下 20 m 的沉降值,左侧深度沉降图如图 7-11 所示。根据图 7-11 中不同深度的点线图可知,随着深度的增加,土体的沉降值逐渐减小,到达地下 20 m 深度时，土体的沉降趋近于零，由此可知地表的沉降影响范围 d_{v1} 约为 20 m。同样，取基坑右侧地表、地下 5 m、地下 10 m、地下 15 m 和地下 20 m 的沉降值，右侧深度沉降图如图 7-12 所示。基坑右侧的沉降规律和左侧相似，右侧的地表沉降影响范围 d_{v2} 约为 15 m。通过对比图 7-11 和图 7-12 可知，基坑两侧的地表沉降量存在差异，基坑左侧地表的沉降量比右侧的要小，且左侧的沉降影响范围要小于右侧。虽然基坑两侧的沉降量存在差异性，但是通过对比不同深度的土体沉降及基坑对称两侧的沉降规律，可知不同深度的沉降曲线的形状走向存在相似性，这给估算不同深度的沉降值提供了可能性。

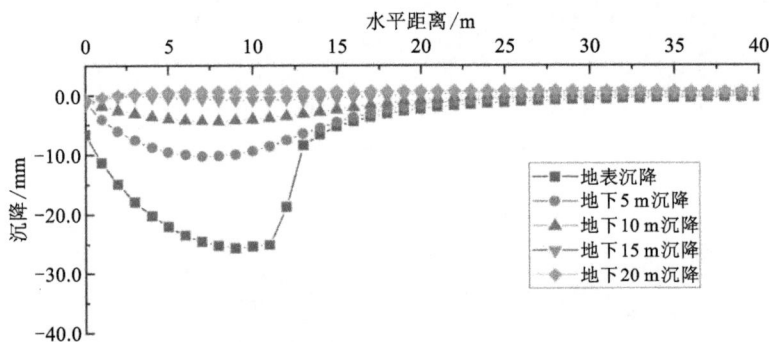

图 7-11 左侧深度沉降图

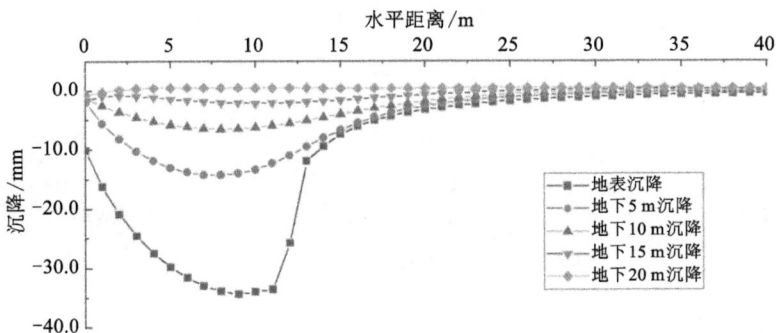

图 7-12 右侧深度沉降图

2. 二维模型竖向变形分析

接下来对二维随机场模型得到的周边地表变形的模拟结果进行分析。分别取基坑左右两侧地表、地下 5 m、地下 10 m、地下 15 m 和地下 20 m 的沉降值，左右侧深度沉降图分别如图 7-13、图 7-14 所示。基坑两侧的沉降规律相似，这说明了基坑开挖对两侧地表的影响具有对称性。通过对比一维和二维随机场可知，二者得到的地表沉降规律相似，对于沉降在深度方向的影响范围均处于 15 m 到 20 m 之间，基于此可以得到地表沉降的深度影响范围约为 1.0H。

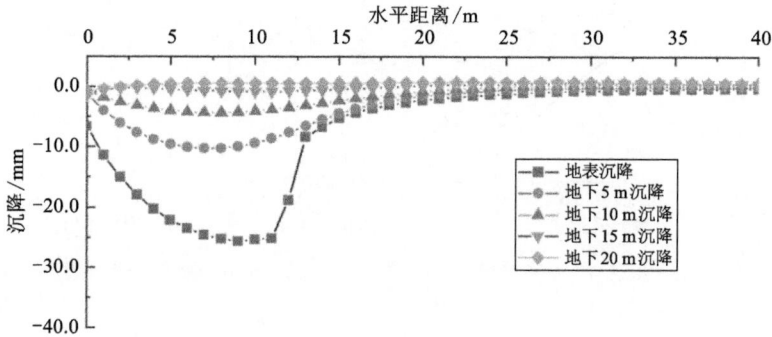

水平距离/m

图 7-13　左侧深度沉降图

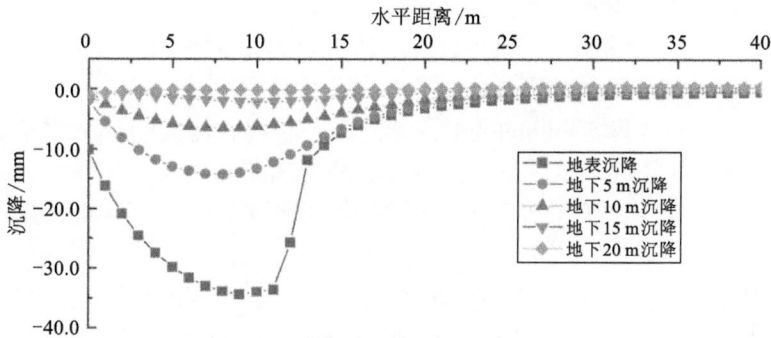

水平距离/m

图 7-14　右侧深度沉降图

3. 竖向变形分析总结

以上是基于土体参数变异性为 0.1 时，通过一维及二维随机有限元模拟计算所得到的结果，可见二者的变性特征类似，在变异系数较小的情况下，视情况可将二维简化为一维。但在很多情况下，土体参数的变异系数往往大于 0.1，甚至能达到 0.4。因此使其他条件相同土体参数均值不变，在变异系数为 0.1、0.2、0.3 和 0.4 的情况下分别进行计算。由模拟结果得到的变异系数与地表沉降和坑底隆起的关系曲线见图 7-15 和图 7-16。从图中可以得出：地表沉降随着土体参数变异性的增大，部分土体性质较差的区域的沉降值也随之变大，变异系数从 0.1 到 0.4，沉降值增长了 70%；变异系数从 0.1 到 0.4，坑底隆起值随着土体参数的变异性的增大而增大，但是影响微弱，隆起值仅增长了 5%。

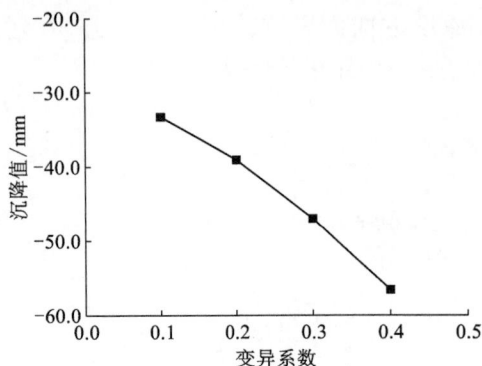

图 7-15 变异系数-沉降关系图   图 7-16 变异系数-隆起关系图

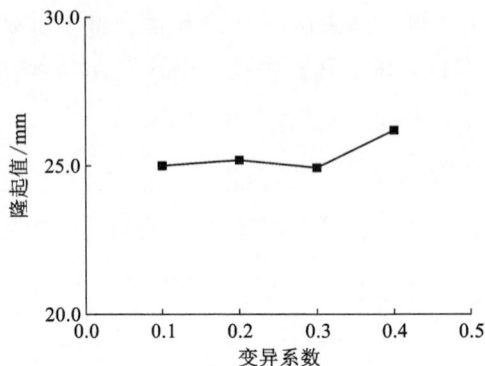

7.2.4 水平变形分析

1. 一维模型水平变形分析

通过一维随机场情况下得到的随机有限元计算结果对围护结构背后土体水平变形进行分析。基坑两侧的围护结构背后的土体水平变形如图 7-17、图 7-18 所示，通过对比可知，基坑两侧的变形规律一致，基坑右侧的土体的水平变形稍大于左侧，这是土体空间上的变异性及地面荷载分布不对称所造成的。紧靠围护结构后面的土体的水平变形最大，在其水平影响范围内，随着远离围护结构的距离的增大而逐渐减小。

左侧墙体不同阶段的侧向位移如图 7-19 所示，右侧墙体不同阶段的侧向位移如图 7-20 所示。通过对比同一侧的墙体侧向位移图和土体侧向位移图发现，墙体侧向位移与紧靠背后的土体在不同阶段的变形保持一致，围护墙体的变形与土体的变形具有协同的关系，且在不同施工阶段围护墙体的变形响应与墙后的土体具有同步性。因此，在基坑开挖过程中不同阶段采用测斜仪所测得的围护结构深度侧移可视为该阶段围护结构背后的土体水平变形。基坑在由上往下进行土方开挖时，墙体的最大侧移位置会发生明显的下移，如图 7-19、图 7-20 所示。当开挖第一层土体时，围护结构背后的土体的最大侧移发生在约等于开挖第一层土体的深度处；第二层土体开挖后，墙体的最大侧移位置逐渐往下移动，最后约在 3/5 开挖深度的位置处达到最大值；随着第三层土的开挖，墙体的最大侧移深度继续下移，最后约在 2/3 开挖深度的位置处达到最大值；随着最后一层土的开挖，墙体的最大侧移的位置基本不变，最后约在 5/9 开挖深度的位置处达到最大值；最后一层支撑到基坑底部之间的土体，随着最后一层土体的开挖，仍有进一步产生侧移的趋势，直到内支撑不再产生变形压缩后侧移基本稳定。将模型中的最后一层支撑迟一个施工步骤再激活（即最后一层土体挖完再支撑），发现最后一层土体范围内的墙体侧移值有明显的增大。这说明了及时支撑的重要性，先撑后挖可以一定程度上减小由于时间效应产生的变形。

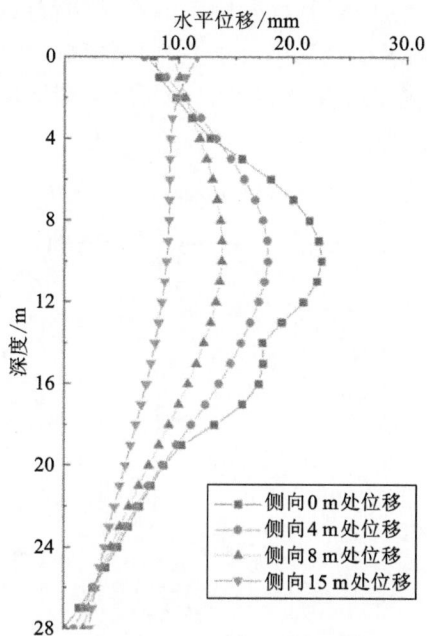

图 7-17　左侧侧向位移图

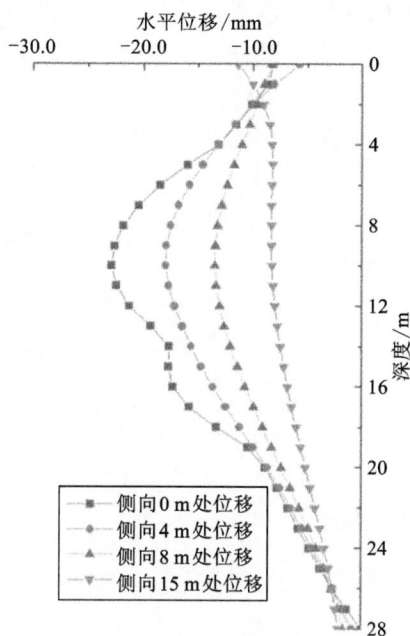

图 7-18　右侧侧向位移图

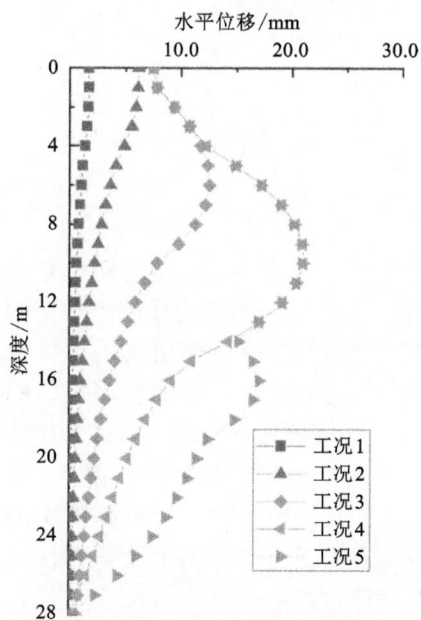

图 7-19　左侧墙体侧向位移图

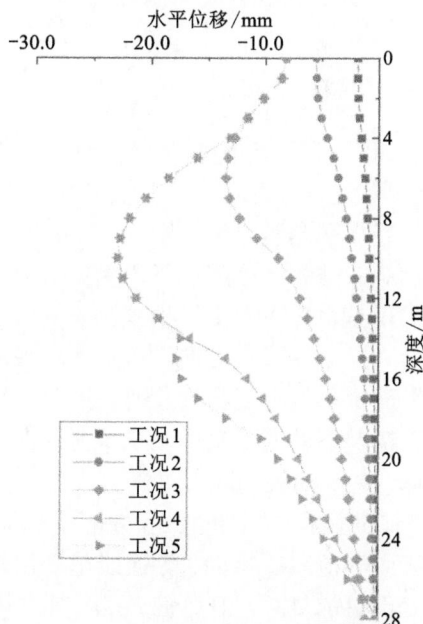

图 7-20　右侧墙体侧向位移图

2. 二维模型水平变形分析

通过二维随机场情况下得到的随机有限元数值模拟计算结果,对围护结构背后土体水平变形进行分析。通过图 7-21、图 7-22 对基坑两侧的围护结构背后的土体水平变形进行对比可知,基坑右侧土体的水平变形稍大于左侧。紧靠围护结构后面的土体的水平变形最大,在影响范围内,随着距离的增大变形逐渐减小,这与一维随机场的数值模拟计算结果的规律一致。

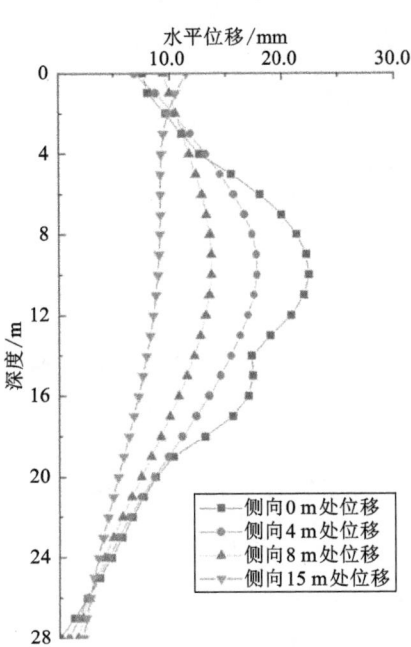

图 7-21 左侧土体侧向位移图

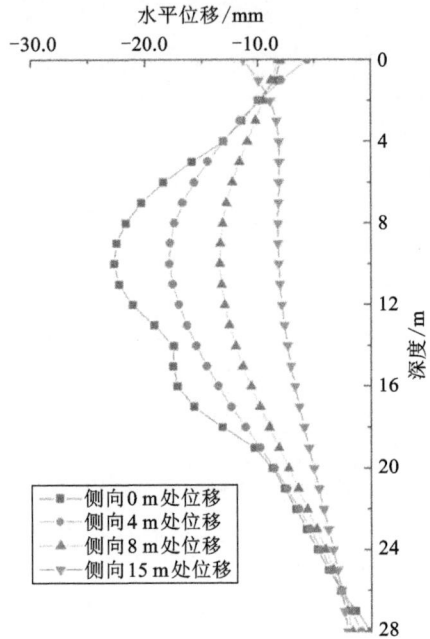

图 7-22 右侧土体侧向位移图

3. 水平变形分析总结

对一维和二维随机场模型的计算结果进行对比,可发现不管是竖向位移变形模式还是水平横向变形模式都具有相同的规律。若假设一维随机场的土体空间变异性只发生在竖直方向,不考虑水平方向的变异性,假设二维随机场的土体在二维平面上都具有变异性,则一维及二维的假设条件不同,故一维随机场数值模拟计算情况下的变形量值和二维随机场情况下的变形量值具有差别。通过对比均质土体、一维随机场和二维随机场的应力等值线云图,分别如图 7-23、图 7-24 和图 7-25 所示,二维随机场数值模拟比一维随机场和均质土体数值模拟得出的应力云图等值线要粗糙,等值线呈现出锯齿状。可见考虑土体参数的变异性使应力场变得更加复杂,但尽管如此,其总体上的应力趋势还是相似的。

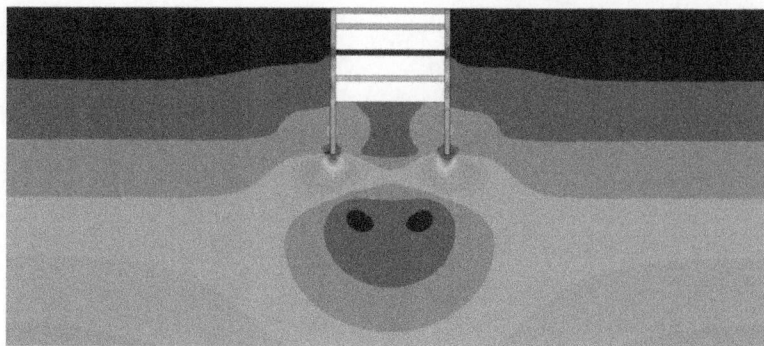

图 7-23　均质土体应力等值线云图

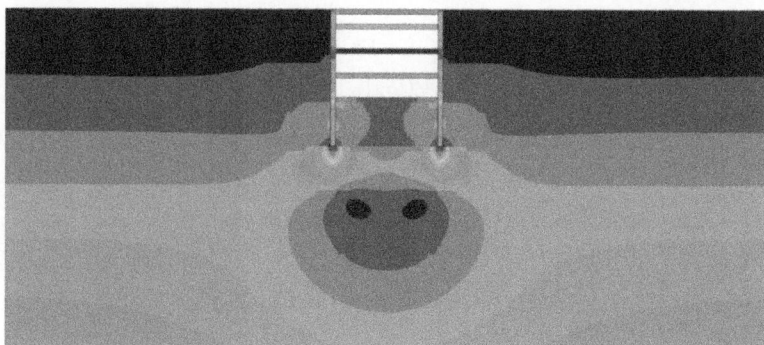

图 7-24　一维随机场应力等值线云图

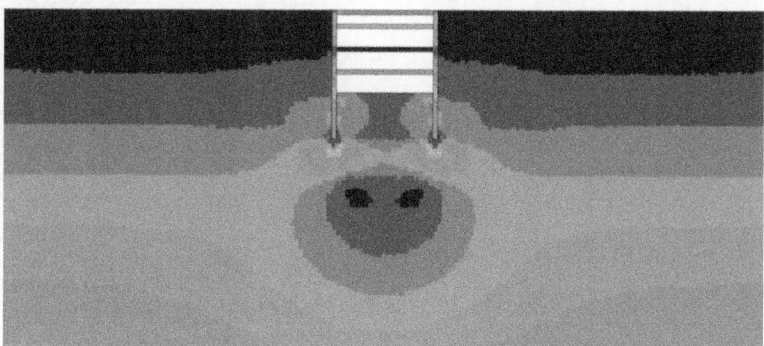

图 7-25　二维随机场应力等值线云图

对于围护结构和土体的水平侧移，同样是在变异系数为 0.1、0.2、0.3 和 0.4 的情况下分别进行计算，变异系数-侧移关系如图 7-26 所示。通过对比发现，围护结构和土体水平侧移都随着变异系数的增大而趋于增大，变异系数从 0.1 增到 0.4，侧移值增大了 11%。

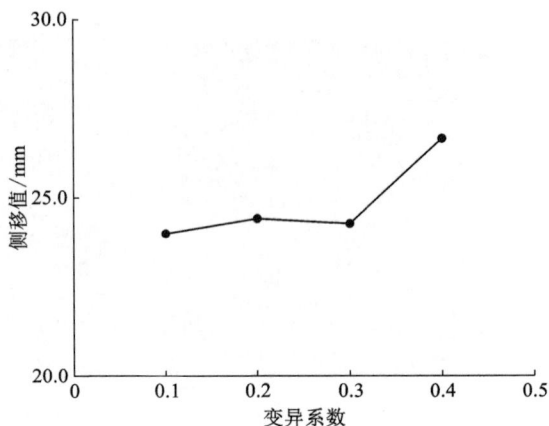

图 7-26　变异系数-侧移关系图

7.2.5　总变形分析

通过水平和竖向位移合成的均值、一维和二维总变形云图，进行二维平面的位移趋势分析。由于地面受到施工荷载的影响，围护结构一侧由于施工开挖打破了原有的受力平衡，综合影响下导致了地表沉降及围护结构的变形。先对其变形规律进行综合分析。根据图 7-27、图 7-28 和图 7-29 总变形云图可知，周边地表的变形规律与竖向变形的规律一样；随着深度的增加变形逐渐减小，达到围护结构底部的时候，变形基本上趋于零；基坑坑底主要体现出隆起，基坑两侧的土体都朝着基坑开挖处移动，随着距离的增大，位移逐渐减小。

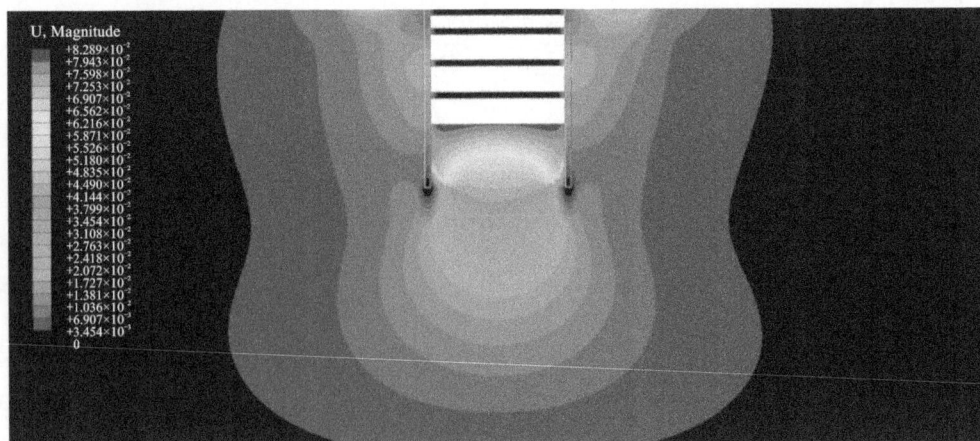

图 7-27　均质土体总变形云图(单位：m)

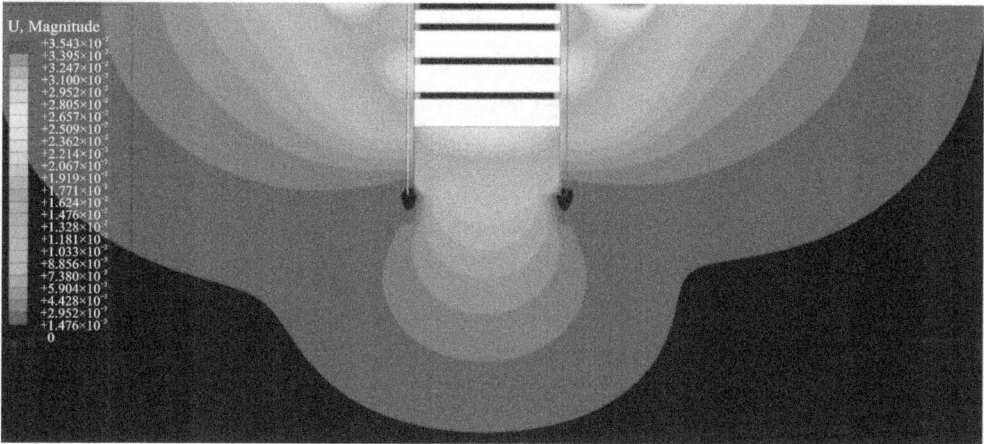

图 7-28　一维随机场总变形云图(单位: m)

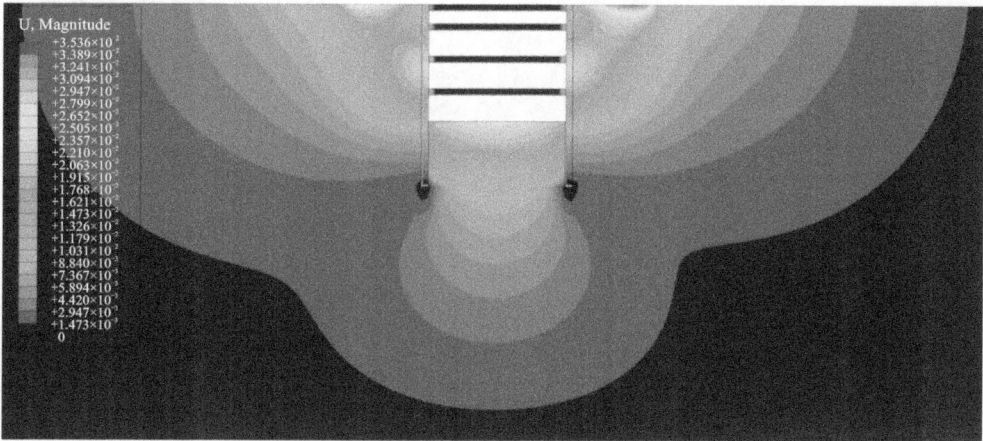

图 7-29　二维随机场总变形云图(单位: m)

1. 坑底隆起分析

值得注意的是，围护结构的入土深度范围的变形与入土范围内的土体力学性质有很大的关系。土体力学性质越好，对围护结构的约束越强，锁住入土范围内的围护结构的能力就越强。软黏土地质条件下，由于软黏土"三高两低"的特点，造成围护结构入土范围内的弱约束，在基坑外部向内的土压力作用下，将围护结构向基坑内部挤压，围护结构内侧的软黏土受到围护结构的挤压向中部移动，坑底临空面无约束，再加上坑底卸载的作用，共同造成坑底的土体回弹产生向上的隆起。基坑的隆起随着基坑由上往下开挖深度的增大而逐渐增大，当基坑开挖至坑底时，坑底的隆起将达到最大值。将均质土体基坑、一维随机场基坑和二维随机场基坑开挖的基坑最终隆起进行对比；均质土体条件下的基坑隆起大于其他两种情况的；一维随机场基坑开挖得到的隆起和二维随机场基坑开挖得到的隆起基本一致，且与现场实际情况相符。基坑的土体分四层开挖，二维随机场基坑开挖每一层开挖后的隆起值如图 7-30 所示。将隆起部分的土体视为土体损失，由于土体的损失造成围护结构入土端向坑内产生过大的位移，故而形成围护结构的踢脚现象。围护结构入土范围内为软土或者为与软土力学性质相似的其他土质条件则容易发生基坑坑底明显隆起的现象；力学性质较好的土质在基坑开挖过程中产生的隆起值较小，在施工中一般不会影响施工的安全。围护结构入土端的变形会影响基坑的隆起，进行强约束与弱约束的数值模拟计算对比如图 7-31 所示。弱约束时，由于围护结构入土端向基坑内倾斜，故对土体有斜向下的挤压，使得坑底以下的土体的隆起受到阻力，使得弱约束状态下的坑底隆起值较小。

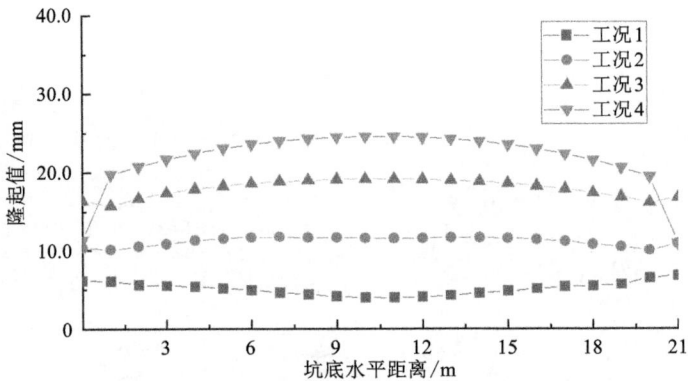

图 7-30 开挖面隆起值图

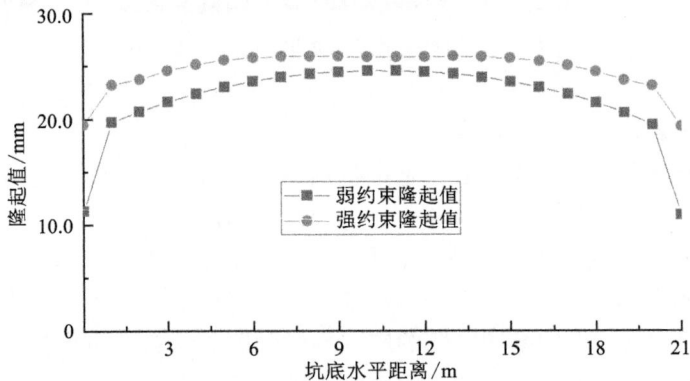

图 7-31 强弱约束隆起值对比图

2. 变形影响区分析

由于均质土体在自然状态下几乎是不可能存在的，且二维随机场与一维随机场的数值模拟相比，二维随机场数值模拟是较为符合工程实际的，故现通过二维随机场的数值模拟结果对变形进行分析。基坑开挖至坑底时，周边地表的变形模式及趋势和围护结构的变形模式和变形量值都已经较为稳定。基坑开挖完成时的总变形等值线云图如图 7-32 所示。基坑变形呈现明显的规律性，且由于地表沉降具有累积性，并随着深度的增加而减小，故最大变形区域处于基坑周边有施工荷载区域的地面以及围护结构的凸形区域(深度约 11 m, 0.6H)。由图 7-32 可以得出：最大变形区域处于第一条地面到围护结构的贯通圆弧线。在基坑开挖深度范围内土体的变形梯度近似圆弧形，这与基坑倒塌呈现圆弧形滑坡现象相吻合，且基坑两侧地表的沉降规律具有相似性。水平变形的影响范围约为 1.43 倍的围护结构长度(H+D)，约呈 55°角，如图 7-32 所示。最大变形的区域基本上处于第一条弧线内部。随着距基坑边缘距离的增大，弧线变得越来越缓，这表明随着距离的增大，变形变化速率减小。第二条弧线范围内的区域视为主要影响区，水平的距离约为 0.85H，次要影响区的水平距离约为 2.2H，次要影响区以外的区域为可能影响区。

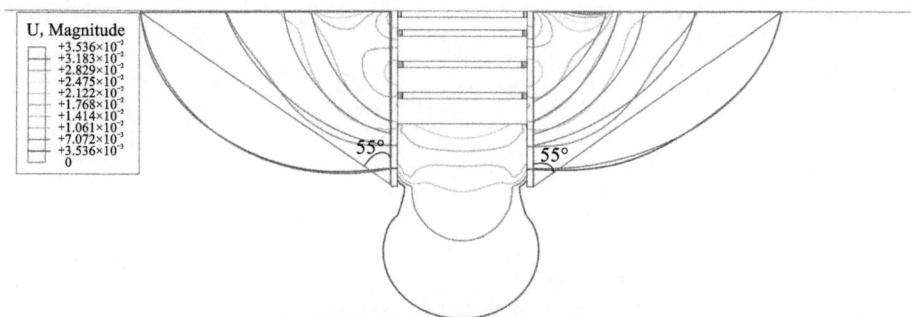

图 7-32　总变形等值线云图(单位：m)

根据济南地铁车站基坑周边土体变形的一般规律以及对周边环境保护、对施工安全造成的影响程度，将基坑开挖至坑底时产生的变形区域划分为：主要影响区域、次要影响区域和可能影响区。各影响区的土体变形特征，环境保护及施工安全对策见表 7-1。

将墙后土体变形≥0.08%H 或 15 mm(取小值)的区域划分为主要影响区域与次要影响区边界，将墙后土体变形≥0.013%H 或 3.5 mm(取小值)的区域划分为次要影响区域，将≤0.013%H 或 3.5 mm(取小值)的划分为可能影响区域边界，分区划分如图 7-33 所示。

表 7-1　基坑开挖影响分区

影响区	土体变形特征	环境保护及施工安全对策
主要影响区域	土体变形量均较大，存在较大的沉降差，基坑开挖过程会给地表建筑物（构筑物）、隧道、地下管线和地下基础等造成潜在的危害	对该区域范围的建筑物（构筑物）、隧道、地下管线和地下基础等采取针对性保护措施，对其变形进行控制
次要影响区域	土体变形量较小，存在较小的沉降差，基坑开挖过程会给地表建筑物（构筑物）、隧道、地下管线和地下基础等带来一定的影响，但影响较弱，通常不会带来危害，但需要关注	对该区域范围的建筑物（构筑物）、隧道、地下管线和地下基础等的结构安全进行监测，通过监测决定是否采取保护措施
可能影响区域	土体变形量微小，存在微小的沉降差，一般可以忽略基坑开挖过程对地表建筑物（构筑物）、隧道、地下管线和地下基础等的影响	一般不需要采取措施

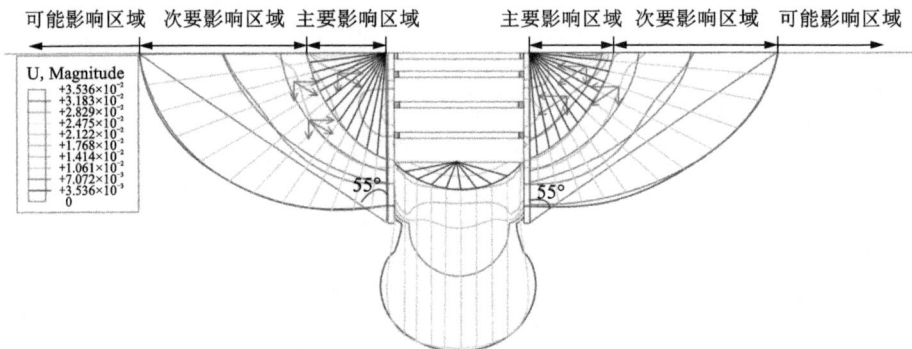

图 7-33　二维影响区域图（单位：m）

水平距离的影响区域与沿深度方向的影响区域是有所差别的。水平方向的影响区域主要是为地表建筑物（构筑物）在施工期间的沉降提供监测参考；深度方向的影响区域主要是考虑到围护结构的安全性。围护结构的变形过大容易使墙体产生裂缝发生水渗漏，严重状态会使围护结构失稳倒塌。而综合深度方向的影响构成了二维的影响区域，为预防基坑失稳倒塌、控制变形和加固等提供了参考。主要影响区域的变形是变形最显著的区域，也是围护结构背后土压力的主要贡献区，在该区域进行加固可有效减小围护结构的变形。

对基坑开挖至坑底时的二维剖面的总体变形云图中的规律进行分析。基坑围护结构外侧的土体的变形主要是地表沉降及向开挖侧的水平侧移，对水平位移和沉降位移进行合成得到综合位移，位移方向为开挖侧的深度方向的斜下方，如图 7-33 的箭头所示。基坑底部的土体向坑底中部挤压，表现为向上的坑底隆起，坑底主要影响区为弧形区域的黑色阴影部分，深度为坑底中部底下约 4 m（$H/7$）；次要影响区域为坑底黄色弧线区域的黄色阴影部分，深度约为 1.0H；超过开挖深度的区域为可能影响区。

7.3　模拟与监测数据对比分析

7.3.1　竖向变形对比分析

通过数值模拟对基坑开挖的变形特征进行分析可知：基坑周边地表的变形受到基坑顶部混凝土支撑的约束，使得基坑顶部围护结构的侧移被限制。顶部位移影响因素主要有：混凝土支撑的收缩与徐变、基坑两侧的偏载、温差和围护墙抗弯刚度。围护结构顶部的混凝土支撑对原本悬臂模式的围护结构进行了改良，使得悬臂模式向简支模式转化，增强了结构的稳定性。因此避免了围护结构后面的土体向基坑开挖侧的位移，限制了地表类三角形的土体沉降模式，从而形成了凹槽形的土体沉降模式。围护墙背后周边的土体变形根据数值模拟结果和监测数据对比可知，沉降对比图如图 7-34 所示，围护墙背后的土体沉降规律和监测变形基本吻合，由此可以认为数值模拟所得围护墙体背后土体的变形是符合实际的。因此，进而认为数值模拟所得的地表以下的变形规律也是符合实际的。

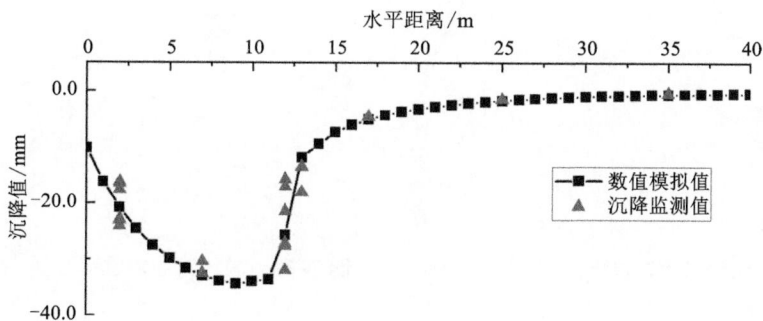

图 7-34　沉降对比

7.3.2　水平变形对比分析

围护墙体的最大侧移量是随基坑开挖过程不断变化的。最大位移量的位置随着基坑的向下开挖不断下移，直到基坑开挖至坑底时基本达到稳定。从量值方面来看,随着基坑的向下开挖不断增大,同样是基坑开挖至坑底时基本达到最大值。

随机有限元数值模拟进行基坑开挖的围护结构变形特征如图7-36的侧移云图所示,从图中可知围护墙体的变形属于中凸形模式。基坑两侧的围护结构的变形模式和趋势都相同,但量值存在一定的差异,因为,土体存在变异性,在自然界中很难保证处处相等,监测数据中,不管是相邻的位置还是对称的位置的监测数据都几乎不可能相等,这体现了监测数据的多样性。通过对监测数据进行分析可知:尽管量值不同,但其具有相同的变形规律,如图7-37所示。入土端范围内土层的力学性质的特性对围护结构的变形有一定的影响,通过对比图7-35和图7-36强弱约束的围护结构变形(图中变形放大了150倍)可知:约束的强弱对开挖深度范围内的侧移有微弱的影响,强约束可以有效地限制入土范围内围护结构的侧移,对减小开挖深度范围的侧移有利,但效果不明显;强约束对开挖范围内的围护结构的侧移规律几乎无影响。围护结构抗弯刚度对变形量值的影响较大,在一定范围内,抗弯刚度越大,侧向变形越小;但通过提高刚度来减小围护结构的侧向变形的方式不经济。

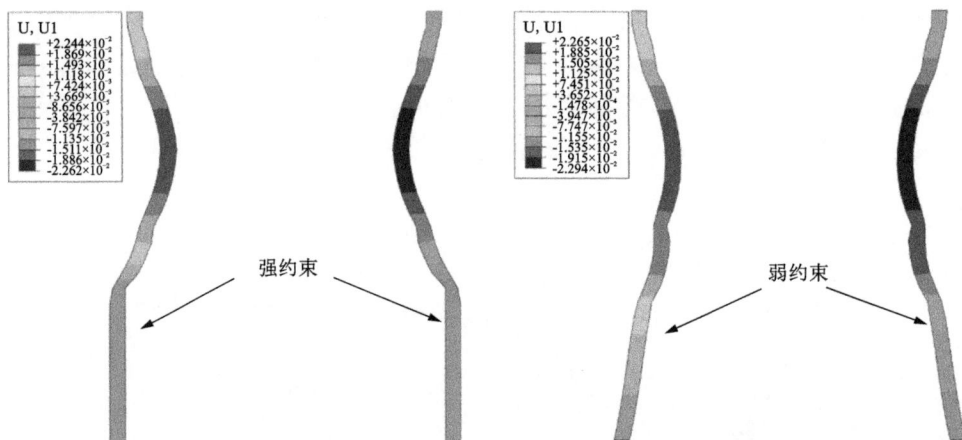

图7-35 强约束墙体位移云图(单位:m)　　图7-36 弱约束墙体位移云图(单位:m)

将监测数据与数值模拟的结果进行对比(图7-37)可知:现场的监测结果与数值模拟的结果具有相同的变形趋势,由此可以认为数值模拟所得围护结构的变形是符合实际的。围护结构的变形模式为中凸形,最大变形区域为$0.5H \sim 0.9H$,平均值在$0.7H$处。

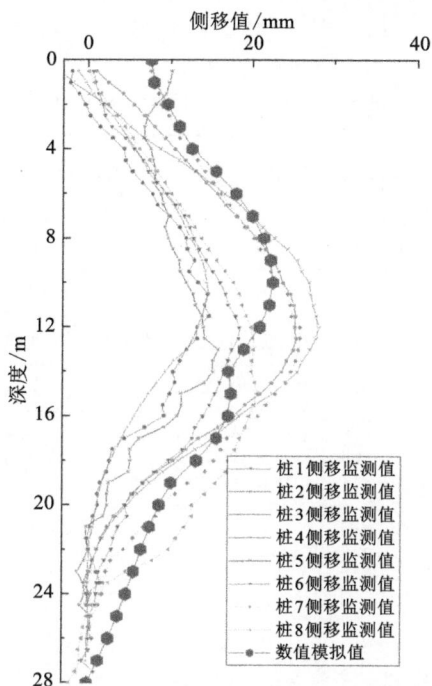

图 7-37　侧移对比

7.3.3　估算剖面任意位置总变形

通过随机有限元数值模拟结果与现场监测数据的对比分析发现：地表沉降和围护结构深度位移的监测值与数值模拟值具有相同的规律，且具有较高的吻合度。因此，验证了随机有限元模型的合理性和准确性。另外，通过数值模拟的结果可知：围护墙体的水平变形和墙背后土体的水平变形形状和变形量值在不同的开挖阶段保持一致。根据前面的变形分析可知：地表沉降影响区域为 1.0H，即 $d_h = 1.0H$；土体水平变形影响区域为 2.2H，即 $d_v = 2.2H$。根据式（7-4）、式（7-6）和式（7-7），可以估算围护结构背后主要影响区域和次要影响区域范围内的任意位置处的土体变形，可为设计及施工的变形计算提供便利，可以更好地了解基坑开挖的变形特性，对预防基坑失稳、控制变形和加固等具有一定的工程意义。

7.4　基坑变形特性分析

对济南地铁车站 R2 线一期的基坑开挖案例的相关工程资料进行收集，对收集的地铁车站基坑工程的相关勘查资料、设计资料及现场监测数据进行整理，以对其最终的开挖变形特性进行分析，基本信息见表 7-2。

表 7-2　基坑开挖案例基本信息

序号	工程项目	长×宽×深/m³	插入比	支护方式	最大桩顶位移/mm	侧移位置/m
1	万盛北街站	186×20×17	0.45	排桩+内支撑	16.8	8~14
2	宝华街站	275×20×17	0.46	排桩+内支撑	14.36	8~14
3	长途汽车站	351×23×17	0.32~0.35	地连墙+内支撑	10.78	9~16
4	生产路站	255×20×17	0.29~0.58	地连墙+内支撑	16.25	8~16
5	历黄路站	292×24.5×20	0.32~0.45	地连墙+内支撑	17.51	10~18
6	二环东路站	216×22×17	0.5	排桩+内支撑	6.29	8~16
7	辛祝路站	120×18×14	0.5	排桩+内支撑	17.9	8~12

注：排桩均为钻孔灌注桩。

7.4.1　地表变形及规律

　　基坑周边地表的最大沉降值可以反映基坑在开挖全过程中的累积变形。通过对收集到的济南地铁车站基坑工程案例的基坑周边 415 个监测点的地表沉降情况进行分析，得到其最大沉降值分布概率如图 7-38 所示。得到的地表累积沉降平均值为 15.21 mm，沉降值小于−50 mm 所占的比率为 3.61%，沉降值介于−50~−40 mm 所占的比率为 3.37%，沉降值介于−40~−30 mm 所占的比率为 4.82%，沉降值介于−30~−20 mm 所占的比率为 9.40%，沉降值介于−20~−10 mm 所占的比率为 35.66%，沉降值介于−10~0 mm 所占的比率为 42.17%。沉降值介于−30~0 mm 在监测点中占了 87.23%；除此以外有部分地表监测点表现为隆起，发生隆起现象所占的比例为 0.96%，隆起值普遍都较小，主要分布在 5 mm 以内。地表隆起的可能原因：由于基坑在开挖过程中，较硬土层由于卸荷作用，使得坑底土体回弹，带动其周围土体及围护结构向上运动，再叠加地下水的回灌作用，在综合影响下使得地表发生轻微的隆起。通过对济南地铁车站的沉降规律进行统计分析发现：最大沉降值超过 30 mm 的主要位于主要影响区域及次要影响区域有附加荷载的位置。

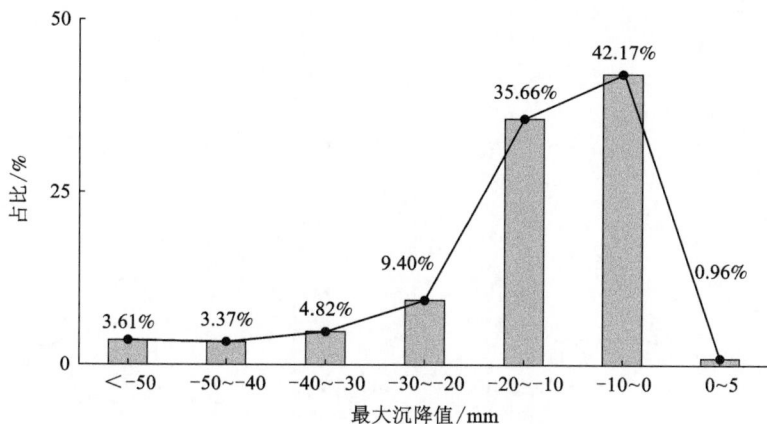

图 7-38　最大沉降值分布概率图

7.4.2　围护墙变形及规律

1. 墙顶位移

围护结构墙顶的水平位移反映了第一道钢筋混凝土支撑的变形情况，其变形量的大小与地面变形模式直接相关。类三角形的地表变形模式发生在悬臂模式的基坑，凹槽形的地表变形模式发生在多支撑模式的基坑。多支撑模式的基坑顶部会设置一道支撑，这使得墙顶的位移能够得到很好的约束，使得墙顶的位移要小于围护结构中部的位移。墙顶位移作为一项基坑安全状况的重要指标，过大的墙顶位移对基坑的稳定性具有负面影响，是基坑事故发生的前兆。对收集到的济南基坑工程案例的墙顶位移情况进行分析发现：其位移值的分布情况大致呈现正态分布，基坑墙顶侧移值介于−10~10 mm 之间所占的比率为 79.24%，墙顶位移值超过 10 mm 的占比为 20.87%，图 7-39 为墙顶侧移分布概率图。墙顶位移值为−5~5 mm，所占的比率为 53.08%，占比超过了 50%，且墙顶位移均小于墙身的最大变形，这表明第一道钢筋混凝土支撑可以有效地限制墙顶位移。将第一道支撑设置为钢筋混凝土支撑这一条件，一般可以用来预判地表沉降模式为凹槽形。

2. 围护结构深度侧移

通过对收集到的济南地铁基坑的围护结构深度侧移值进行分析可得其均值为 22.56 mm，与随机有限元数值模拟结果接近。围护结构的最大侧移的分布概率图如图 7-40 所示。由图 7-40 可以得知：基坑最大侧移值介于 0~10 mm 区间的占比为 25.78%，介于 10~20 mm 区间的占比为 30.47%，介于 20~30 mm 区间的占比为 21.09%，大于 30 mm 区间的占比为 22.66%。通过对比可知分布概率最高

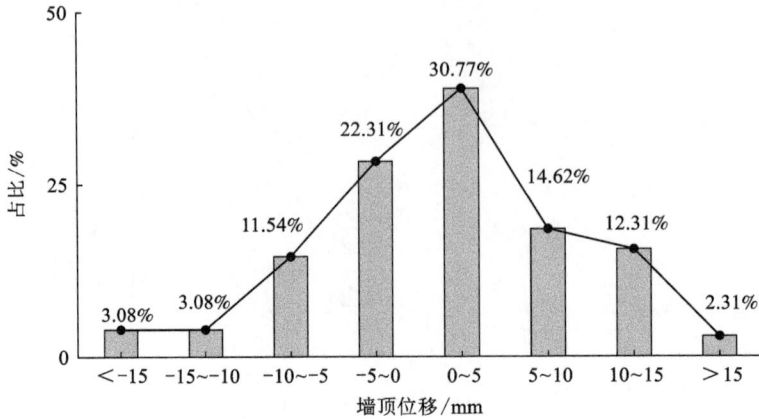

图7-39　墙顶侧移分布概率图

的为 10~20 mm 区间的沉降值。最大侧移值介于 0~30 mm 区间的占比为 77.34%，介于 0~20 mm 区间的占比为 56.25%。由此可知，其侧移值主要分布在 0~30 mm。通过对济南地铁车站的地连墙与钻孔灌注桩基坑的墙体深度位移的最大值的位置进行统计分析发现：二者的位置分布基本一致，最大值的位置均分布于 0.5H~0.9H 之间，详见表 7-2。

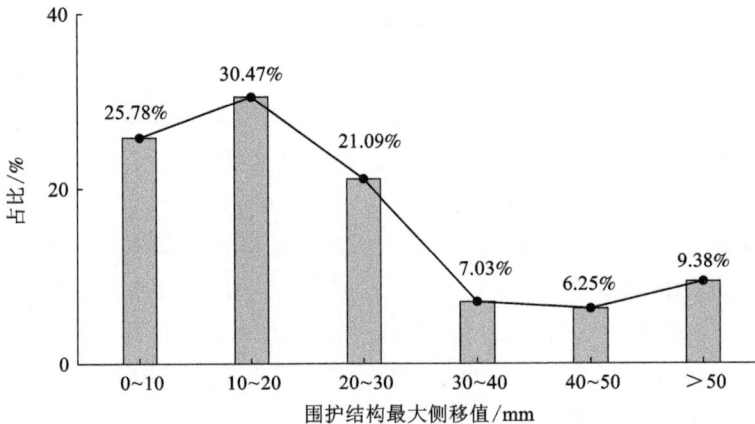

图7-40　围护结构最大侧移分布概率图

7.5　动态施工变形控制方法

7.5.1　动态控制原理

基坑的施工是由多个施工步步骤所组成的, 施工过程中各施工步步骤须按照一定的步骤及顺序, 即要相互独立又要相互关联。由图 7-19 可知, 紧后工序的总变形是紧前工序的变形累积。

首先, 通过层次分析法及 WBS 原理可以将基坑工程的施工步序进行分解, 将其分解为小的模块, 将每个模块产生的影响变为基坑结构本身及周边环境的变形。将每一个模块产生的影响看作是一个影响因子, 将基坑的整个施工过程分解为 n 个模块, 将第 i 个模块的影响因子用 δ_i 表示。

其次, 随着基坑施工的各个步骤的不断推进, 基坑自身结构及周边环境的影响的加大, 又因各个步骤产生的影响具有累积性, 故须将这种情况下产生的影响因子进行细分, 如水平位移、竖直位移和转角等。将第 i 个模块完成时对特定目标物的总影响程度进行累加, 即得到在此之前的各个施工步骤的影响因子对当前阶段的总影响之和, 如式(7-15)所示。

$$P_i = \sum_1^n \delta_i \qquad (i \leqslant n) \tag{7-15}$$

然后, 同理可得, 基坑的施工开挖对特定目标物的最终总影响即为各个全部施工步骤的总和, 如式(7-16)所示。

$$P_n = \sum_1^n \delta_i \tag{7-16}$$

最后, 想要实现总变形控制的目标 $[P]$, 需要满足: $P_n \leqslant [P]$。为了实现对各个施工步骤的变形精细化控制, 将总变形目标分解到各个施工步骤, 即如式(7-17)所示。

$$[P] = \sum_1^n [P_i] \tag{7-17}$$

因此显然可得式(7-18)且必然成立。

$$\sum_1^n \delta_i \leqslant \sum_1^n [P_i] \tag{7-18}$$

为了对上述的动态控制原理进行应用, 须结合基坑的施工过程进行进一步的介绍。基坑开挖过程的变形控制原理: 将周边地表、围护结构和周边建筑物等特定对象的总变形控制值及允许最终形态分解至每一个施工步骤之中进行控制, 并在施工过程中分阶段严格执行。控制步骤为:

①根据勘查资料及相关的设计(有限元软件)计算确定施工的影响范围,参照图 7-33 的影响范围,对基坑施工影响范围内特定对象的影响规律和破坏特征进行预判,找出其破坏响应发生的关键点与施工步骤之间的关系,根据施工步骤的影响大小进行精细化分解。

②通过相似工程资料、工程经验及三维有限元模拟等手段考虑总变形及形态以得到安全系数,并将精细化分解的各个施工步骤进行合理分配,确定各个施工步骤的变形及形态控制值。控制值的确定需要遵循以下的原则:一是分类、分级、分阶段的原则,对周边环境进行分类,并按照不同的控制要求和保护等级进行分级,以最大限度保证安全,此外须针对不同的施工阶段和步骤确定分步的精细化控制标准,通过对控制值进行分类分级分阶段进行控制来实现最终目标;二是多因素综合原则,对特定对象各自的特点,采用有限元模拟等方法对各种复杂影响因素进行预测预估,并结合以往的工程资料、经验和工程要求等进行综合制订;三是取小值原则,通过各种手段(包括规范)进行分析得到特定对象的不同容许变形值,为了最大程度保证安全,控制值取容许变形值的最小值。

③在施工阶段进行全过程的形态及变形监测,将监测到的形态及变形量与该步骤的控制值进行对比分析,超过控制值的除进行预警之外还应该针对现有的施工工艺采取及时必要的措施(修正施工方案、辅助工法或过程恢复)进行调整,以确保新建及已有结构的正常使用和安全。

④若特定对象的变形预测值无法达到控制标准值,则当前的方案会对新建结构造成必然的破坏,故应该对现有的控制方案进行修改优化(设计或施工)。比如:增大支护体系的刚度(增加支撑道数)和辅助施工等,尽可能减小对新建结构的影响程度;通过对特定对象进行加固,提高其抵抗变形的能力;通过阻断或减弱传递路径的影响,来减小对新建结构及周边环境的影响。

7.5.2 多元信息融合的信息化施工

多元信息是指针对特定目标信息对象所关联的原始信息具有不同的显示形态或格式,如表格、文档、操作记录、视频、图像和格式数据等。本书将不同施工阶段所具有的不同表示形态或不同施工步骤所监测到的各种格式的数据信息称为多元信息。特定目标的信息对象是在多元信息中的可相互区分的事物及其各类属性的集合,即影响区范围内的新建结构、既有建(构)筑物、管线和隧道等。

基于上述的定义与描述,建立了包括多元信息获取,信息对象的辨识,信息对象属性的定性定量描述,信息对象的关联及决策等环节的多元信息处理模型,如图 7-41 所示。

多元信息处理模型其流程如下:首先通过相关手段进行不同施工步骤的形态感知及数据获取,确定信息对象的属性信息,并基于属性的定性定量进行描述;

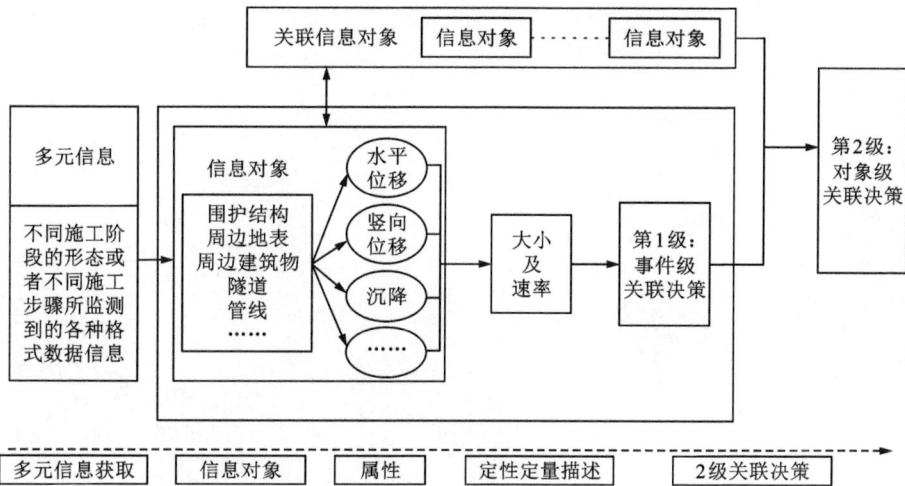

图 7-41　多元信息处理模型

然后基于定性定量的描述进行事件级的关联决策；最后在多个信息对象之间进行对象级的关联决策。

多元信息的获取：为了确保基坑围护结构的变形与影响范围内的周边环境的安全，需要对围护结构顶部的水平/竖向位移、围护结构深层水平位移、地表沉降、管线沉降和周边建筑物沉降等进行观测。围护结构顶部水平位移监测数据获取根据现场情况，可通视的情况下可采用视准线小角法，不可通视的情况下采用极坐标法进行观测来获取数据；围护结构顶部竖向位移采用水准仪进行观测来获取数据；对于围护结构深层水平位移则通过采用测斜仪进行监测并通过联合分析围护结构顶部水平位移和围护结构顶部竖向位移的监测数据来获取围护结构水平位移数据，测斜仪如图 7-42 所示；地表沉降和管线沉降均采用水准仪进行观测来获取竖向位移数据；建筑物沉降采用几何水准测量方法，使用水准仪进行测量，观测示意图如图 7-43 所示。

信息对象的确定：为了避免基坑工程施工对周边环境及自身结构产生破坏，须对基坑施工影响范围进行预判，建（构）筑物等特定对象的变形响应更容易通过监控量测等手段获得，在变形影响范围内常采用有效可靠先进的监测方法对周边环境及自身结构变形情况进行监控的对象称为信息对象。

属性：基坑开挖施工的重点是采取有效的措施确保在施工过程中基坑内的各项工作正常进行和基坑周边环境不被破坏。本研究建设场地的基土包括粉砂、粉土、粉质黏土、黏土、黄土状土和淤泥质土。基坑围护结构长度范围土层基本由粉土、粉质黏土等组成。土体在动力作用下土体强度极易降低，当应力状态发生变化后，墙后土体势必向基坑方向发生移动，故容易发生塌滑。为避免工程施工对周边环境及工程本身新建结构的危害，须在建设阶段对工程结构本身和周围环境的变形(水平位移，竖直位移和沉降等项目)进行监测。

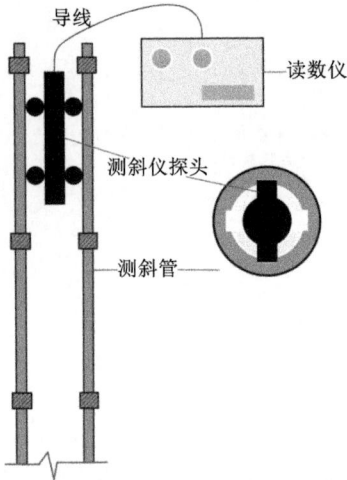

图 7-42　测斜仪示意图

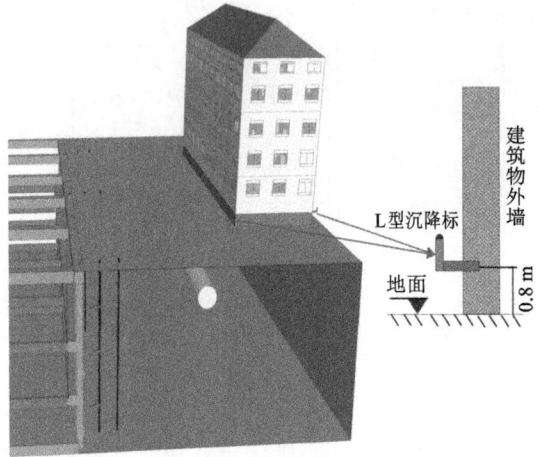

图 7-43　建筑物沉降观测示意图

定性定量描述：基坑周边的商铺、宾馆和高层建筑众多且距离基坑较近，这对基坑开挖过程中的变形控制提出了较高要求。且开挖影响范围内的地下埋设有不同类型的管线，如燃气管线、雨污水管线、给水管线、通信光纤等。若周边土体变形过大极易引起管线扭曲甚至断裂，从而造成燃气泄漏、水管爆裂等危险事故及断水等社会危害，对于安全施工和社会影响极为不利。对于不同的对象，其变形控制项目有所不同，对于基坑开挖的变形控制的项目主要包括围护结构顶部的水平/竖向位移、围护结构深层水平位移、地表沉降、周边建筑物沉降和管线沉降等。控制指标表现为水平累积位移、竖直累积位移、整体沉降、沉降差、位移差等。不同的信息对象对附加变形的承受能力与诸多因素有关：比如结构形式、建筑尺寸、基础类型、建(构)筑物类型、荷载情况、服役年限、使用功能等。因此，每一个信息对象都有不同的属性，即使相同的属性所对应的控制项也有所区别，应该根据相应的规范及经验等情况进行综合定量。

关联决策：关联决策包括事件级关联决策和对象级关联决策。它们之间的关系是包含与被包含的关系。事件级主要是通过监测手段监测到单个事件发生突变并辅以一定的意图判断(规范规程、经验等)方法[62, 63]来展开关联，属于局部关联。对象级则主要是通过各个独立对象发生的事件进行综合的评判，属于整体关联。基于上述的概念，可建立一种基于信息对象的对象级关联决策模型，如

图 7-44 所示。

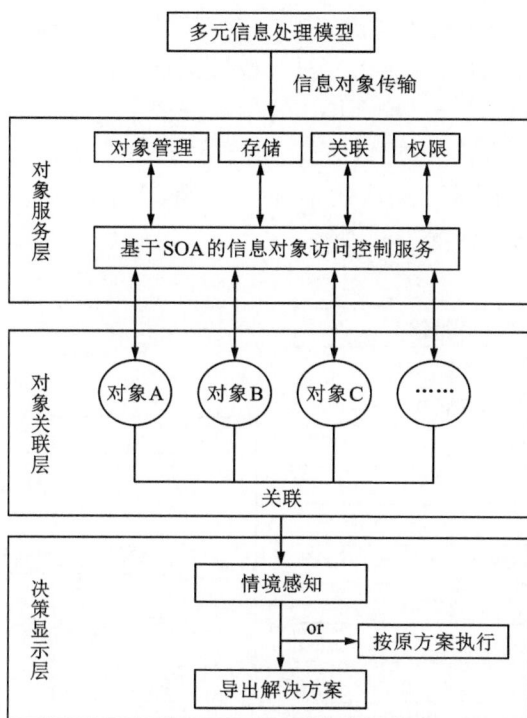

图 7-44　对象级关联决策模型

　　先将多元信息融合处理模型与对象级关联决策模型进行对接，然后将施工时实时反馈的监测数据等多元信息经过多元信息处理模型进行处理，再将信息对象传输到对象级关联决策模型进行处理，通过将对象进行关联，最后经过情境的感知来决定是否有必要采取相应的措施。情境感知分为三级：改进施工方案为优先级，进行加固为第二级，更改设计为第三级。有必要采取相应的措施进行变形控制的，则从决策显示层预先设置的方案库里面导出多个可行的修正方案，并标记工期最优方案、造价最优方案与安全性最优的方案，施工单位根据自身的实际情况选择最可行的方案进行变形控制。情境感知不需要采取措施进行变形控制的，则按原方案进行流水施工。

7.5.3　变形控制措施

　　信息化施工原来是指在基坑开挖施工的过程中采用先进的监测方法实时对周边环境及自身结构变形情况进行全面而系统的监测，将采集的监测数据进行整理分析，利用分析的结果对原有施工方案进行调整优化并对下一个工况进行预测，从而保证基坑施工过程的安全。本书则将采集的监测数据及时地通过多元信息处理模型和对象级关联决策模型进行分析，将分析的结果反馈到下一个工序，改进原来的方案、工况或者对下一个工序进行情境预估，从而更加高效精准地实现智慧的信息化施工，保证新建结构和周边环境的安全。

采用明挖法施工的基坑的土石方，开挖遵循"纵向分段、竖向分层、由上至下、先支撑后开挖、先中间、后两侧、主体结构紧跟"的原则。采用明挖法施工的主要工艺流程示意图，如图 7-45 所示。

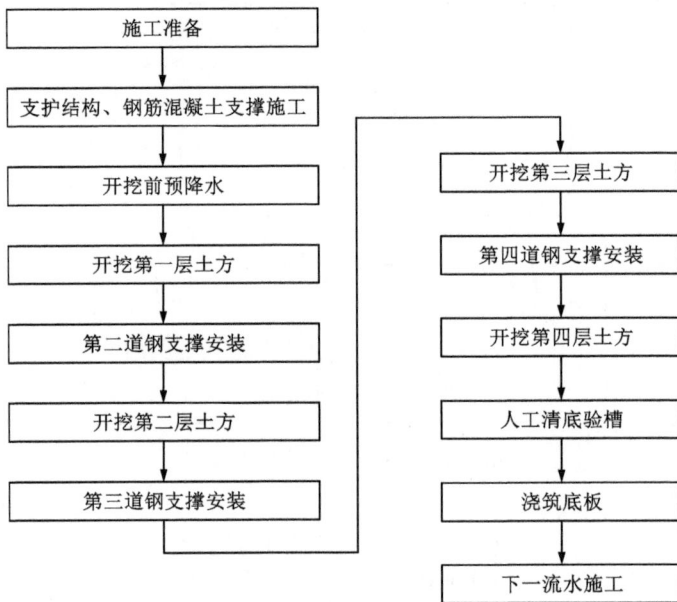

图 7-45 工艺流程

通过前面章节的分析可以知道，土体的变异性是普遍存在的，地下土体性质的不确定性在工程界具有普遍的共识，变异系数越大，结构变形量也就越大。力学性质较差、土体累积较厚的区域产生的变形将会大于力学性质好的土体，施工过程中按照原来的方案进行施工时产生的变形常超出控制值，这在施工中是非常不利的。因此，在预先设置的方案库里要有较为全面的变形控制解决方案。其主要包括施工方面和设计方面的措施。

施工方面的变形控制措施如下所述。

（1）合理的工序

基坑开挖在纵向分段的长度和分层开挖的深度要合理。纵向分段开挖的分段长度要合理，分层以先中间后两侧的方式开挖土体，以缩短围护结构临空面无约束的时间。每一层的开挖要先撑后挖，以减小由于时间效应产生土体蠕变而导致的围护结构的变形。研究表明，先撑后挖比先挖后撑可减小约 50% 的围护结构变形。

（2）限制地面超载

基坑周边的固定施工荷载及活载对周边地表的沉降具有较大的影响。尽可能对基坑周边地表进行硬底化处理，这可以分散活载对土体的压力。施工期间的固定荷载应该尽可能远离基坑的边缘，并且远离重要的建(构)筑物，若是必要的活载应该设置在主要影响区域和次要影响区域范围内的重要建筑物较少的一侧。通过对地面荷载与地表沉降的关系进行分析可知，随着地表荷载的增加，地表的沉降也呈现线性增加，这说明了控制地面施工荷载的重要性。

（3）降水回灌控制

对于地下水丰富且地下水水位较高的基坑工程，在施工前及施工后都需要对地下水进行控制以预防在基坑的开挖过程中发生水害。常用的地下水控制方法有隔离地下水和降低地下水水位两类。隔离地下水主要是在围护结构外围设置止水帷幕而起到隔绝基坑外部地下水的作用，以至于基坑内部降水的时候，基坑内部能与外部的地下水位保持较大的水位差。这样既可减小基坑周边的地表沉降，也可减弱由于降水对邻近建筑物的影响。当周边具有高价值建筑物且对变形有严格控制时，在降水井点与建筑物之间应设置回灌井，在坑内进行降水的时候，坑外进行同步回灌，使基坑外的地下水保持在高位的状态，从而控制地表及周边结构物的沉降。

（4）阻断传递路径

围护结构的侧向变形和基坑坑底的隆起被视为是基坑周边环境发生变形的影响来源，基坑周边土体作为了周边环境变形的传递路径。通过对坑外的主要影响区加固和设置隔离桩墙是当前用来切断基坑开挖引起变形的传递路径的常用方法。坑外的主动区地基加固，主要作用是使围护结构背后一定范围内的土体固结硬化，可有效减小主动土压力作用在围护结构上，由此来起到减小围护结构变形的作用。坑外隔离桩墙设置在围护结构与被保护对象之间用于阻断围护结构的变形传递到被保护对象。当其设置在靠近围护结构一侧的时候可兼作止水帷幕，当其靠近被保护对象的基础时可同时兼作托换结构。

（5）软托换处理

通过采用人工挖孔桩、旋喷桩、锚杆静压桩和静压注浆等技术在基坑开挖前或在开挖过程中对周边邻近的建筑物进行保护，是一种减少沉降或恢复变形的方法。基坑开挖前的控制主要是通过预测的方法预知其在施工期间的变形将超过控制值，影响其正常使用的情况下，预先将建筑物的自重直接向力学性质较好的地层深部传递以减少其沉降(不均匀沉降)的一种控制方法。既有建筑结构变形的过程恢复是施工控制的组成部分。当既有结构发生的变形超过施工过程中某一项工序的变形控制值,为确保其安全,根据地质条件、结构形式、服役年限和基础类型等情况制定一种将变形的部分或全部恢复的补救措施。以注浆抬升为例,注浆主要是以渗透、填充和挤密的方式将土体颗粒的气体排出,与土体颗粒的孔隙胶结混合成一个强度高、压缩性低和稳定性良好的整体。通过对注浆量和注浆压力的控制,将建筑物往上顶起达到减小或恢复变形的作用,使得变形值小于控制值的最终目的。其难点在于如何精细化均匀地恢复。过程恢复是非线性的变形逆过程,在正向变形过程中,会使原有结构的应力状态发生变化,即使后续的变形恢复可以大致复原,但其应力状态也是不可逆的。在实际的过程恢复中,建筑物正向变形产生的裂缝等破坏是不可能完整恢复的,只能部分恢复,变形亦如此。工程中只需要使其各处的变形值大致均匀地恢复,以在后续的施工影响中能满足各阶段的控制要求(结构正常使用)为准,一般来说,要想全部恢复几乎是不可能的,也不经济。

设计方面的变形控制措施如下所述。

(1)围护结构

作为直接承受来自基坑开挖产生的水土压力的围护结构,其选型直接关系到工程的安全性、经济性和工期,因此围护结构的选型与设计需要结合工程的规模、开挖深度、水文条件、地质条件、周边环境及特殊要求等各种因素综合考虑。不同围护结构的特点及使用条件详见《基坑工程手册》。围护结构的刚度对变形有很大的影响,在开挖深度范围内存在较厚的、力学性质差的土体,应该适当提高其刚度;开挖深度范围内的土体力学性质均较好,则可适当降低刚度。一般来说,通过提高刚度的方式来减小变形是不经济的,这不是变形控制方案的首选。

(2)支撑系统

根据材料类型可以将支撑系统分为钢支撑、钢筋混凝土支撑及二者组合的支撑。首先各种形式的支撑系统要根据基坑的规模、宽度、水文条件、地质条件、围护结构形式及施工企业情况等条件,在确保安全、经济和施工方便的前提下综合各种因素进行考虑。其次是合理选择支撑的尺寸、设置支撑的道数及水平间距,使其能够有效地减小围护结构的变形。对钢支撑施加(计算轴力的50%~75%)预应力,能够有效地提前压紧支撑以及缩小与墙体的连接空隙;给围护结构背后的土体施加一个被动力,能够有效地抑制背后土体及围护结构的变形。设置预应力值时,上层支撑宜设置较小值,下层支撑可设置较大数值。预应力值设置得过大对减小变形的作用不明显,预应力值设置得过小难以起到有效抑制围护结构变形的目的。

（3）插入比

基坑发生踢脚现象是围护结构入土深度不足的具体表现。在设计插入比时应当对围护结构坑底以下一定范围内的土体进行分析：该范围内的土体力学性质好时，能够有效限制住插入土体范围内的位移；当该范围内属于力学性质较差的软土时，则应当要加大插入比，否则容易发生围护结构底部产生大位移的踢脚现象。

信息化施工控制是以监测数据与阶段施工的变形控制为核心，通过多元信息采集—事件级信息分析—对象级关联情境感知—导出解决方案等环节，通过优化设计、施工方案，可为下一工序的施工或者类似工程的设计提供指导意义，确保基坑施工过程的安全可靠性及经济合理性。

7.6　地铁车站基坑变形控制分析

采取动态控制原理、多元信息处理模型和对象级关联决策模型进行精细化变形控制。在每一纵向开挖段的影响范围内，对基坑开挖两侧影响范围内的支护结构本身的变形、基坑两侧周边地表的沉降（传递路径）以及被保护对象的阶段变形进行对象级关联后再进行情境感知。情境感知中改进施工方案为优先级，进行加固为第二级，更改设计为第三级。当被保护对象和周边地表沉降均未超过控制值，但围护结构的变形值超过控制值时，则可通过改进施工工艺来控制围护结构的变形。当围护结构的变形未超过控制值，但被保护对象超过了控制值，且接下来的施工会导致保护对象处于更加危险的状态时，则可对被保护对象进行加固。当围护结构和被保护对象同时超过了控制值，则须采取改进施工工艺或隔断传递路径的措施，若采取措施之后被保护对象的变形仍然在持续加大，则需要对被保护对象进行加固。

基坑开挖过程中可按照 7.5 节的动态施工变形控制方法进行变形控制，在施工阶段超过控制值的区域，可通过情境感知，得出改进施工工艺后的控制方案。最终的阶段，围护结构的深度水平位移桩的有效测点有 23 个，以 30 mm 作为控制值，有 5 处的桩体超过控制值；地表沉降的有效测点有 82 个，地表沉降以30 mm 作为控制值，有 7 处地表沉降监测值超过控制值。基坑开挖期间均采用改进施工方案的方式使下一施工阶段的变形值得到了控制，周围的被保护对象及周边地表均未采取加固措施，在影响范围内的商铺、宾馆、高层建筑及雨水箱涵的变形均得到了良好的控制，未影响正常使用。依托于对地铁车站基坑由上往下开挖过程的变形控制的研究，建立了地铁车站基坑变形控制整套流程，在工程上具有一定的应用意义，为实现基于变形控制的基坑设计与施工，构筑了系统性的架构。

　　本章主要研究考虑了土体变异性的基坑车站变形及控制措施，并得出以下结论：

　　①由于土体空间变异性等的存在，使得基坑开挖所产生的不同地方的变形量值存在差异，通过对已有工程案例的地表沉降和围护结构变形进行统计分析得知，沉降值在 30 mm 以内的占了 87.23%，围护结构深度水平变形在 30 mm 以内的占了 77.34%，墙顶侧移值在 10 mm 以内的占了 79.24%。

　　②在对已有工程案例的变形特性进行分析的基础上，提出了动态控制、多元信息处理模型和对象级关联决策模型对基坑开挖阶段的变形进行动态控制，可以及时对开挖过程中的过大变形采取措施进行控制，使基坑整个施工过程的变形控制取得了较好的效果，建立了地铁车站基坑变形控制整套流程，为实现基于变形控制的基坑设计与施工构筑了系统架构。

第 8 章 结论与展望

8.1 结论

以济南地铁施工地下水微扰动及围护结构选型优化关键技术研究为依托项目，通过实测数据统计分析、经验公式、理论分析及有限元数值模拟等研究手段，对济南地区富水承压地层典型地铁车站深基坑的围护结构形式、变形特性及变形影响因素进行了系统总结分析，对富水承压地层基坑进行了围护结构选型及围护结构细部优化。并利用正交实验分析法，结合模糊层次分析法和价值工程法等优化理论方法，对该承压富水地区基坑施工后回灌施工参数进行了优化设计。考虑到土体参数的空间变异性，开展了土体参数变异性影响下的基坑变形特性研究，提出了在施工中采取动态控制、对监测的多元信息进行处理和对施工区域的对象之间进行关联分析，最后通过情境感知导出解决方案，及时对开挖过程中的过大变形采取控制措施。

通过一系列的研究与分析得出的主要结论如下：

①分析了济南地区工程地质概况、基坑工程建设问题，结合地下水对基坑的危害模式，对济南地下水埋藏类型进行了基坑分类，总结了承压水土层基坑围护形式的特点。列举了富含地下水常用灌注桩、地连墙、SMW 工法桩、TRD 工法墙、复合土钉墙等围护结构的适用特点，为后续选型提供了依据。

②通过现场实测数据，结合理论分析、经验曲线对比等对车站基坑进行了变形分析。结合有限元软件对基坑变形影响因素进行数值模拟，分析了地下水因素、设计因素及施工因素等对基坑变形和周边地层的影响。通过对比数值计算所得结果与实测值得：承压水的埋置深度和厚度对基坑变形和周边地表沉降有显著影响。在设计因素中考虑了止水帷幕深度和围护桩入土深度、桩径对基坑变形和坑边土体沉降的影响，在合理深度内，有利于控制基坑变形；在施工因素中，制定了合理降水级数，分层分段合理控制开挖，有利于保证施工安全、降低施工风险。

③以开源路站基坑围护结构为选型对象，提出了变形控制指标、围护结构选型要求。对地铁车站深基坑围护结构进行了初步对比选择，根据车站基坑参数信息、地下水状况、富水地层常用围护结构等综合选型得出了初步选型方案；在初

步选出的方案上，通过影响因素层次分析法分析结构、基于专家评定、权重确定、方案模糊综合评价等来计算比较评判方案综合值，得出了灌注桩围护结构方案评判值最大，为选型最优深基坑围护结构。

④针对现场施工围护结构渗水等工程问题，进行了围护结构选型后的细部优化。在考虑了时空效应的围护结构设计基础上，通过正交试验对可变因素进行优化，得出了深基坑围护结构的细部优化参数。通过工程优化评价分析，在基坑安全、变形控制方面，优化后的围护结构达到了要求，验证了优化后的围护结构的有效性和合理性。

⑤对开源路站基坑监测数据进行了分析，结果显示：基坑开挖、降水、回灌对地表沉降和地下水渗流的作用受土体固结程度的影响，固结较好的土体，受人为施工扰动影响较小。回灌施工能一定程度上恢复地下水的渗流量，能有效减缓基坑开挖带来的坑周地表沉降。回灌带来的地下水压力加剧了基坑围护结构两侧不平衡的压力，导致基坑围护结构水平位移的进一步增大，且不平衡应力较集中于围护结构的中下部，易挤压基坑底部土体形成踢脚工况。

⑥将有限元分析结果与基坑监测数据进行对比，结果显示所得模拟值与实际监测值误差较小，验证了有限元分析结果的可靠性。有限元分析结果显示：富水承压软土地区基坑开挖过程中在距基坑10~20 m处出现凹形沉降，回灌施工能有效减缓由于基坑开挖导致过大的地表沉降；随着基坑施工的不断进行，围护结构出现最大水平位移处逐渐移动到开挖面附近，并出现开挖面下的围护结构水平位移增大的情况；降水施工则会使地下水渗流场出现以基坑为中心的降水漏斗，而回灌施工会升高回灌处的水压力，使回灌水克服地下水压力进入回灌层。由有限元计算结果分析得出：在降水、回灌施工前，应进行充分的坑下土加固；在降水、回灌施工时应预留一定时间使坑周土体充分固结，严格控制降水量与降水速率，做好下部围护结构的防护，保证基坑的安全施工。

⑦在正交实验分析法中进行了敏感性分析，结果表明：地表沉降、地下水渗流的恢复以回灌压力和回灌深度为主要影响因素。分析表明更大的回灌压力与更深的回灌可使地表沉降与地下水渗流情况得到进一步改善。但过大的回灌压力，会增大围护结构的水平位移，对基坑施工的安全性产生了一定危害；更深的回灌深度则可能会穿过不透水层，使回灌水进入更深的渗流层，影响更大范围的水位地质条件，因此在回灌施工中应基于实际施工要求进行回灌的参数控制。

⑧通过正交试验分析法对有限元模型进行数值实验，并利用正交试验分析矩阵模型计算得出了在功能性方面的最优方案。此方案能在最大程度恢复地下水渗流量的同时，减小基坑工程对环境的危害。同时提出了正交实验分析法-模糊层次分析法-价值工程法三者相结合的优化分析方法，分析了在考虑功能值与成本值综合比较下的价值量，得出了在价值方面的最优方案；但综合成本值后采用施

工成本最小的最优方案最具经济效益。

⑨考虑了土体参数空间变异性的一维随机有限元与二维随机有限元计算结果的关系。在随机有限元中，土体参数空间变异性较小的情况下，一维随机有限元和二维随机有限元的数值模拟计算结果比较接近，通常情况下可以将二维简化为一维进行数值模拟计算，即常用的按照地层平均厚度来进行分层计算的数值模拟，但随着变异系数的增大，二者的计算结果将会有比较大的差异，二维随机有限元可以模拟出局部土体由于变异性大而产生较大的变形。

⑩考虑了土体参数空间变异性的基坑变形特性。通过对地表沉降和围护结构的变形进行分析，地表沉降大小和围护结构的变形具有较强的关联性，地表沉降较大一侧的围护结构的变形要大于地表沉降较小的一侧，随机有限元数值模拟的地表沉降规律与围护结构的深度侧移规律与监测值基本吻合，具有相同的变形趋势，地表沉降为凹槽形，围护结构变形模式为中凸形，按照二维平面变形的大小进行分区，得到了二维平面的影响分区。

⑪考虑了变异系数的大小对基坑开挖变形的影响。随着土体参数变异系数的增大，对基坑周边地表沉降的影响越显著，但对围护结构的深度变形、基坑隆起以及基坑开挖变形影响区域的范围的影响较小，地表沉降随着变异系数的增大而增大，围护结构深度侧移和坑底隆起值随着土体参数的变异性的增大而趋于增大，但是影响较小。

⑫在土体空间变异性的基坑变形特性研究基础上，提出了变形控制的工程应用。土体参数的空间变异性是客观存在的，在对基坑变形特性的研究基础上，提出了动态控制模型、多元信息处理模型和对象级关联决策模型可对基坑开挖阶段的变形进行动态控制，及时对开挖过程中的过大变形采取措施进行控制，使基坑整个施工过程的变形控制取得了较好的效果，有效降低了施工期间的风险。

8.2 展望

富水承压软土地层环境复杂，地下水系丰富多样，因此富水承压地层基坑的开挖是一个难度较高的施工过程，针对围护结构的选型、施工工法、降水条件、支护形式有多种多样的要求。鉴于研究对象和地下水的复杂性，本研究仍存在不足之处，需要进一步研究：

①本研究所分析的地下水及对于基坑施工是在最不利状态下进行的计算分析，在后续的研究中可根据地下水分布规律，构建更完善的地下水系统和参数，以进一步优化研究成果。

②影响富水地层地铁深基坑的影响因素众多，但本研究主要依据现有的施工车站的统计规律总结和分析出了主要的影响因素，进而对围护结构进行了优化。

如果随着济南地区地铁建设的快速发展，应根据实际情况及时调整围护结构的优化、设计和施工。

③回灌只是一种为减小降水带来的地下水资源破坏而采取的补救措施，如何不进行降水就能引导基坑设计标高以上的地下水排走，并在基坑开挖的过程中使地下水无法作用于基坑的各类结构，如何对地下水进行引流，对地下水进行疏导，值得进一步研究。

④影响基坑变形特性的因素较多，本研究采用二维有限元模型进行模拟计算，未能充分考虑到基坑开挖的时空效应，因此数值模拟结果与实际的变形特性会有一定的误差。

⑤基于动态控制、多元信息处理模型和对象级关联决策模型对基坑开挖阶段的变形进行控制已在工程中初步应用，但仍然处于基础阶段，变形控制的系统架构仍然需要进一步进行补充和完善。

参考文献

［1］刘明亮，马乐民，徐小乐.关于基坑工程承压水问题的研究［J］.山西建筑，2018（6）：86-87.

［2］周红波，蔡来炳.软土地区深基坑工程承压水风险与控制［J］.同济大学学报（自然科学版），2015，43（1）：27-32.

［3］K T. Theoretical soil mechanics［M］. New York：Wiley，1943.

［4］MA B. Thory of elasticity and consolidation for a porous anisotropic solid［J］. Journal of Applied Physics，1955：26-182.

［5］杨晓军，龚晓南.基坑开挖中考虑水压力的土压力计算［J］.土木工程学报，1997（4）：58-62.

［6］龚晓南.深基坑工程设计施工手册［M］.北京：中国建筑工业出版社，2017.

［7］骆冠勇，潘泓，曹洪，等.承压水减压引起的沉降分析［J］.岩土力学，2004，25（S2）：196-200.

［8］陈永才，李镜培，邸国恩，等.某深基坑降水对周边环境影响的分析及处理措施［J］.岩土工程学报，2008（S1）：319-322.

［9］张忠苗，赵玉勃，吴世明，等.杭州庆春路过江隧道基坑围护体系设计分析［J］.岩土工程学报，2010，28（9）：1399-1405.

［10］杨清源，赵伯明，孙风伯，等.深圳典型潜水地层地铁车站基坑降水引起水位变化机理的试验研究［J］.中国铁道科学，2018，39（5）：22-32.

［11］欧雪峰，张学民，刘学勤，等.基坑开挖与降水引起下卧隧道变形的解析计算方法［J］.铁道学报，2019，41（3）：147-154.

［12］邵羽，江杰，马少坤，等.考虑孔隙比和渗透系数随土体当前应力变化的深基坑降水开挖变形分析［J］.土木建筑与环境工程，2015（2）：92-100.

［13］武俊东，丁文其，刘文军.渗流作用对多支点地下连续墙嵌固深度的影响分析［J］.岩土工程学报，2012，34（S1）：54-59.

［14］纪政.承压水影响基坑支护结构及地面沉降的有限元分析［D］.天津：天津大学，2006.

［15］郑刚，宗超，曾超峰，等.非对称基坑分步降水开挖引起的围护结构变形性状［J］.岩土工程学报，2013，35（S2）：550-554.

［16］刘婧.深基坑边降水边开挖的变形特性研究［D］.上海：上海交通大学，2010.

［17］李伟.苏州地铁基坑工程承压水减压对环境影响及其控制技术研究［D］.南京：东南大学，2015.

［18］马晓明.含承压水地层路段的隧道基坑围护结构设计与施工方法研究［D］.南京：东南大学，2017.

[19] 曾超峰, 薛秀丽, 郑刚. 软土地基渗透性条件对基坑预降水过程中支护墙侧移的影响研究 [J]. 岩土力学, 2017, 38(10): 3039-3047.

[20] 金晓飞, 黄云天, 尹寒青, 等. 深基坑开挖过程渗流应力耦合有限元分析方法[J]. 建筑结构, 2018, 48(S1): 804-807.

[21] 王国富, 王倩, 路林海, 等. 济南轨道交通某深基坑降水与回灌数值分析[J]. 地下空间与工程学报, 2017, 13(5): 1280-1288.

[22] 岳云鹏, 郑先昌, 刘晓玉, 等. 流固耦合作用下基坑开挖及降水对下卧既有地铁隧道的影响研究[J]. 铁道标准设计, 2020, 64(4): 151-156+167.

[23] 袁勇, 刘亚芹. 单排灌注桩基坑围护结构优化设计[J]. 建筑结构, 1996(4): 13-19.

[24] 徐扬青. 深基坑支护结构的优化设计计算[J]. 岩土力学, 1997(2): 57-61.

[25] 曹双寅, 方东. 整体式支护结构设计的优化分析[J]. 工业建筑, 1997(10): 37-40.

[26] 吴江滨, 王梦恕. 深基坑开挖中桩墙体系支护的结构优化设计[J]. 岩土力学, 2004(3): 134-137.

[27] 杨丽娜, 仵彦卿, 井彦林. 深基坑支护结构选型研究[J]. 煤炭工程, 2005(12): 52-54.

[28] 吴恒, 周东, 李陶深, 等. 深基坑桩锚支护协同演化优化设计[J]. 岩土工程学报, 2002(4): 465-470.

[29] 王成华, 王卓雄, 陈海明. 基坑挡土结构的粒子群优化设计方法[J]. 天津大学学报, 2005(6): 547-551.

[30] 周东. 基坑支护工程遗传优化设计研究[D]. 南宁: 广西大学, 2002.

[31] 尤晓晖, 刘大鹏. 基于混合粒子群算法的土钉支护结构设计参数优化[J]. 公路, 2005(6): 76-80.

[32] 赵洪波, 茹忠亮. 基坑支护设计优化研究[J]. 岩土工程学报, 2006(S1): 1525-1528.

[33] 高升. 兰州地铁车站基坑围护选型及基坑地下水处理措施研究[D]. 兰州: 兰州理工大学, 2019.

[34] 朱彦鹏, 于劲. 柱列悬臂式护桩的优化设计[J]. 兰州理工大学学报, 2000, 26(1): 90-95.

[35] 张冬梅, 王箭明. 正交试验法在水泥土搅拌桩挡墙优化设计中的应用[J]. 建筑结构, 2000(11): 34-36.

[36] 李淑. 基于变形控制的北京地铁车站深基坑设计方法研究[D]. 北京: 北京交通大学, 2013.

[37] 陈昌富, 吴子儒, 曹佳, 等. 水泥土墙支护结构遗传进化优化设计方法[J]. 岩土工程学报, 2005(2): 224-229.

[38] 周爱其, 龚晓南, 刘恒新, 等. 内撑式排桩支护结构的设计优化研究[J]. 岩土力学, 2010, 31(S1): 245-254.

[39] 杨学林, 曹国强, 周平槐, 等. 杭州国大·城市广场五层地下室深基坑围护结构设计 [J]. 建筑结构, 2012(8): 94-98.

[40] 丁敏. 深基坑支护细部结构优化及应用研究[D]. 重庆: 重庆大学, 2012.

[41] 朱桂春, 刘兴鑫, 韩武娟. 深基坑桩锚支护体系的受力变形研究及优化设计[J]. 安全与环

境工程, 2012, 19(1): 124-128.

[42] 马海龙.基坑被动区加固对支护影响的研究[J].岩土工程学报, 2013, 35(S2): 573-578.

[43] 刘光宇.复合黄土地层深基坑变形与支护技术研究[D].太原: 太原理工大学, 2016.

[44] DUPUIT J. Etudes Theoriques Et Prat Iques Sur Le Mouvement Des Eaux DansLes Canaux De Couverts Et Travers Les Terrains Permeables[J]. Paris: Dunod, 1863.

[45] 尚守忠.北京地区地下水动态预测方法[J].水文地质工程地质, 1983, 2: 45-49.

[46] HERWEIJER J C, YOUNG S C. Three-dimensional characterization of hydraulic, conductivity betergenous sands using pump tests and well tests ondifferent scale[J]. Internation Conference on Calibeation and Reliabilit in groundwater modeling, 1990: 179-188.

[47] HODGSON F D I. The use of multiple linear regression in simulating ground-water level responses[J]. Groundwater, 1978, 16(4): 249-253.

[48] WRREN J E, PRICE H S. Flow in heterogenous porous medial[J]. Soc Petrol Eng J, 1961, 1: 153-169.

[49] SCOTT R F. Subsidence—a Review, In: S. K. Saxena, ed. Evaluation and Prediction of Subsidence[J]. New York: ASCE, 1978: 1-25.

[50] DELFRANCHE A P. Land Subsidence Versus Head Decline in Texas, In: S. K. Saxena, ed. Evaluation and Prediction of Subsidence[J]. New York: ASCE, 1978: 320-331.

[51] PREMCHITT J. Land Subsidence in Bangkok, Thailand: Results of Initial Investigation[J]. J. Geotech. Engrg, 1978, 10(1): 49-76.

[52] PREENE M. Assessment of Settlements Caused by Groundwater Control[J]. Proceedings of the Institution of Civil Engineers: Geotechnical Engineering, 2000, 143(4): 177-190.

[53] HSI J P, SMALL J C. Application of a Fully Coupled Method tothe Analysis of an Excavation [J]. Soils and Foundations, 1993, 33(4): 36-48.

[54] HSI J P, SMALL J C. Ground Settlements and Drawdown of the Water Table around an Excavation[J]. Canadian Geotechnical Journal, 1992, 29(5): 740-756.

[55] 郑刚, 曾超锋, 薛秀丽.承压含水层局部降压引起的土体沉降机理及参数分析[J].岩土工程学报, 2014, 36(5): 802-817.

[56] 谢康和, 柳崇敏, 应宏伟.成层土中基坑开挖降水引起的地表沉降分析[J].浙江大学学报(工学版), 2002, 36(3): 239-251.

[57] 宋建学, 周乃军, 邓攀.基坑降水引起的环境变形研究[J].建筑科学, 2006, 22(3): 26-30.

[58] 吴意谦.潜水地区地铁车站深基坑降水开挖引起的变形研究[D].兰州: 兰州理工大学, 2016.

[59] 胡钧, 杨熙章, 杜坚.上海人民大舞台商厦深基坑监测与分析[J].同济大学学报(自然科学版), 1997(5): 604-608.

[60] 张世民, 景峰卫, 黄英省, 等.基坑开挖及降水对坑外地表沉降的影响[A].土木建筑与环境学报, 1674-4764(2016)05-0043-06.

[61] 陈学根, 周爱兆, 王炳辉, 等.基坑降水引起坑外建筑桩基均匀沉降的计算方法[J].科学

技术与工程, 2019, 19(23): 199-205.

[62] 王中. 地铁车站基坑降水开挖地表沉降规律及其控制方法研究[D]. 太原: 太原理工大学, 2015.

[63] BRAIN. Data-driven Modeling To Optimize the Injection Well Placement for Water Flooding In Heterogeneous Reservoirs[D]. University of Houston, 2020.

[64] LEI YANG. Application of Stratified Indicator Curve in Optimization of Injection Well Adjustment Scheme[D]. 2018, 170(2).

[65] 李昊阳. 软土基坑自动化回灌方案优化设计研究[D]. 西安: 长安大学, 2019.

[66] 卢阳. 地源水井群回灌特性模拟与分析[D]. 武汉: 华中科技大学, 2015.

[67] 陆建生. 基坑工程管井回灌优化设计探讨[J]. 探矿工程(岩土钻掘工程), 2014, 41(12): 53-61.

[68] 李涛. 基坑工程潜水涌水量研究及双井回灌参数化分析[D]. 天津: 天津大学, 2014.

[69] 徐玉良, 贾超, 贾佳佳, 等. 地下水源热泵抽灌系统优化布置[J]. 水科学与工程技术, 2017(6): 54-59.

[70] 姜超. 地下水源热泵系统回灌技术及最佳井间距优化分析[D]. 长春: 吉林大学, 2017.

[71] 周强, 王楠. 基于FLOW HEAT的地下水源热泵—抽多灌井群优化布置数值研究[J]. 水电能源科学, 2019, 37(9): 124-127.

[72] 刘兴学. 基于层次分析法的平潭岛地下水地源热泵适宜性分区[J]. 福建建设科技, 2020(4): 90-92+103.

[73] 杨泽, 于慧明, 都基众. 基于层次分析法的沈阳市地下水地源热泵适宜性研究[J]. 建筑节能, 2013, 41(12): 32-35.

[74] 狄育慧, 武亚丽, 姜辉. 基于层次分析法和灰色关联法的地热工程方案优选[J]. 制冷与空调(四川), 2017, 31(2): 164-169+193.

[75] 刘晓宇. 西安市北郊水源热泵抽回灌系统影响因素分析[D]. 西安: 长安大学, 2012.

[76] 张文静, 何海洋, 李昊洋. 基于熵权模糊模型在人工回灌水源优化决策中的应用[J]. 长春理工大学学报(自然科学版), 2015, 38(6): 159-162.

[77] 陶俊, 李飞, 张飞, 等. 基于模糊-层次法探讨临河承压水深基坑稳定与降水运营风险[J]. 广东土木与建筑, 2020, 27(1): 1-5.

[78] 韩露. 基于模糊层次分析法的基坑降水方案比选[J]. 安徽建筑, 2019, 26(07): 166-167+180.

[79] 杨露梅, 朱明君, 鄂建, 等. 南京市地下水地源热泵系统适宜性分区评价: 基于层次分析法和熵权系数法[J]. 现代地质, 2015, 29(2): 285-290+360.

[80] 郝奇琛, 邵景力, 李宇, 等. 基于遗传算法的地下水人工回灌系统优化——以北京永定河冲洪积扇为例[J]. 南水北调与水利科技, 2015, 13(1): 67-71.

[81] 刘金. 济南市富水地层基坑降水与回灌理论计算及试验研究[D]. 济南: 山东大学, 2017.

[82] LUO Z, ATAMTURKTUR S, CAI Y, et al. Simplified Approach for Reliability-Based Design against Basal-Heave Failure in Braced Excavations Considering Spatial Effect[J]. Journal of geotechnical and geoenvironmental engineering, 2012, 138(4): 441-450.

[83] ELACHACHI S M, BREYSSE D, DENIS A. The effects of soil spatial variability on the reliability of rigid buried pipes[J]. Computers and Geotechnics, 2012, 43: 61-71.

[84] GONG W, JUANG C H, MARTIN J R. A new framework for probabilistic analysis of the performance of a supported excavation in clay considering spatial variability[J]. Géotechnique, 2017, 67(6): 546-552.

[85] BONG T, STUEDLEIN A W. Efficient methodology for probabilistic analysis of consolidation considering spatial variability[J]. Engineering Geology, 2018, 237: 53-63.

[86] GOH A T C, ZHANG W G, WONG K S. Deterministic and reliability analysis of basal heave stability for excavation in spatial variable soils[J]. Computers and Geotechnics, 2019, 108: 152-160.

[87] GHOLAMPOUR A, JOHARI A. Reliability-based analysis of braced excavation in unsaturated soils considering conditional spatial variability[J]. Computers and Geotechnics, 2019, 115: 103163.

[88] LI Y J, LIU K. Updating Soil Spatial Variability and Reducing Uncertainty in Soil Excavations by Kriging and Ensemble Kalman Filter[J]. Advances in civil engineering, 2019, 2019(13): 1-14.

[89] CHING J, PHOON K, STUEDLEIN A W, et al. Identification of sample path smoothness in soil spatial variability[J]. Structural safety, 2019, 81: 101870.

[90] LIU W, CHEUNG S H. Decoupled reliability-based geotechnical design of deep excavations of soil with spatial variability[J]. Applied Mathematical Modelling, 2020, 85: 46-59.

[91] ZHANG W, HAN L, GU X, et al. Tunneling and deep excavations in spatially variable soil and rock masses: A short review[J]. Underground space (Beijing), 2020.

[92] LUO Z, DI H, KAMALZARE M, et al. Effects of soil spatial variability on structural reliability assessment in excavations[J]. Underground Space, 2020, 5(1): 71-83.

[93] NGUYEN T S, LIKITLERSUANG S. Influence of the Spatial Variability of Soil Shear Strength on Deep Excavation: A Case Study of a Bangkok Underground MRT Station[J]. International Journal Of Geomechanics, 2021, 21(2).

[94] ZHANG X, JIAO B, HOU B. Reliability analysis of horizontally loaded pile considering spatial variability of soil parameters[J]. Soil Dynamics and Earthquake Engineering, 2021, 143: 106648.

[95] 郑俊, 杨永, 张庆, 复杂条件下深基坑施工变形监测及围护结构监测分析[J]. 铁道建筑, 2010(7): 96-99.

[96] 张永亚, 赵建东, 魏晋云. 软土地铁基坑开挖过程变形监测及风险评价研究[J]. 石家庄铁道大学学报 (自然科学版), 2015(2): 208-212.

[97] 朱正国, 刘海卿, 张俊峰, 等. 深大基坑开挖及支护施工及变形监测研究[J]. 安徽建筑, 2020, 27(10): 73+84.

[98] 朱林楠, 米多福, 黄茂松, 等. 基于临近既有隧道保护要求的变形控制监测研究[J]. 岩土工程学报, 2021, 43(3): 465-470.

[99] 王龙, 朱长根, 徐柯锋, 等. 上覆新填土软土深基坑开挖变形控制数值模拟[J]. 岩土工程学报, 2021, 43(Z2): 84-87.

[100] 唐寅伟, 刘维, 史培新, 等. 地连墙成槽施工对周边环境的影响及控制[J]. 江苏大学学报(自然科学版), 2021, 42(6): 738-744.

[101] 秦会来, 黄俊, 李奇志, 等. 深厚淤泥地层深基坑变形影响因素分析[J]. 岩土工程学报, 2021, 43(S2): 23-26.

[102] 王卫东, 李青, 徐中华. 软土地层邻近隧道深基坑变形控制设计分析与实践[J]. 隧道建设(中英文), 2022: 1-13.

[103] 郑刚. 软土地区基坑工程变形控制方法及工程应用[J]. 岩土工程学报, 2022, 44(1): 1-36.

[104] 李方明, 陈国兴, 刘雪珠. 悬挂式帷幕地铁深基坑变形特性研究[J]. 岩土工程学报, 2018, 40(12): 2182-2190.

[105] HSIEH P G, OU C Y. Shape of ground surface settlement profiles caused by excavation [J]. Canadian Geotechnical Journal, 1998, 35(6): 1004-1017.